Das Bauhaus in den Tropen

The Bauhaus in the tropics

Sehnsuchtsort, Inspirationsquelle, Fluchtpunkt: Die Tropen waren für die Bauhäusler mehr als nur ein Reiseziel. Wir haben diesem Magnetfeld ein ganzes Heft gewidmet und stellen in dieser Kartierung die exotischen Pfade nach Lateinamerika, Afrika und Asien vor, die für die europäische Moderne nicht ohne Einfluss waren •

Place of longing, source of inspiration, vanishing point: For the Bauhauslers, the tropics were more than just a travel destination. This magnetic field forms the focal point of this issue, in which we map out the exotic paths to Latin America, Africa and Asia that influenced European modernism •

W0037794

Ferdinand Kramer
1930

Ausstellung 1922

Indien

Ahmedabad

Kolkata

Kharagpur

Anton Brenner 1951—53

HfG Ulm in Indien
1961/1965

Hyderabad

Thailand

Khon Kaen

thiopien

Max Ursin 1952—62

Addis Abeba

Arieh Sharon 1968

Max Ursin war im Informationsministerium von Addis Abeba angestellt. / Max Ursin was employed in the Ministry of Information, Addis Ababa.

Arieh Sharon ist der ›tropischste‹ Architekt unter den Bauhäuslern: Er entwarf die Universität in Ife, Nigeria, und fertigte einen Entwurf für das Health Centre der *Kohn Kaen University* in Thailand (1968) sowie für das Militärkrankenhaus in San Salvador (1970) an. Mehr zu Sharons Entwürfen für Afrika in dem Beitrag von Zvi Efrat auf Seite 68. / Arieh Sharon: Sharon is the most ›tropical‹ of the Bauhaus architects: He designed the university in Ife, Nigeria and completed designs for the health centre of *Kohn Kaen University* in Thailand (1968) and the military hospital in San Salvador (1970). See essay on Sharon's work in Africa by Zvi Efrat on page 70.

1922 fand in Kalkutta eine gemeinsame Ausstellung von Bauhäuslern und Künstlern der indischen Avantgarde statt. / Calcutta, 1922: Joint exhibition of works by Bauhauslers and artists of the Indian avant-garde.

Anton Brenner lehrte in Kharagpur, Indien. / Anton Brenner taught in Kharagpur, India.

Hans Gugelot führte das *Ulmer Modell* in die indische Designausbildung ein. Wie es dazu kam, erklärt Professor Ranjan im Interview ab Seite 76. / Hans Gugelot brought the Ulm model to design education in India. How this came about is outlined in the interview with Professor Ranjan from page 78.

Ferdinand Kramer entwarf eine Universitätsstadt für Haiderabad. / Ferdinand Kramer designed a university city for Hyderabad.

Neue Nationalgalerie: 1962 erhielt Ludwig Mies van der Rohe im Alter von 76 Jahren den Auftrag, in West-Berlin ein Museum zu errichten. »Man kann nicht jeden Montag eine neue Architektur erfinden«, befand Mies und holte für die Neue Nationalgalerie seinen Entwurf von 1957 für das nicht ausgeführte Verwaltungsgebäude des Rum-Herstellers *Bacardi* in Santiago de Cuba aus der Schublade. / Neue Nationalgalerie: In 1962 Ludwig Mies van der Rohe, aged 76, was commissioned to build a museum in West Berlin. »One cannot invent a new architecture every Monday«, found Mies, and to this end fetched from a drawer his design of 1957 for the unrealised administration building of the rum manufacturer *Bacardi* in Santiago de Cuba.

Bauhäusler am Elbestrand: Nicht nur die Häuser, sondern die modernen Menschen ließen in den Zwanzigerjahren ihre Hüllen fallen, einer Sehnsucht nach dem ursprünglichen, nicht zuletzt tropischen Paradies folgend. Torsten Blume nähert sich ab Seite 8 den nackten Körpern der Moderne. / Bauhauslers on the shores of the Elbe: In the 1920s not only the buildings, but also the modern citizens, laid themselves bare, following a longing for the original, not least tropical, paradise. Torsten Blume investigates the naked body in the modern age from page 10.

Glasfassade: Klimatisch verwandelt sich das Bauhaus Dessau im Sommer in ein Treibhaus mit tropischen Raumtemperaturen — nicht verwunderlich, ist doch die Ganzglasfassade nicht nur durch Industriebauweise, sondern auch durch englische Gewächshäuser des 19. Jahrhunderts inspiriert. / Glass facade: In summer the Bauhaus in Dessau turns into a greenhouse with tropical temperatures. Unsurprisingly, the wrap-around glass facade is not inspired by industrial building methods, but by the English greenhouses of the 19th century.

Afrikanischer Stuhl: Ein 1921 von Marcel Breuer handgeschnitzter und von Gunta Stölzl mit groben bunten Fäden bespanntes Möbel, das in seinem exotischen Aussehen an Werke der afrikanischen Volkskunst erinnert. Mehr dazu im Beitrag von Hans Peter Hahn ab Seite 18. / African Chair: A chair from 1921, hand-carved by Marcel Breuer and covered with coarse coloured threads by Gunta Stölzl, the exotic appearance of which is reminiscent of works of African folk art. See essay by Hans Peter Hahn from page 20.

Bucheinband *Afrikanische Märchen*: Die Bauhäuslerin Anny Wottitz fertigte 1922/23 einen experimentellen Einband aus unterschiedlichen Naturmaterialien und afrikanischen Motiven für ein Buch mit afrikanischen Märchen. / Book cover *Afrikanische Märchen*: In 1922/23 the Bauhausler Anny Wottitz designed an experimental cover with a range of natural materials and African motifs for a book of African tales.

Kakteen: Die »Repräsentanten des bürgerlichen Exotismus'« waren die Lieblingspflanzen von Walter Gropius, der eine beachtliche Kakteensammlung besaß. Nur Sukkulenten subtropischen Ursprungs waren in seinen Meisterhäusern erlaubt. / Cacti: The »symbols of bourgeois exoticism« were the favourite plants of Walter Gropius, who had a substantial collection of them. Only succulents of subtropic origin were permitted in his masters' houses.

Torreón
Mexiko-Stadt
Mexiko
Kuba
Santiago de Cuba
El Salvador
San Salvador
Nigeria
Ile-Ife
Nsukka
Peru
Lima
Brasilien
Rio de Janeiro
São Paulo
Berlin
Dessau
Deutschland

Die Tropen im Bauhaus

Tropes in the Bauhaus

Bauhauskritik: Die faschistische Bauhauskritik argumentierte gern mit der ›Fremdartigkeit‹ der am Bauhaus praktizierten Moderne. Die moderne Bauweise wurde als »Palästina-Stil« diffamiert, das Bauhausgebäude selbst »ein nüchterner Glaspalast orientalischen Geschmacks« genannt. Auch die experimentelle Weißenhofsiedlung in Stuttgart wurde mit einer Fotomontage als ›Araberdorf‹ diffamiert, mehr dazu im Beitrag von Marion von Osten ab Seite 60. / Bauhaus criticism: The fascist criticism of the Bauhaus readily argued against the ›foreignness‹ of the modernism practiced at the Bauhaus. The modern method of construction was denounced as »Palestine style«, the Bauhaus building itself was called a »a mundane glass palace of oriental taste«. The experimental Weißenhof Estate in Stuttgart was denounced as an ›Arab village‹, see essay by Marion von Osten from page 62.

Mazdaznan (persisch: »Meister des Gottesgedankens«): eine 1907 in den USA begründete und bald auch in Europa verbreitete, religiös-weltanschauliche Körpererziehungslehre, die persische und christliche Elemente mit Anleihen aus dem indischen Yoga verbindet. Johannes Itten war bereits vor seiner Bauhaus-Tätigkeit Mitglied dieser Bewegung und bekannte sich nicht nur mit seiner Lithografie *Haus des weißen Mannes*, sondern auch mit Texten in der Madzdaznan-Zeitschrift zur Rassenlehre dieser Bewegung: die »wertvollste arische« weiße Rasse wurde demnach als das »auserwählte Herrenvolk« angesehen, das leider durch verkehrte Ernährung, falsches Atmen und »Rassenvermischung« degeneriert sei. In der alltäglichen Mazdaznan-Übungspraxis — auch am Bauhaus, wo Itten eine Zeit lang viele Anhänger gewinnen konnte — blieben die rassistischen Implikationen meist im Hintergrund und wurden kaum diskutiert, bzw. verdrängt. / Mazdaznan (Persian: »master thought«): A religious health movement founded in 1907 in the USA that soon spread to Europe, which combines Persian and Christian elements with Indian yogic elements. Johannes Itten was a follower before he joined the Bauhaus and professed his belief in the movement not only in his lithography *Haus des weißen Mannes*, but also in his texts on its racial theories, published in the Mazdaznan journal: according to these, the »most valuable Aryan« white race was seen as a »chosen ruling class«, sadly degenerated by incorrect nutrition and breathing and »racial intermixture«. In everyday Mazdaznan practice — also at the Bauhaus, where Itten for a while had many followers — the racist implications usually remained in the background and were rarely discussed or, more specifically, suppressed.

Indien

Ahmedabad

Kalkutta

Kharagpur

Hyderabad

Thailand — Khon Kaen

thiopien

Addis Abeba

Indische Teestube: Ein beliebter Treffpunkt der Weimarer Bauhäusler war die Indische Teestube. Hier wurde mit exotischer Einrichtung und Vorträgen, u.a. von Indienreisenden versucht, den Subkontinent in Mitteldeutschland zum Leben zu erwecken. Mehr zum Sehnsuchtsort Indien in dem Beitrag von Regina Bittner ab Seite 26. / Indian tea room: The Indian tea room was a popular meeting place for the Weimar Bauhauslers. Here, with exotic furnishings and lectures, e.g. by travellers to India, an attempt was made to bring the subcontinent to life in Central Germany. For more on India as a place of longing, see essay by Regina Bittner from page 28.

Hüllenlos das Paradies gesucht — und gefunden? Bauhäusler Erich Consemüller, versandet in Nidden an der Kurischen Nehrung, um 1929 / Near-naked, searching for — and perhaps finding — paradise: Bauhausler Erich Consemüller covered with sand in Nidden on the Curonian Spit, ca. 1929

Tropische Sehnsucht manifestiert sich in einem Elefanten aus Pappmaché: Indisches Fest in Weimar, 1913 / Tropical nostalgia manifests itself in an elephant made of papier mâché: Indian festival in Weimar, 1913

Editorial
Liebe Leserinnen und Leser, liebe Freunde des Bauhauses Dessau,

Bauhaus und Tropen? Das klingt erst mal ziemlich abseitig. Der internationale Wirkungskreis der legendären Schule erstreckt sich nach unserem Verständnis über die Industrieländer der nördlichen Hemisphäre von den Vereinigten Staaten über Europa und Israel bis nach Japan. Soweit bekannt. Doch bei der Recherche für dieses Heft merken wir schnell, dass die Spuren des Bauhauses auch nach Lateinamerika, Afrika oder in den asiatischen Raum führen und dort ein Interesse für das emanzipatorische Versprechen der Moderne vorhanden war. Zugleich waren die Tropen auch Inspirationsquelle und Sehnsuchtsort für die Bauhäusler und beflügelten ihr Werk, wie Brenda Danilowitz in ihrem Text über Anni und Josef Albers' Reisen nach Mexiko belegt. Nicht zu vergessen die frühe Indien-Begeisterung, an die Regina Bittner in ihrem Essay erinnert. Ähnlich erging es Gunta Stölzl und Marcel Breuer, die sich bei ihrem *Afrikanischen Stuhl* an dortigen Königsthronen orientierten, wie Hans Peter Hahn schildert. Der ›Neue Mensch‹ sollte aber nicht nur modern sitzen, er sollte auch seine Ursprünglichkeit entdecken. Torsten Blume enthüllt, dass das Wahre im Nackten lag. Neben Inspiration und Sehnsucht trieb die Moderne aber auch der missionarische Eifer in die Tropen: Mies entwarf eine Rumfabrik auf Kuba, Hans Gugelot brachte das HfG-Modell nach Indien und Arieh Sharon baute tropisch in Nigeria, wie Zvi Efrat schreibt. Am interessantesten wird es dann, wenn daraus etwas Neues entsteht wie beispielsweise der Bungalow, der im 17. Jahrhundert nichts anderes als eine bengalische Bauernhütte war und — wie der Text von Carola Ebert und Stefan Locke zeigt — zu einem globalen Phänomen avancierte. Zu guter Letzt geht es in einem Gespräch mit dem Kulturmanager Martin Heller um die Frage, was 2019, wenn das Berliner Stadtschloss als Humboldt-Forum eröffnet wird und das Bauhaus sein 100-jähriges Jubiläum feiert, Moderne, Tropen und preußisches Erbe sich gegenseitig zu sagen haben.

Und wenn bei Shakespeare Böhmen am Meer liegt, dann befindet sich das Dessauer Bauhausgebäude in den Tropen. Jedenfalls im Sommer, wenn an unserem Arbeitsplatz Temperaturen zwischen 40 und 50 Grad gemessen werden. Kein Zufall, schließlich ist ein wesentlicher Vorläufer der Glasarchitektur des Bauhauses das Gewächshaus, mithilfe dessen man im England des 19. Jahrhunderts tropische Klimazonen für botanische Gärten simulierte. Insofern macht ein Tropen-Heft eben doch Sinn.

Ich danke IDT Biologika und Miele & Cie. KG für die freundliche Unterstützung.   Philipp Oswalt, Herausgeber

Editorial
Dear readers, Dear friends of the Bauhaus Dessau,

Bauhaus and tropics? At first, this may sound rather abstruse. In our understanding, the legendary school's international sphere of influence extends from the industrialised countries of the northern hemisphere to the United States, and from Europe to Israel and Japan. This much we know. But our research for this magazine rapidly revealed that the Bauhaus trail also leads to Latin America, Africa or the Asian region, where there was an interest in modernism's inherent promise of emancipation. At the same time, for the Bauhauslers the tropics were a source of inspiration, a longed-for place that stimulated their work — as Brenda Danilowitz testifies in her text on Anni and Josef Albers' trips to Mexico. And let's not forget the early enthusiasm for India that Regina Bittner recalls in her essay. In a similar fashion, Gunta Stölzl and Marcel Breuer modelled their *African Chair* on the thrones of African kings, as Hans Peter Hahn recounts. But the ›new human being‹ should not only sit in a modern way — he should also discover his primitive essence: Torsten Blume reveals that the truth lay in nakedness. In addition to inspiration and nostalgia, modernism also prompted a missionary zeal in the tropics: Mies designed a rum factory in Cuba, Hans Gugelot brought the ›Ulm model‹ to India and Arieh Sharon designed tropical buildings in Nigeria, as Zvi Efrat records. At its most interesting this leads to something new, such as the bungalow, which in the 17th century was little more than a Bengali peasant's hut that — as the essay by Carola Ebert and Stefan Locke shows — emerged as a global phenomenon. Last but not least, a conversation with culture manager Martin Heller explores the nature of the communication between modernism, the tropics and the Prussian legacy in the Humboldt-Forum that will open in Berlin City Palace in 2019, when the Bauhaus celebrates its 100th anniversary.

And if Shakespeare can insist that Bohemia lies on the coast, then perhaps the Bauhaus building in Dessau lies in the tropics — at least in summer, when we have temperatures of 40 and 50 degrees in the workplace. This is no coincidence: after all, one of the main antecedents of the glass architecture of the Bauhaus was the hot-house, with which tropical climate zones for botanical gardens were simulated in 19th century England. In this respect, a magazine about the tropics is less enigmatic than it at first appears.

I would like to thank IDT Biologika and Miele & Cie. KG for their generous support.   Philipp Oswalt, Editor

Anni und Josef Albers bereisten Mexiko gut ein Dutzend Mal. Wie die präkolumbische Kunst ihr Werk beeinflusste, lesen Sie im Beitrag von Brenda Danilowitz ab Seite 80. / Anni and Josef Albers made at least a dozen trips to Mexico. Brenda Danilowitz explores the influence of pre-Colombian art on their work from page 82.

Ellen Auerbach (genannt »Ringl«) unternahm 1955/56 eine Fotoreise nach Mexiko. / Ellen Auerbach (known as »Ringl«) travelled as a photographer in Mexico in 1955/56.

Klaus Grabe und Michael van Beuren: Die beiden ehemaligen Studierenden der Ausbau- und Bauabteilung am Bauhaus Dessau emigrierten 1936 bzw. 1939 nach Mexiko, wo sie gemeinsam mit Morley Webb in Mexiko-Stadt die Möbelfirma Domus gründeten. 1941 gewann Domus mit einem Liegestuhl einen vom MoMA ausgelobten Designwettbewerb. / Klaus Grabe and Michael van Beuren: The two former students from the the Bauhaus Dessau's building department emigrated to Mexico in 1936 and 1939 respectively. Together with Morley Webb, they founded the furniture company Domus in Mexico City. Domus won the first prize for a lounge chair in the 1941 MoMA design competition.

Gerhard Marcks: Der Leiter der Keramikwerkstatt (1919—25) am Bauhaus Weimar ließ sich auf Reisen, u.a. 1963 nach Mexiko inspirieren. / Gerhard Marcks: The head of the ceramics workshop (1919—1925) at the Bauhaus Weimar was inspired by the journeys that he took to Mexico and elsewhere, amongst others to Mexico in 1963.

Hannes Meyer ging 1938 nach Mexiko und arbeitete dort bis 1949 als Dozent, Städteplaner und Architekt. Zurück in der Schweiz, schlug sein Herz plötzlich für die Trope Ost, wie Sie in Peter Müllers Beitrag ab Seite 88 lesen können. / Hannes Meyer moved to Mexico in 1938 and worked there until 1949 as a lecturer, town planner and architect. Back in Switzerland, he suddenly developed a longing for the Eastern trope, as is revealed by Peter Müller in his essay from page 90.

Max Peiffer Watenphul: Nach seiner Zeit am Weimarer Bauhaus (1919—1922) ging der Klee-Schüler 1924 für einen einjährigen Auslandsaufenthalt nach Mexiko. / Max Peiffer Watenphul: After studying at the Bauhaus Weimar (1919—1922) this student of Paul Klee spent a year in Mexico in 1924.

Ernst Saemisch: 1920 verließ der Maler nach kurzem Aufenthalt das Bauhaus Weimar, um zur See zu fahren, 1964 zog es ihn wieder in die Ferne, nach Mexiko-Stadt. Hier nahm er die Malerei auf und die Bilderserie Der Mensch und die Schlange entstand, zudem gab es einige Saemisch-Retrospektiven. / Ernst Saemisch: In 1920 the painter left the Bauhaus Weimar after a brief interlude in order to go to sea. In 1964 he was again drawn to distant lands—specifically, to Mexico City. Here he started to paint again, resulting in the series of paintings Der Mensch und die Schlange and a number of Saemisch retrospectives.

Berlin
Dessau
Deutschland

Ludwig Mies von der Rohe entwarf ein Gebäude für den Rumhersteller Bacardi in Kuba (wegen Castro-Revolution nicht gebaut) und Mexiko. / Ludwig Mies von der Rohe designed a building for the rum manufacturer Bacardi in Cuba (not built, due to the Castro revolution) and in Mexico.

Georg Adams-Teltscher lehrte Grafikdesign in Nigeria. / Georg Adams-Teltscher taught graphic design in Nigeria.

Ludwig Mies von der Rohe 1957

Fritz Pfeil: Gerade aus dem Bauhaus kommend, zog es Pfeil 1932 nach Brasilien, wo er als freischaffender Architekt arbeitete, bis er 1939 nach Deutschland zurückkehrte. / Fritz Pfeil: As soon as he left the Bauhaus, Pfeil moved to Brazil where he worked as a freelance architect until his return to Germany in 1939.

Torreón
Mexiko-Stadt
Kuba
Santiago de Cuba
Mexiko

Walter Gropius

El Salvador
San Salvador

Arieh Sharon 1970

Nigeria
Ile-Ife
Nsukka

Fritz Pfeil 1932—39

Arieh Sharon 1961/1963—65 1964/1967—70

Walter Gropius 1954
Peru
Lima

Brasilien

Georg Adams-Teltscher 1973—77

Alexandre Altberg 1931—2009

Anni und Josef Albers 1935/1936/1937/1939/1940 /1947/1949/1952/1956/1962/1966/1967
Ellen Auerbach Rundreise 1955/56
Gerhard Marcks 1963
Hannes Meyer und Helene Meyer-Bergner 1939—1949
Ernst Saemisch 1964—1984
Max Peiffer Watenphul 1924

Rio de Janeiro
São Paulo

Max Bill 1950/51
Martha Breuer Anfang 30iger Jahre—1977
Walter Gropius 1954

Der Architekt Alexandre Altberg emigrierte 1931 nach Brasilien. / Architect Alexandre Altberg emigrated to Brazil in 1931.

Martha Breuer (geb. Erps): Als die Weberin in den Dreißigerjahren nach Brasilien ging, ließ sie alles hinter sich, auch ihren Ex-Mann Marcel Breuer. In der neuen Heimat wandte sie sich der Biologie zu und erforschte zeichnend die Drosophila-Fliegen. / Martha Breuer (née Erps): When the weaver moved to Brazil in the 1930s she left everything behind, including her ex-husband Marcel Breuer. In her new homeland she turned to biology, producing research drawings of the Drosophila fly.

Max Bill beeinflusste den brasilianischen Konkretismus und Neokonkretismus maßgeblich. / Max Bill had a significant influence on Brazilian concretism and neo-concretism.

Walter Gropius: Aus seiner neuen amerikanischen Heimat unternahm der erste Bauhausdirektor öfters Abstecher in den Süden: zuerst 1943, um die Ehrenmitgliedschaft der Sociedad de Arquitectos Mexicano entgegenzunehmen. 1946 folgte Gropius der Einladung seines Schülers Jorge Gonzalez Reyna, an dem Entwurf einer Kirche für die Stadt Torreón mitzuwirken. 1954 erhielt er den Großen Preis für Architektur von São Paulo, Brasilien, und unternahm eine Reise nach Peru, wo er im gleichen Jahr eine Ehrenprofessur der staatlichen Ingenieurschule von Lima antrat. / Walter Gropius: From his new home in the USA the first director of the Bauhaus frequently took short trips to the south: the first was taken in 1943, in order to accept honorary membership of the Sociedad de Arquitectos Mexicano. In 1946 Gropius accepted the invitation of his student Jorge Gonzalez Reyna to collaborate on the design of a church for the city of Torreón. In 1954 he was awarded the São Paulo Prize for Architecture and travelled to Peru, where he was made Honorary Professor of the state school of engineering in Lima.

Der Körper muss aus seiner Missachtung heraus

Tropisch nackt, transparent und illusionär frei: Warum die Moderne den neuen Menschen zunächst hüllenlos sah

Von Torsten Blume

»Schwarze Menschen!‹ hatten die Volksredner gesagt, Ihr müsst eine neue Kultur begründen. Laßt Euch von den Europäern nichts weiß machen. Die Europäer sind mit ihrer unnatürlichen Kultur sehr unzufrieden, da die vielen Kleidungsstücke den ganzen Menschen beengen. Werdet wieder nackt, wie ihr einstmals waret — und ihr werdet plötzlich an der Spitze einer neuen Kultur stehen — an der Spitze der nackten Kultur — der ›natürlichen‹ Kultur — die dem Menschen gestattet, frei zu leben — frei von allem Plunder. Es lebe hoch der nackte Mensch mit der splitternackten Kultur! Hört Ihr schon was näher kommen? Hört Ihr's noch nicht? Es sind die Maler und Bildhauer, die da kommen! Sie eilen aus allen Erdteilen herbei und wollen sich bei Euch niederlassen — da sie im nackten Menschen das echte wahre Kulturideal erblicken.«[1]

Paradiesisch nackt

Weil es in den afrikanischen, asiatischen, südamerikanischen und ozeanischen Tropen immerzu so warm ist, leben dort die Menschen gerne nackt und halbnackt — ohne Schamgefühle und ganz natürlich. Dieses Klischee gehört zu den europäischen Projektionen, mit denen die Tropen zu Fluchtpunkt und Gegenwelt geworden sind, reichlich aufgeladen mit Wünschen und Ängsten. In tausenden Romanen, Abenteuergeschichten und Filmen erscheinen die Tropen als das sinnlich intensivste und aufregendste Gebiet der Erde, weil es dort die Natur noch im Rohzustand zu scheinen gibt: sowohl in himmlisch schöner Fruchtbarkeit als auch in der höllischen Fülle von Krankheiten und Gefahren.

Mitte des 19. Jahrhunderts begann man in Europa, Tropen-Erlebnisräume in Gewächshäusern zu inszenieren. Die dazugehörigen ›Naturmenschen‹, die gerne in einem Spektrum von ›edlen‹ und barbarischen Wilden klassifiziert wurden, zeigte man zeitgleich auf ›Völkerschauen‹, die manchmal auch in zoologischen Gärten stattfanden und zwar sehr gerne nackt. Es waren vor allem diese — nicht selten softpornografischen — Aufzeichnungen und Ausstellungen im wissenschaftlichen Gewand, die dem ethnografischen Diskurs der Jahrhundertwende eine große Aufmerksamkeit sicherten. Entdecker, koloniale Eroberer, Naturforscher oder Künstler hatten die Texte und Bilder einer gigantischen Tropenfantasie geliefert — die besagte, dass perfektes Sonnenwetter und tropische Früchte glückliche Menschen in paradiesischen Zuständen hervorrufen — auch in der mutmaßlich durch Industrie und Moderne entzauberten Welt. Denn die Tropen sind nicht nur der sonnige Gürtel der Erde. Es gibt sie auch als Zustand, den man in Form tropischer Momente wie ein Heilmittel einnehmen kann gegen die emotional unterkühlte, moderne rationalisierte Welt. Zum Beispiel beim Strandurlaub, wenn man fast oder ganz hüllenlos darauf hofft, sich selbst — wenigstens auf Zeit — als Naturwesen näherzukommen. Während heute solche tropischen Momente von einer Wellness-Industrie verkauft werden — zum Beispiel im brandenburgischen *Tropical Island*, wo die Badestrände Fußbodenheizung haben —, war das nackte Baden in Licht, Luft und Sonne in der ersten Hälfte des 20. Jahrhunderts noch das ganz große politisch-kulturelle, sozial-gesundheitliche Projekt der Freikörperkultur-Bewegung.

[1]   Scheerbart, Paul, *Nackte Kultur*, in: *Immer mutig! Ein phantastischer Nilpferdroman mit 83 merkwürdigen Geschichten*. Minden 1902, S. 82—84.

Fortsetzung auf Seite 12

9

The body must no longer be disregarded

Tropically naked, opaque and seemingly free: Why the modern eye first perceived the new human being as naked

By Torsten Blume

»›Black people!‹ said the agitators, you must establish a new culture. Do not be whitewashed by the Europeans. The Europeans are most dissatisfied with their unnatural culture, for the many articles of clothing restrict the whole being. Be naked again, as you once were — and you will stand at the forefront of a new culture — at the forefront of naturism — the ›natural‹ culture — that allows the people to live freely — free of all inessentials. Long live the naked man with the mother-naked culture! Do you hear what's coming closer? Don't you hear it yet? The painters and sculptors are on their way! They hasten from all corners of the earth to join you — for they see the naked human being as the real and true cultural ideal.«[1]

Paradisiacal nakedness

Because it is always warm in the African, Asian, South American and Australasian tropics, the people there happily live naked and semi-naked — free of shame and entirely naturally. This cliché is one of many European projections by means of which the tropics have become a vanishing point and an alternative world, amply charged with fears and desires. In thousands of novels, adventure stories and films, the tropics emerge as the most sensuous and exciting place on earth. Here, nature appears in its most unadulterated state: in its paradisiacal fecundity and its infernal plethora of illnesses and dangers alike.

In mid-19th century Europe, people began to recreate the tropical experience in hot-houses. The attendant ›primitive people‹, who were readily categorised within a spectrum of ›noble‹ and ›barbaric‹ wild beings, were also at the same time shown — preferably naked — in anthropological exhibitions, some of which took place in zoological gardens. It was above all else these — frequently soft pornographic — displays and exhibitions posturing as science that drew widespread attention to the fin-de-siècle ethnographic discourse. Explorers, colonial conquerors, natural scientists or artists delivered the texts and images for a vast tropical fantasy, which implied that perfect sunshine and tropical fruits spawn happy people in paradisiacal circumstances — even in a world deprived of its mystique by industry and the modern age. The tropics are, after all, more than just a sunny belt around the earth; they are also a state of affairs, a dose of which — in the form of tropical moments — can be taken as a remedy for the emotionally frigid, modern, rationalised world. Take a beach holiday, for instance, when, naked or near-naked, one hopes to come closer to oneself as a child of nature, at least for a while. While such tropical moments are marketed today by the wellness industry — for instance in Brandenburg's *Tropical Island*, where the beaches have under-floor heating — in the first half of the 20th century bathing naked in light, air and sun was still the great politico-cultural social health project of the naturism movement.

It remains questionable whether the naked ›natives‹ and ›primitive beings‹ of the tropics did in fact serve as a role model for the naturism movement, which in the 1920s had become a mass movement with over 100,000 organised followers. For Paul Scheerbarth it seemed to have been evident that the nakedness of African people delivered the basis for a new, more natural culture and that all the civilisation-

[1]   Paul Scheerbart: *Nackte Kultur*, in: *Immer mutig! Ein phantastischer Nilpferdroman mit 83 merkwürdigen Geschichten*. Minden 1902, pp. 82—84.

10

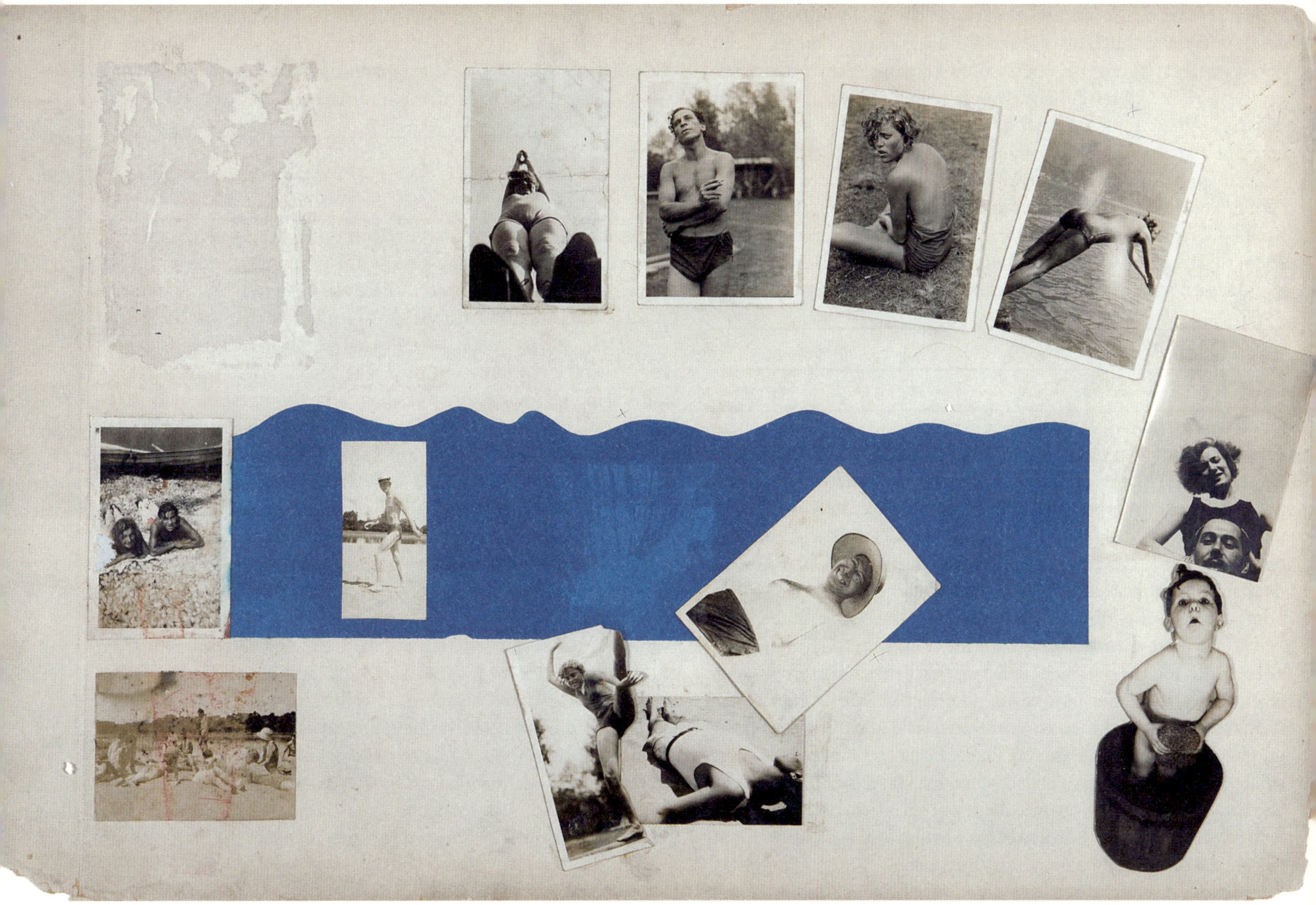

▲ Aus dem Fotoalbum von Xanti Schawinsky / From a photo album belonging to Xanti Schawinsky

▲ Die Kehrseite der Moderne: Herbert Bayer und Xanti Schawinsky in Südfrankreich, 1928 / The flip-side of modernism: Herbert Bayer and Xanti Schawinsky in the South of France, 1928

Fraglich bleibt, ob die nackten ›Eingeborenen‹ und ›Naturmenschen‹ der Tropen tatsächlich als Vorbild für die Freikörperkultur, die in den Zwanzigerjahren mit über 100.000 organisierten Anhängern geradezu zu einer Massenbewegung angewachsen war, dienten. Für Paul Scheerbart schien es klar gewesen zu sein, dass sich aus der Nacktheit afrikanischer Menschen eine neue, natürlichere Kultur begründen ließe und dass sich all die zivilisationsmüden Lebensreformer, die modernen Künstler und Architekten, die sich verstärkt für alles Ursprüngliche, ›Primitive‹ und ›Elementare‹ interessierten, ebenfalls nach der scheinbar schamlosen Hüllenlosigkeit eines als paradiesisch imaginierten tropischen Daseins sehnen müssten.

Germanisch nackt

Doch den meisten deutschen Lebensreformern war — trotz allem Schwärmen von der reinen nackten Natürlichkeit — die Nacktheit der ›exotischen Naturvölker‹ nicht geheuer. Denn weit verbreitet war die rassistische Interpretation der Evolutionstheorie von Charles Darwin, wonach die ›Naturvölker‹ weniger oder gar nicht kulturell entwickelt sind und zum Beispiel die ›wilden‹ Menschen Afrikas noch in der Steinzeit leben. Deshalb mussten eben andere ›kulturelle‹ oder ›deutsche‹ Begründungen für die lebensreformerische Nacktheit konstruiert werden: beispielsweise jene nackten Germanen der Vorzeit, die Tacitus in seiner *Germania* beschrieben hatte, oder eine eigentümliche Re-Germanisierung der Antike: Ideale griechische Bronzeskulpturen wurden zu Vorbildern für den natürlich-nackten, durchgehend sonnengebräunten, jugendlichen, schlanken und sportlichen ›Neuen Menschen‹ der deutschen Freikörperkulturbewegung. Um dieses Körper-Ideal zu erreichen, war eine harte und beständige Selbstzucht nötig, mit bewusster Ernährung und kollektiver Gymnastik, die am besten nackt auszuführen ist.

Ein breites Publikum erreichten die Ideen der Nacktkultur 1925 mit dem Film *Wege zu Kraft und Schönheit* von Wilhelm Prager und Nicholas Kaufmann. Dieser Film stellt ›ungesunde‹, von den Umwelt- und Arbeitsbedingungen des modernen Lebens deformierte Körper nackten, jugendlichen Sportlern gegenüber, die in schönen Landschaften dekorativ posieren. Er gilt auch als Vorläufer jener nationalsozialistischen faschistischen Körperästhetik, die Leni Riefenstahl 1936 in ihrem Olympia-Film zur Vollendung gebracht hat.

Proletarisch nackt

Angeregt hatte den (Nackt-)›Kulturfilm‹ der kommunistische Arzt und Schriftsteller Friedrich Wolf, der in seinem 1928 erschienenen Ratgeber-Bestseller *Die Natur dein Arzt und Helfer*[2] erklärt hatte, dass der Mensch mit Nacktsport, vegetarischer Ernährung und in effizient eingerichteten Wohnungen, wie sie am Bauhaus entworfen wurden, durchaus 147 Jahre alt werden könnte. Sein Buch hatte er mit freizügigen ›Eigenfotos‹ illustriert, auf denen er und eine Tänzerin gymnastisch die Reize des gesunden Leibes in moderner Architektur bebildern. Richard Döcker hatte ihm 1929 ein neues Wohnhaus entworfen — mit platzsparenden Einbaumöbeln, vielen Fenstern und einer ›Luftterrasse‹ für seine gymnastischen Morgenübungen und Sonnenbäder, die Friedrich Wolf — voll Stolz auf seinen durchtrainierten Körper — nackt oder nur mit einem ›Nacktschurz‹ praktizierte. Aber Friedrich Wolf verstand sich dabei auch als ein Vorkämpfer für den zu kultivierenden Proletarier, der seinen in der Arbeit geschundenen Körper für die Revolution fit machen sollte. In diesem Sinne rief auch der sozialdemokratische Nacktkultur-Agitator Hermann Schmidt 1927 im *Beiblatt der Urania für Körperkultur und gesundes Leben* zur nackten »körperliche(n) Befreiung des Prole-

[2]   Walther Pollatschek, *Friedrich Wolf. Sein Leben in Bildern*. Leipzig 1960.

weary life reformers, the modern artists and architects who had developed a renewed interest in everything »primitive« and ›fundamental‹, must likewise long for the apparently shameless nakedness of a tropical existence perceived as paradisiacal.

Germanic nakedness

But for most of the German life reformers — despite all the rhetoric about pure, unclothed artlessness — the nakedness of the ›primitive people‹ was a source of unease: There was a pervasive racist interpretation of Charles Darwin's theory of evolution that saw the ›primitive people‹ as barely, if at all, culturally evolved and the ›wild‹ people of Africa, for instance, as mired in the Stone Age. Therefore, other ›cultural‹ or ›German‹ constructs had to be found for life-reform nakedness, such as those naked Teutons of prehistoric times that Tacitus described in his *Germania*, or a specific Germanic reinterpretation of antiquity: Greek bronze sculptures became ideals for the naturally naked, thoroughly bronzed, youthful, slim and athletic ›new human being‹ of the German naturism movement. In order to achieve this body ideal, strict and rigorous self-discipline was called for with informed nutrition and collective exercise routines, preferably performed naked.

Naturism's ideas reached a wide audience in 1925 with the film *Wege zu Kraft und Schönheit* [Ways to strength and beauty] by Wilhelm Prager and Nicholas Kaufmann. This film presents ›unhealthy‹ bodies deformed by the environment and working conditions of modern life opposite those of naked and youthful athletes who pose decoratively in beautiful landscapes. It is also seen as a precursor to that National Socialist fascist body aesthetic that Leni Riefenstahl brought to fulfilment in 1936 in her film *Olympia*.

Proletarian nakedness

The (naturist) ›cultural science film‹ was a source of inspiration for the communist physician and writer Friedrich Wolf who, in his bestselling book of 1928 *Die Natur als Arzt und Helfer*[2] [Nature as doctor and aid], claimed that with naked exercise, vegetarian food and modern, efficient housing (as designed by the Bauhaus), one could easily live to be 147 years old. His book was generously illustrated with his ›own‹ photos, in which he and a dancer demonstrate the attractions of the healthy body in modern architectural settings. In 1929 Richard Döcker designed a new house for Wolf with space-saving furniture, plenty of windows and an outside terrace for morning exercises and sunbathing — which Wolf, proud of his well-conditioned body, did naked or wearing a loincloth. In all this, Friedrich Wolf saw himself as a campaigner for the proletarian in need of cultivation, who should make his body, much-abused through work, fit for the revolution. It was in this sense that the social democratic advocate of naturism Hermann Schmidt called for the »physical liberation of the proletariat« in a body culture and healthy living supplement of the monthly *Urania* in 1927: »The body must no longer be disregarded. […] We seek to liberate humanity — let us not forget that a liberated body is part of that.«[3] So the people met up at weekends to swim, walk and exercise naked together. In a break from the bourgeois advocates of naturism, the focus here was not on the beauty and allure of the athletically youthful but about the fact that »In movement, every body is beautiful.«[4] What was important was the uninhibited and equitable coexistence of people of all ages.

[2]   Walther Pollatschek, *Friedrich Wolf. Sein Leben in Bildern*. Leipzig 1960.
[3]   Hermann Schmidt, *Die körperliche Befreiung des Proletariats*, in: *Urania*, October 1927, Issue 1, *Der Leib*, *Urania* supplement for body culture and healthy living
[4]   Adolf Koch, *Nacktheit, Körperkultur und Erziehung. Ein Gymnastikbuch*. Berlin 1929.

tariats« auf: »Der Körper muß aus seiner Mißachtung heraus. […] Wir streben nach dem freien Menschentum — vergessen wir nicht, daß dazu auch ein freier Körper gehört.«[3] Also verabredete man sich an den Wochenenden zum gemeinsamen Nacktbaden, Nacktwanderungen und Nacktgymnastik. Anders als bei den bürgerlichen ›Freikörperkultur‹-Aktivisten sollte dabei nicht die Schönheit und Attraktivität sportlich-jugendlicher Menschen im Mittelpunkt stehen. Es hieß: »In der Bewegung ist jeder Körper schön«.[4] Wesentlich sollte das unbefangene und gleichberechtigte Miteinander von Menschen jeden Alters sein.

Bauhaus
nackt

Am Bauhaus war die ›Nackte Kultur‹ vor allem eine metaphorische, gestalterische und architektonische Angelegenheit: Um den nackten Menschen selbst ging es kaum. Man begeisterte sich programmatisch eher für den »Bauleib«, der »nackt und strahlend« geschaffen werden sollte, »aus innerem Gesetz heraus ohne Lügen und Verspieltheiten«.[5] Oskar Schlemmer erwähnte in seiner Bühnentheorie zwar die »nackte menschliche Figur«, meinte damit aber nur eine prinzipiell-mögliche, theatrale Darstellung des natürlichen Menschen, bestimmt nicht den »nackten Menschen als das echte wahre Kulturideal‹ der deutschen Freikörperkultur.[6] In Schlemmers mit »Der Mensch« überschriebenem Unterricht gab es Nacktheit nur beim Aktzeichnen. Jene Bauhäusler, die sich gegenseitig nackt Modell standen, haben allerdings öfters die Empörung von Dessauer Passanten auf sich gezogen, die unfreiwillig Zeuge des Aktzeichnens wurden. Denn die Nacktheit des Dessauer Bauhaus-»Bauleibs« besteht ja im Wesentlichen in seiner Durchsichtigkeit, mit der aber eben nicht nur die funktionalistisch hochambitionierte Struktur des Gebäudes offengelegt wird, sondern letztlich immer auch die Menschen, die sich darin aufhalten und dort arbeiten. Vor allem das Werkstattgebäude wirkt und funktioniert mit seiner durchgehenden gläsernen Vorhangfassade wie ein gigantisches Schaufenster. Viele junge Bauhäusler waren durch die Lebensreform und deren Begeisterung für eine neue Körperkultur, Vegetarismus sowie

Bauhaus
nakedness

At the Bauhaus the ›naked culture‹ was primarily a metaphorical, design and architectonic issue: it was seldom about the naked human being as such. Rather, there was a programmatic enthusiasm for the »body of the building«, which should be designed »naked and radiant […] out of inner principle without artifice and playfulness«.[5] Although Oskar Schlemmer referred in his stage theory to the »naked human figure«, this meant only a theoretically possible theatrical presentation of man as a child of nature, and certainly not the »naked human being as the real and true cultural ideal«[6] of the German naturism movement. In Schlemmer's classes entitled »Der Mensch« [The human being], nakedness was reserved purely for life drawing. Those Bauhauslers who posed for one another as life models at the Bauhaus Dessau however on occasion aroused the indignation of passers-by, who became involuntary witnesses to the life drawing lessons. The ›nakedness‹ of the body of the Bauhaus building in Dessau relies mostly on its transparency, which not only reveals the functionally highly ambitious structure of the building, but also invariably the people inside it, working in it. The workshop wing especially, with its wrap-around glass curtain wall, acts as a gigantic display window. The life reform movement and its enthusiasm for a new body culture, vegetarianism and abstinence from nicotine and alcohol influenced many young Bauhauslers. While there was a liberation ideal that included the liberation of the body from traditional

[3] Hermann Schmidt, *Die körperliche Befreiung des Proletariats*, in: *Urania*, Oktober 1927, Heft 1, *Der Leib*, Beiblatt der *Urania* für Körperkultur und gesundes Leben.
[4] Adolf Koch, *Nacktheit, Körperkultur und Erziehung. Ein Gymnastikbuch*. Berlin 1929.
[5] Walter Gropius, *Idee und Aufbau des Bauhauses*. München 1923.
[6] Oskar Schlemmer, in: *Der schöne Mensch in der neuen Kunst*. Internationale Ausstellung, Mathildenhöhe Darmstadt, 1929 (S. 54) zit. n.: Andreas Hünecke (Hg.): *Oskar Schlemmer. Idealist der Form. Briefe — Tagebücher — Schriften*, Leipzig 1990, S. 206—208.

[5] Walter Gropius: *Idee und Aufbau des Bauhauses*. Munich 1923.
[6] Oskar Schlemmer in: *Der schöne Mensch in der neuen Kunst*. International exhibition, Mathildenhöhe Darmstadt, 1929 (p. 54) quoted from: Andreas Hünecke (ed.): *Oskar Schlemmer. Idealist der Form. Briefe — Tagebücher — Schriften*. Leipzig 1990, pp. 206—208.

▲ Die nackte Revolution fand im Walde statt: Fotos aus dem kulturpolitischen *Monatsheft über Natur und Gesellschaft*, Urania, 1927/28 /
The naked revolution took place in the forest: Photos from the culture-political monthly *journal on nature and society*, Urania, 1927/28

Alkohol- und Nikotin-Abstinenz geprägt. Es gab einen Befreiungsidealismus, der zwar die Befreiung des Körpers von traditionellen und gegenwärtigen ›Hemmungen‹ einschloss, wozu aber nicht unbedingt die Kleidung gehörte. Gleichwohl haben dies die konservativen Kritiker und einige Bürger in Weimar und Dessau immer wieder vermutet, wenn sie Bauhausstudierende beim Nacktbaden in der Ilm oder der Elbe beobachteten.

Architektonisch nackt

Die freiheitliche Hüllenlosigkeit der Nacktkultur sollte die Menschen zu Ehrlichkeit und Wahrhaftigkeit erziehen. Darin traf sich die Freikörperkultur mit dem Anspruch der modernen Architekten, die wie Hendrik Petrus Berlage schon 1905 forderten: »… alles Unnütze (soll) verschwinden […] Sogar die letzte Hülle, auch das Feigenblatt, soll weg, denn die Wahrheit, die wir wollen, ist ganz nackt.« Ganz ähnlich klang dies bei Adolf Loos, der stolz darauf war, »gelernt (zu haben) die Schönheit des nackten Steins zu empfinden«.[7] Und als er 1928 für die Legende der Jazzkultur und nicht zuletzt des Nackttanzes, Josephine Baker, ein Wohnhaus entworfen hatte, welches ein Maximum an Transparenz geboten hätte, weil im Zentrum ein Schwimmbad mit Schaufenster vorgesehen war, das allen Gästen ermöglichen sollte, der Tänzerin auch beim Schwimmen zuzusehen, dann erinnert dies durchaus an die — ihre Nutzer ausstellende — Transparenz des Bauhausgebäudes. Auch Le Corbusier, der sich übrigens dabei fotografieren ließ, wie er nackt das Haus seiner früheren Freundin Eileen Gray bemalte, hatte sich für die Tänzerin im Bananenröckchen begeistert. Er sah in Josephine Baker geradezu ein Abbild für die spielerische Dynamik und existenzielle Freiheit eines ›Neuen Lebens‹. Seiner Meinung nach sollte Architektur so nackt, frei und offenherzig entworfen werden, wie Josephine Baker tanzte und sang.

Transparent nackt

Nacktheit und die damit einhergehende Transparenz sind in unserer Kultur immer ein besonderes Ereignis, das die Gefahr in sich birgt, in Entblößung umzuschlagen, also in ein potenzielles Medium der Kontrolle. Nacktheit und Transparenz sind eben nicht einfach paradiesische Urzustände eines befreiten Menschseins, wie dies die Anhänger der Freikörperkultur und moderne Architekten gerne behauptet haben. Denn wer nicht dem Ideal des gesunden, schlanken Körpers entspricht, möchte nicht unbedingt, dass dies in kollektiver Nacktheit offengelegt wird. Der nackte Mensch kann körperliche Schwächen, Alter und auch jede Abweichung von konventionellen Normen nicht verbergen.

Der Idealismus und die körperlichen Ganzheitsutopien der Lebensreformer sind Geschichte, ihre Körperideale aber populär geblieben und fast selbstverständlich zum Allgemeingut geworden. Sie wirken im Sinne einer ›Leibeskultur‹, die an jeden die Erwartung heranträgt, den eigenen Körper in Form zu bringen bzw. zu halten, beispielsweise im Fitnessstudio. Was als ›Freikörperkultur‹ und ›Körperkulturbewegung‹ begonnen hatte, ist heute eine wirtschaftlich sehr erfolgreiche Wellness- und Fitness-Industrie, deren Markenzeichen ›Jugend und Schönheit‹ ein aktives, rundum dynamisches und erfolgreiches Lebens verspricht.

Torsten Blume, geboren 1964, ist wissenschaftlicher und künstlerischer Mitarbeiter der Stiftung Bauhaus Dessau. Er ist unter anderem verantwortlich für experimentelle Projekte auf der historischen Bauhausbühne.

[7]   Hendrik Petrus Berlage, *Gedanken über Stil in der Baukunst*, in: ders.: *Über Architektur und Stil. Aufsätze und Vorträge 1894—1928*, Bernhard Kohlenbach (Hg.), Basel (1905), 1991, S. 52—77, S. 62.
[8]   Adolf Loos, *Architektur*, in: *Der Sturm*, 15. Dezember 1910.

and contemporary ›restrictions‹, clothing was not necessarily part of this. Having said that, every time the conservative critics and citizens of Weimar and Dessau saw the Bauhaus students swimming naked in the Ilm or Elbe, they must have assumed that it was.

Architectonic nakedness

The liberated nakedness of naturism was supposed to nurture honesty and truth in people. Here, naturism coincided with the aspirations of modern architects who, like Hendrik Petrus Berlage, stated as early as 1905 »… all the inessential things (should) disappear […] Even the last pretense, also the fig leaf, should go, because the truth that we want is completely naked.«[7] These sentiments were echoed by Adolf Loos, who was proud »(to have) learned to perceive the beauty of the naked stone«.[8] And his 1928 design for a house for the legend of jazz and indeed of the naked dance, Josephine Baker — a house that offered maximum transparency because it was designed with a central swimming pool with large show windows so that guests could watch the dancer swimming, too — brings to mind the transparency of the Bauhaus building, which puts its users on display. The banana-skirted dancer likewise fascinated Le Corbusier, who incidentally allowed himself to be photographed naked painting in Eileen Gray's house. He saw Josephine Baker as a symbol of the playful dynamism and existential freedom of a ›new life‹. In his view, architecture was best designed as unfettered, free and openhearted as Josephine Baker's dancing and singing.

Transparent nakedness

In our culture, nakedness and the transparency associated with it is something special that invariably runs the risk of turning into exposure, that is, into a potential medium of control. Nakedness and transparency are expressly not the paradisiacal primitive states of a liberated human existence, as the devotees of naturism and modern architects would have us believe. For the people who do not conform to the ideal of the healthy and slim body do not necessarily want to reveal this before the naked masses. The naked human being cannot hide physical flaws, age, or any deviation from the conventional norms.

While the life reformers' idealism and body-centred holistic utopias have been consigned to history, their body ideals have remained popular and have become almost universally accepted. They work in the sense of a ›body culture‹ that involves the expectation that everyone should get, or keep, in shape, for example in the fitness studio. That, which started as ›naturism‹ and the ›body culture movement‹ is today a commercially highly successful wellness and fitness industry with a ›youth and beauty‹ brand that promises an active, thoroughly dynamic and successful life.

Torsten Blume, born 1964, is a research and creative assistant at the Bauhaus Dessau Foundation. His areas of responsibility include experimental projects on the historic Bauhaus stage.

[7]   Hendrik Petrus Berlage, *Gedanken über Stil in der Baukunst* (1905), in: ibid.: *Über Architektur und Stil. Aufsätze und Vorträge 1894—1928*, ed. by Bernhard Kohlenbach. Basel 1991, pp. 52—77, p. 62.
[8]   Adolf Loos, *Architektur*, in: *Der Sturm*, 15 December 1910.

▲

Walter Gropius (im Badeanzug) und seine Bauhäusler genießen die anhaltischen Tropen an der Elbe / Walter Gropius (in bathing suit) and his Bauhauslers enjoy the Anhaltinian tropics on the Elbe
Kunst und Protest: Le Corbusier bemalt das Haus seiner früheren ▶ Freundin Eileen Gray / Art and protest: Le Corbusier paints the house of his former girlfriend, Eileen Gray

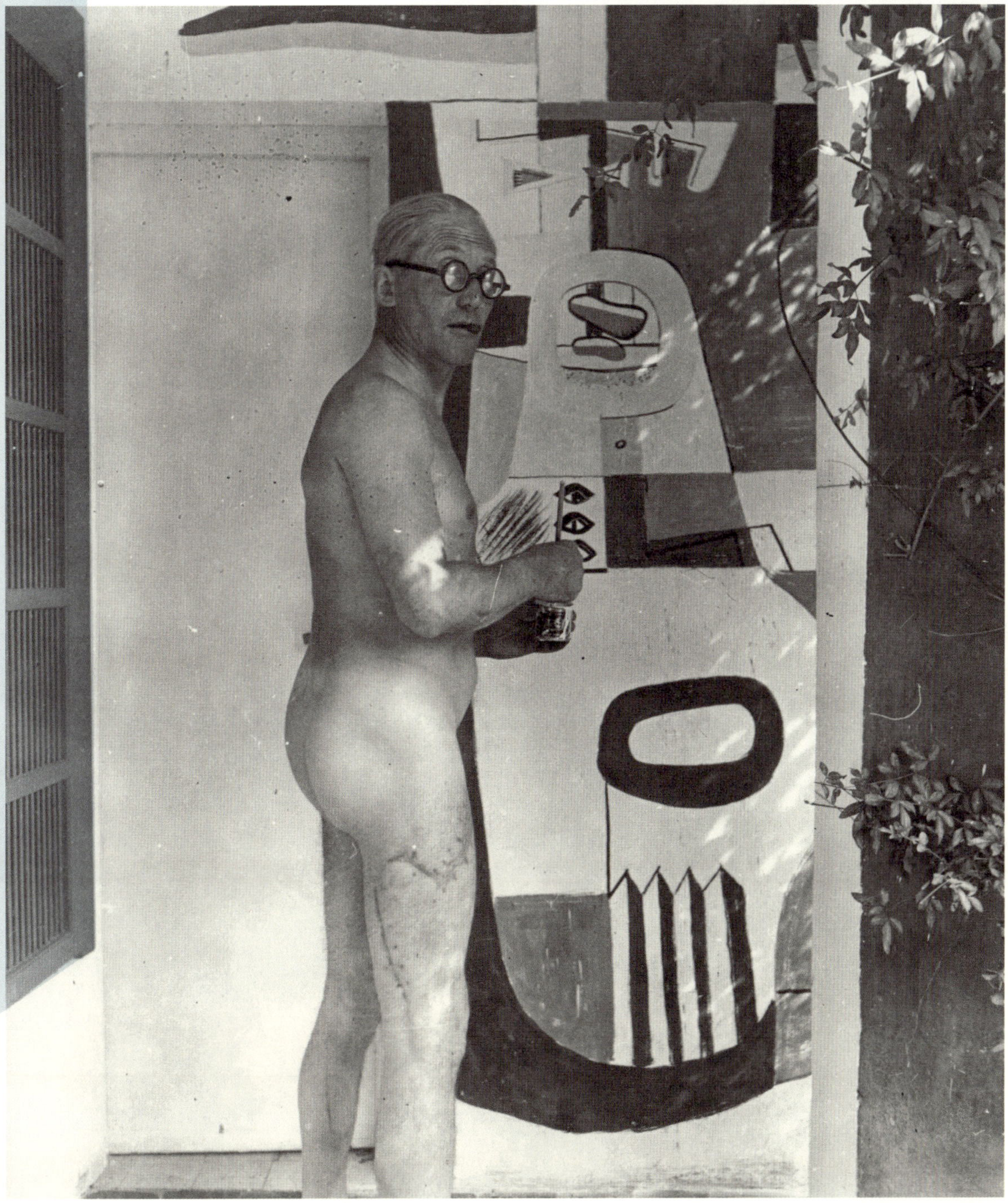

Die Tropen als Sehnsuchtsort im 21. Jahrhundert: in Ulrich Seidls Film *Paradies: Liebe* wird das Glück in der jeweils anderen Welt vermutet. Er läuft aktuell in den deutschen Kinos und ist ab 12. Juli auch auf DVD erhältlich / The tropics as a place of longing in the 21st century: In Ulrich Seidl's film *Paradies: Liebe* happiness is thought to lie in each other's world. The film is currently showing in German cinemas and will be available on DVD from 12 July

ein bauhaus-film

fünf jahre lang

autor:
das leben, das seine rechte fordert
operateur:
marcel breuer, der diese rechte anerkennt

1921

1921$^1\!/_2$

1924

1925

19??

es geht mit jedem jahr besser und besser. ⟶
am ende sitzt man auf einer elastischen luftsäule

»ein bauhaus-film. fünf jahre lang«. Fotomontage von Marcel Breuer mit Abbildungen seiner Stühle aus den Jahren 1921 bis 1925 und darüber hinaus: »am ende sitzt man auf einer elastischen luftsäule«, Abbildung in der Zeitschrift *bauhaus*, Heft 1, 1926 / »ein bauhaus-film. fünf jahre lang«. Photo montage by Marcel Breuer with images from his chairs from 1921 until 1925 plus: »am ende sitzt man auf einer elastischen luftsäule«, image from *bauhaus* magazine, issue 1, 1926. [Credit: Bauhaus-Archiv Berlin]

Die Revolution im Sitzen

Wie Gunta Stölzl und Marcel Breuer in der Exotik afrikanischer Throne eine Inspirationsquelle fanden, mit den Normen und Traditionen des europäischen Sitzens zu brechen

Von Hans Peter Hahn

[1]   vgl. Galen Cranz, *The Chair. Rethinking Culture, Body and Design*, New York 1998.

[2]   vgl. Gerd Spittler, *Wohnen ohne Tisch und Stuhl — Leben die KelEwey Tuareg in einer Mangelgesellschaft?*, in: M. Möhring, E. Schüttpelz, und M. Zillinger (Hg.): *Knappheit. (= Zeitschrift für Kulturwissenschaften*, S. 81—92.

[3]   vgl. Thévenot, Laurent, *Le régime de familiarité. Des choses en personne*, in: *Genèses*, (17):72—101.

[4]   vgl. Hajo Eickhoff, *Sitzen. Eine Betrachtung der bestuhlten Gesellschaft. (= Ausstellung des Deutschen Hygiene-Museums)*. Gießen 1997.

[5]   vgl. Pauline Garvey, *Consuming IKEA*, in: A. Clarke, (Hg.): *Design Anthropology. Object Culture in the 21st Century*, New York 2011, S. 142—153, vgl. Tod Hartman, *On the Ikeaization of France*, in: *Public Culture*, 19 (3): 483—498.

Das Sitzen auf einem Stuhl ist eine Grunderfahrung des menschlichen Körpers. Nichts erscheint natürlicher als der Gebrauch dieses universalen Möbelstücks, dessen Alltäglichkeit zu den Grundlagen der westlichen Zivilisation gerechnet werden kann. Zugleich gibt es wenige Objekte im Alltag, die sich in so hohem Maße in den Körper einschreiben und durch ihre Geometrie eine bestimmte Haltung erzwingen. Stühle bewirken eine Formung oder — je nach Sichtweise — auch Deformation des Körpers. Aus der letztgenannten Perspektive wäre es richtiger zu sagen: Es gibt nichts ›Unnatürlicheres‹ als den Stuhl, oder genauer: Nichts ist weniger natürlich als die Idee, Stühle seien einfach nur zum Sitzen da.[1]

In Mitteleuropa gibt es heute kaum einen Haushalt, in dem Stühle fehlen. Die Sitzmöbel sind uns so sehr auf den Leib geschrieben, dass an ein Leben ohne sie kaum zu denken wäre. Erst die globale Perspektive zeigt, wie sehr das Sitzen und der Gebrauch des Stuhls mit europäischen Traditionen verflochten sind. Auf anderen Kontinenten ist das nicht der Fall. Beispielsweise ist in vielen Gesellschaften Afrikas ein Alltag ohne Stuhl durchaus üblich; die Alternativen dort sind das Sitzen auf dem Boden oder der Gebrauch niedriger Sitzgelegenheiten, die als Bänke, Hocker oder Schemel zu bezeichnen wären.[2] In vielen nicht-europäischen Kulturen sind sitzende Haltung, Essen und Arbeiten viel weniger an Stühle gebunden, als es die Omnipräsenz dieses Möbelstückes in westlichen Gesellschaften vermuten lässt.

Stühle, so wäre das Ergebnis dieser ersten Reflexion zusammenzufassen, sind durchaus nicht so universal und ›notwendig‹ wie vielfach angenommen. Dem schließt sich eine zweite Überlegung an, die sich auf die normierende Wirkung von Stühlen bezieht. Wenn Laurent Thévenot[3] vom »Regiment der Familiarität« spricht und den Stuhl als Beispiel heranzieht, meint er damit die in dem Möbelstück verborgene Macht der Regulierung des Körpers.

Die so umrissene Macht des Stuhles ist jedoch eng mit der konventionellen Perspektive dieser Objekte verbunden: Stühle sind scheinbar zum Sitzen da, und zwar — insbesondere in westlichen Kulturen — in einer weitgehend standardisierten Sitzhöhe. Stühle sind deshalb ein prägnantes Beispiel dafür, wie der menschliche Körper reguliert wird: etwa, indem wir mit dem Sitzen einen bestimmten Winkel der Beine assoziieren. Während einer beliebigen Besprechung in einem beliebigen Büro sitzen alle Beteiligten auf einer Höhe, auch wenn die Stühle nach Bauweise und Material unterschiedlich ausgestaltet sein mögen. Trotz der großen Zahl an verschiedenen Stühlen, die jeder täglich benutzt, ist doch die sitzende Haltung durch die weitgehend einheitliche Stuhlhöhe in hohem Maße standardisiert.[4] Besonders eindringlich wurde die entpersonalisierende Wirkung solcher Normierungen am Beispiel des allgegenwärtigen IKEA-Mobiliars dargestellt. Tische und Stühle von IKEA konstituieren längst einen Standard, der Bedürfnisse befriedigt und in dieser Hinsicht Normen setzt.[5] Emotionen wecken diese Objekte nicht mehr! Sie dürfen auch keine Emotionen wecken, weil jede Auflehnung gegen diese Standards des Sitzens sinnlos wäre.

Wieder bedarf es eines Blickes über den europäischen Horizont hinaus, um Alltäglichkeit und Bedeutung unterschiedlicher Sitzhöhen zu hinterfragen. Über die universelle Akzeptanz der Normierung ist nämlich weithin in Vergessenheit geraten, wie weit die Nutzung von Stühlen weltweit und schon immer auch zur Markierung sozialer Unterschiede genutzt wurde. Beispielsweise werden in

19

Fortsetzung auf Seite 22

The seating revolution

How Gunta Stölzl and Marcel Breuer found a source of inspiration for a departure from the norms and traditions of European seating in the exotic African chair

By **Hans Peter Hahn**

[1] Cf. Galen Cranz, *The Chair. Rethinking Culture, Body and Design*. New York 1998.

[2] Cf. Gerd Spittler, *Wohnen ohne Tisch und Stuhl — Leben die KelEwey Tuareg in einer Mangelgesellschaft?*, in: M. Möhring, E. Schüttpelz und M. Zillinger (Ed.), *Knappheit* (*Magazine for cultural sciences*, 2011/1). Bielefeld, 2011, pp. 81— 92.

[3] Laurent Thevenot, *Le régime de familiarité. Des choses en personne*, in: *Genèses*, (17) 2011, pp. 72—101.

[4] Cf. Hajo Eickhoff, *Sitzen. Eine Betrachtung der bestuhlten Gesellschaft.* (Exhibition of the Deutsche Hygiene-Museum). Gießen 1997.

[5] Cf. Pauline Garvey, *Consuming IKEA*, in: A. Clarke (Ed.): *Design Anthropology. Object Culture in the 21st Century.* New York 2011, pp. 142—153.; cf. Tod Hartman, *On the Ikeaization of France*, in: *Public Culture*, 19 (3), 2007, pp. 483—498.

[6] Cf. Miklós Szalay, *Objektwelt, Gesellschaft, Kunst: Zur Symbolik afrikanischer Stühle*, in: W. Schmied-Kowarzik (Ed.): *Kultur-Theorien: Annäherungen an die Vielschichtigkeit von Begriff und Phänomen der Kultur.* (Kasseler Philosophische Schriften, 29). Kassel 1993, pp. 123—154.

The act of sitting on a chair is a formative physical experience. Nothing seems more natural than the use of this universal piece of furniture, the everyday occurrence of which may be counted as one of the foundations of Western civilisation. At the same time there are few everyday objects that have such a great impact on the body and which, through their geometry, enforce a particular posture. Chairs shape or — depending on one's point of view — misshape the human body. From the latter perspective it would be more accurate to say: there is nothing more ›unnatural‹ than the chair, or, more precisely: nothing is more unnatural than the idea that chairs are only there to be sat on.[1]

In Central Europe today there is hardly a household without chairs. Chairs are such a part of our lives that living without them is almost unimaginable. It is only the global perspective that shows the degree to which sitting and the use of the chair are intertwined with European traditions. On other continents, this is not the case. For instance in the many African societies day-to-day life without a chair is quite commonplace; there, the alternatives are sitting on the floor or the use of low seats that might be described as benches, stools or footstools.[2] In many non-European cultures the seated position, also while eating or working, is far less reliant on chairs than the omnipresence of this piece of furniture in Western societies would have us believe.

One may conclude from this initial reflection that chairs are nowhere near as universal and ›essential‹ as is often assumed. To this, one may add a second reflection that relates to the normative effect of chairs. When Laurent Thevenot (1994) speaks of »regimes of familiarity«[3] and uses the chair as an example, he thereby alludes to the latent power of the chair to control the body.

The thus defined power of the chair is however closely associated with the conventional way of seeing these objects: chairs are apparently there to be sat on, and this — especially in Western cultures — at a largely standardised sitting height. Chairs are therefore an incisive example of how the human body is controlled: for instance, in that we associate sitting with a particular angle of the legs. During a random meeting in a random office all those present sit at one height, even if the chairs have different designs and materials. Despite the great number of different chairs that each of us uses daily, the seated position is nevertheless largely standardised by their broadly consistent height.[4] The depersonalising effect of such norms has been demonstrated to particularly pointed effect by the omnipresent IKEA furniture. Tables and chairs from IKEA have long constituted a standard that satisfies requirements and in this sense establishes norms.[5] These objects no longer awaken emotions! In fact, they mustn't awaken emotions either, because any rebellion against this seating standard would be futile.

A glimpse beyond the European horizon is again required in order to scrutinize the banality and meaning of different seating heights. The universal acceptance of the norm means that we have completely lost sight of the degree to which the use of chairs has been used worldwide throughout time to mark social differences. For example, in the royal ceremonies of various kingdoms in Africa the king's chairs, as thrones, become the standard against which the position of all of those present is measured. Because these are subordinates, they must assume a lower position: as soon as the king sits, the others must sit on lower footstools or on the floor. In this way the seat of the king, his throne, is a material manifestation of the homo hierarchicus.[6] In contexts such as these, sitting is neither a question of function, nor one of standardisation.

Collectively, the chairs in Africa present such an extraordinarily wide spectrum of forms that one can hardly speak of an ›African formal principle‹. In fact one might go so far as to say that, for the

König Njoya auf seinem Thron während des Erntefests in Fumban. Im Vordergrund: seine Tante und die Missionare Geprägs, Schwarz und Göhring / Njoya on his throne during the Harvest Festival in Fumban. In the foreground: his aunt, and the missionaries Geprägs, Schwarz and Göhring.

den Hofzeremonien verschiedener Königtümer in Afrika die Königstühle als Throne zum Maß der Körperhaltung aller Anwesenden. Da diese ja Untergebene sind, müssen sie eine tiefere Stellung einnehmen: Sobald der König sich setzt, müssen sich die anderen auf niedrigere Schemel platzieren oder auf dem Boden lagern. Der Sitz des Königs, sein Thron, ist auf diese Weise ein materieller Ausdruck des homo hierarchicus.[6] In solchen Kontexten ist das Sitzen weder eine Frage der Funktion noch eine der Standardisierung. Insgesamt repräsentieren Stühle in Afrika ein so außerordentlich breites Spektrum an Formen, dass kaum von einem ›afrikanischen Formprinzip‹ die Rede sein kann. Es geht sogar so weit, dass diese Vielfalt für den an westlichen Sitznormen gewöhnten Beobachter ein ›Anti-Normierungs-Programm‹ darstellt. Die dokumentierten Modelle aus verschiedenen Gesellschaften in Afrika[7] reichen von sehr formalisierten, meist Würdenträgern vorbehaltenen Stühlen, die mitunter auch europäischen Stuhlkonzepten nachempfunden worden sind, bis hin zu niedrigen Rundschemeln mit einem bis vier Beinen.

Viele dieser Hocker orientieren sich an einem außerordentlichen formalen Minimalismus, ihr Kennzeichen ist gerade das Fehlen irgendwelcher Dekore oder Verzierungen. Manche dieser kleinen Schemel sind so zierlich, dass Ethnologen keine Einigkeit darüber erzielen konnten, ob sie nun als Hocker oder Nackenstützen anzusprechen sind. Durchgängig ist das handwerkliche Prinzip zu beobachten: Jeder Sitz, egal ob Hocker oder Thron, ist ein Einzelstück, dessen genaue Form durch die unmittelbare Auseinandersetzung mit dem Material entstanden ist.[8]

Was der Stuhl aus dem Menschen macht

Mit den Vorüberlegungen über das Sitzen auf Stühlen und die Normierung des Körpers durch die Praxis einheitlicher Sitzhöhen wurde deutlich, wie notwendig eine ›Entfamiliarisierung‹ von der Alltäglichkeit von Stühlen in der westlichen Kultur ist, um tatsächlich zu verstehen, was der Stuhl aus dem Menschen macht — und

observer used to Western seating norms, this diversity represents an ›anti-standardisation programme‹. The documented models from various societies in Africa[7] range from highly formalised chairs usually reserved for dignitaries, some of which are also based on European seating concepts, to low round footstools with one to four legs.

Many of these stools are based on an exceptionally formal minimalism; their hallmark is the distinct lack of any decoration or embellishment. Some of these small footstools are so dainty that ethnologists have been unable to reach a consensus on whether they may be viewed as stools or as neck supports. The principle of craftsmanship may be observed throughout: every seat, whether stool or throne, is an individual piece, the exact form of which is the result of direct involvement with the material.[8]

What the chair makes of man

The preliminary considerations about chairs and the standardisation of the body through the convention of uniform seating heights conveys how a ›defamiliarisation‹ of the familiarity of chairs in Western culture is necessary in order to actually understand what the chair makes of people — and, likewise, what the chair means to people. Furthermore, the great formal variety of wood sculptures in Africa was a rich source of inspiration for early 20th century art.[9] In this context it must also be pointed out that domestic artefacts, furniture and personal effects from Africa were notably regarded as examples of »everyday artisan craftwork«.[10] They are ethnographic testimonies to specific important historico-cultural developments and were therefore frequently exhibited in museums together with African sculptures. With their occasionally surprising forms, these everyday objects would certainly have been no less impressive than the masks and figurative sculptures.[11]

They probably also served as sources of inspiration for the Bauhauslers Marcel Breuer and Gunta Stölzl. It is certainly possible that chairs from non-European cultures essentially inspired the work on the

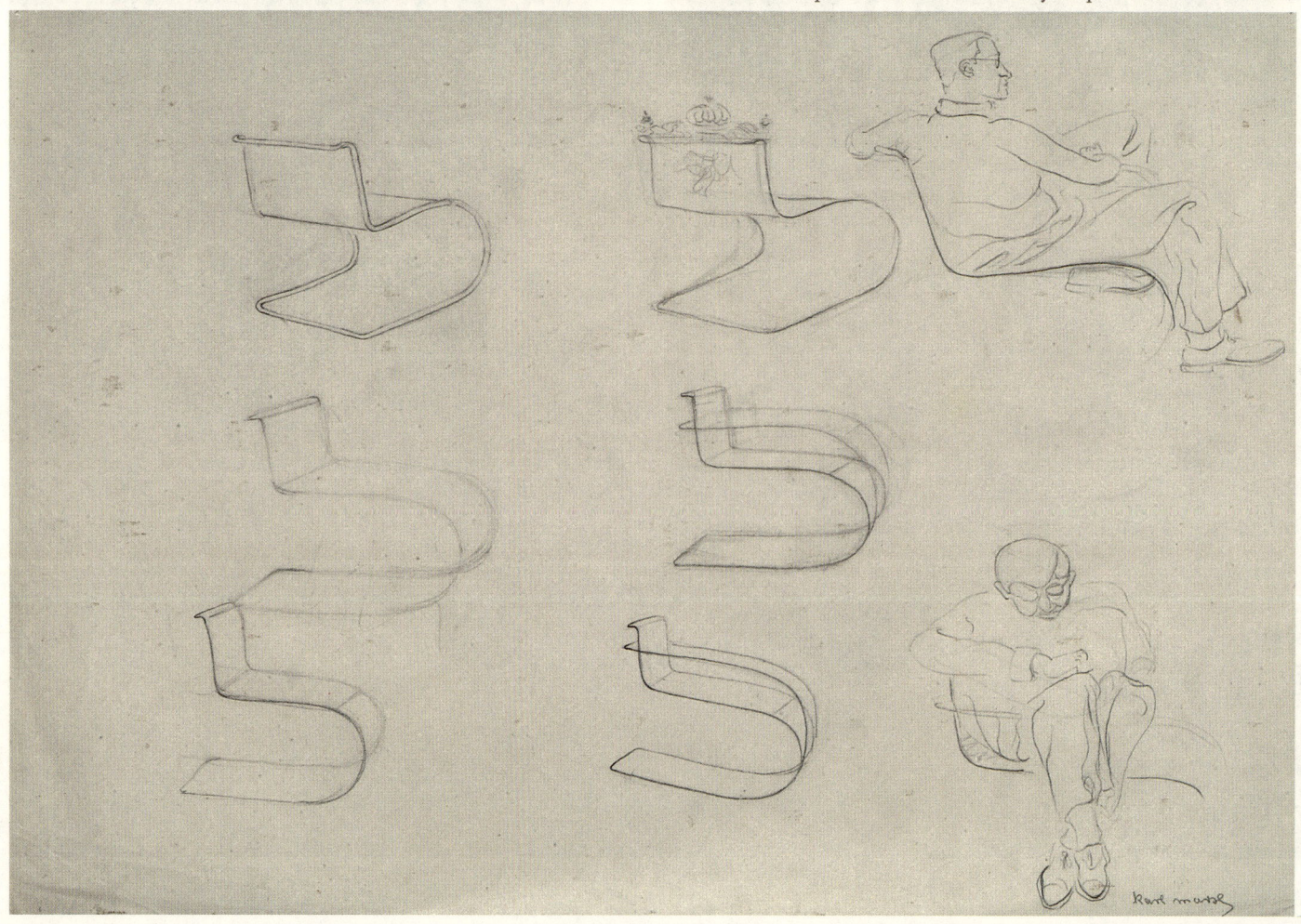

zugleich auch, was der Stuhl dem Menschen bedeutet. Überdies war die überaus reiche Formenvielfalt an Holzskulpturen in Afrika eine umfassende Quelle der Inspiration für die Kunst des frühen 20. Jahrhunderts.[9] In diesem Kontext ist auch darauf hinzuweisen, dass gerade häusliche Gegenstände, Hausrat und Mobiliar aus Afrika als Teil eines »Kunsthandwerks im Alltag« aufgefasst wurden.[10] Sie sind ethnografische Zeugnisse bestimmter, kulturgeschichtlich bedeutsamer Entwicklungen und wurden deshalb in Museen vielfach zusammen mit afrikanischer Plastik ausgestellt. Sicher beeindruckten diese Alltagsobjekte durch ihre mitunter überraschenden Formen nicht weniger als die Masken und figuralen Plastiken.[11] Und dienten wahrscheinlich als Inspirationsquelle für die Bauhäusler Marcel Breuer und Gunta Stölzl. Es ist sehr gut möglich, dass Sitze nicht-europäischer Kulturen in einer sehr grundsätzlichen Art und Weise die Arbeiten am sogenannten *Afrikanischen Stuhl* angeregt haben. Ein rascher Durchgang durch einen entsprechenden Fachkatalog lässt Anklänge an den Thron des Ashantihene, des Königs der Ashanti in Ghana, erkennen oder auch an bestimmte Stuhlformen der Tschokwe.[12] Aber in keinem dieser Fälle handelt es sich um echte Übernahmen von diesen afrikanischen Modellen; noch nicht einmal auf der Ebene der grundlegenden Prinzipien gibt es weitreichende Übereinstimmungen. Zu den wichtigsten Differenzen gehört die Tatsache, dass Sitze in Afrika kaum je eine Armlehne haben. Gerade für Würdenträger wären Armlehnen ein echtes Hindernis, da die freie Haltung des Oberkörpers und das Tragen von Insignien dadurch eingeschränkt würden.

Richtiger erscheint es mir, für den *Afrikanischen Stuhl* eine Imagination anzunehmen, von der sich die jungen Künstler Breuer und Stölzl haben leiten lassen. Nicht so sehr das genaue Studium von bestimmten Vorbildern oder Formprinzipien aus Afrika war die leitende Idee, sondern vielmehr die Vorstellung der Überwindung oder Zurückweisung europäischer Normen und Traditionen der Formgebung, für die Anleihen aus dem fremden Kontinent dienlich gewesen sein mögen.

Ein Thron aus Kamerun begeistert die Expressionisten

In der öffentlichen Debatte in Deutschland war zu jener Zeit aber noch von einem anderen *Afrikanischen Thron* die Rede, der als politisch relevantes Objekt einige Beachtung fand. Es geht um den Thron des Königs Njoya von Bamum (Kamerun), der den Thron im Jahr 1908 dem deutschen Kaiser zum Geschenk machte.

[6]   vgl. Miklós Szalay, *Objektwelt, Gesellschaft, Kunst: Zur Symbolik afrikanischer Stühle*, in: W. Schmied-Kowarzik (Hg.): *Kultur-Theorien: Annäherungen an die Vielschichtigkeit von Begriff und Phänomen der Kultur*. (= Kasseler Philosophische Schriften, 29). Kassel 1993, S. 123—154.
[7]   vgl. Sandro Bocola, *Afrikanische Sitze*. (= Katalog anlässlich der vom Vitra-Design-Museum, Weil am Rhein, in Zusammenarbeit mit dem Africa Museum, Tervuren, realisierten Ausstellung *Afrikanische Sitze*: Vitra-Design-Museum, Weil am Rhein, 10.6.—25.9.1994.). München 1994.
[8]   vgl. Kirsten Scott, *Meeting the Maker: Warm Irregularity in Traditional African Craft Practice*, in: *Craft Research*, 2 (1):61—82.
[9]   vgl. William Rubin, ›*Primitivism*‹ *in 20th Century Art. Affinity of the Tribal and the Modern*, New York: Museum of Modern Art 1984.
[10] vgl. Sigrid Gareis, *Exotik in München. Museumsethnologische Konzeptionen im historischen Wandel am Beispiel des Staatlichen Museums für Völkerkunde München*. (= Münchner Ethnologische Abhandlungen, 9). München 1990.
[11] vgl. Roy Sieber, *African Furniture and Household Objects*. (= Ausstellungskatalog). Bloomington 1980.
[12] Sandro Bocola, *Afrikanische Sitze*. (= Katalog anlässlich der vom Vitra-Design-Museum, Weil am Rhein, in Zusammenarbeit mit dem Africa Museum, Tervuren, realisierten Ausstellung *Afrikanische Sitze*: Vitra-Design-Museum, Weil am Rhein, 10.6.—25.9.1994.). München 1994, S. 74, 152—155

so-called *African Chair*. A fleeting glance at a specialist catalogue indicates echoes of the throne of Asantehene, King of the Ashanti in Ghana, or of chair forms specific to the Tchokwe.[12] But none of these examples fully adopts the characteristics of the African models; there is not even a broad consensus on the basic principles. The most important differences include the fact that chairs in Africa rarely have an armrest. For dignitaries especially, armrests were a real obstacle because they restricted the freedom of the upper body and the wearing of insignia.

To my mind it seems better to imagine for the *African Chair* an idea, which inspired the young artists Breuer and Stölzl. The central idea was not the careful study of specific models or formal principles from Africa, but rather the idea of overcoming or overthrowing European design norms and traditions, for which appropriations from the foreign continent may have been of service.

A throne from Cameroon impresses the expressionists

In the public debate in Germany at the time however, the talk was of another *African throne*, which attracted attention as a politically relevant object. This was the throne of King Njoya of Bamum (Cameroon), who presented the throne to Kaiser Wilhelm II as a gift in 1908.

Wilhelm II immediately gave the large wooden throne with colourful beadwork to the ethnological museum, where it was put directly on display and became the subject of public debate. The coloured glass beads and the depiction of firearms in the hands of the small sculpted wooden figures contributed to a critical discussion about the African character of this object. It was the enthusiasm of the painters Ernst Ludwig Kirchner, Emil Nolde and Max Pechstein for this throne that first brought its artistic inspirational power to the fore.[13]

Although there is no evidence for it, it is certainly possible that Breuer and Stölzl's African Chair was born of the knowledge of this extraordinary object. While such a connection is possible, it does not shed any further light on exactly why it was called the *African Chair*.

Essentially, the connection between African chairs and the African Chair of Breuer and Stölzl is about the potential to take an oppositional stance to the everyday European understanding of the form and function of chairs. Chairs from Africa stand for a huge diversity of forms; they are also carriers of meaning, especially with regard to the individuals, whose right it is to sit on them. The comparison of European and African chairs establishes the freedom to view seating practices and the structures inherent to the association of meanings with chairs under a different light.[14]

There is absolutely no requirement thereby for the identification of an ›African character‹, however this may be expressed. This is shown by the example of the throne from Cameroon, which possesses such a special charisma precisely because it includes long-established

[7]   Cf. Sandro Bocola, *Afrikanische Sitze* (Catalogue for the exhibition *Afrikanische Sitze* realised by the Vitra-Design-Museum, Weil am Rhein, in collaboration with the Africa Museum, Tervuren: Vitra-Design-Museum, Weil am Rhein, 10.6.—25.9.1994). Munich 1994.
[8]   Kirsten Scott, *Meeting the Maker: Warm Irregularity in Traditional African Craft Practice*, in: *Craft Research*, 2 (1), 2011, pp. 61—82.
[9]   Cf. William Rubin, *Primitivism in 20th Century Art. Affinity of the Tribal and the Modern*. New York 1984.
[10] Cf. Sigrid Gareis, *Exotik in München. Museumsethnologische Konzeptionen im historischen Wandel am Beispiel des Staatlichen Museums für Völkerkunde München*. (Münchner Ethnologische Abhandlungen, 9). Munich 1990.
[11] Cf. Roy Sieber, *African Furniture and Household Objects* (Exhibition catalogue). Bloomington 1980.
[12] Cf. Bocola op. cit., pp. 152—155.
[13] Cf. Michaela Oberhofer, *The Appropriation of the Other: Following a Royal Throne from Bamum to Berlin*, in: *Diartgonale*, (1), 2012, pp. 32—39.
[14] Jules D. Prown, *Style as Evidence*, in: *Winterthur Portfolio*, 15 (3), 1980, pp. 197—210.

Stuhl-Studie aus dem Vorkurs von Josef Albers, 1932/1933 / Study of a chair from Josef Albers' preliminary course, 1932/1933

Wilhelm II. übergab den großen, hölzernen und mit farbenfroher Perlenstickerei überzogenen Thron, das Geschenk, sogleich dem ethnologischen Museum, wo dieses Objekt ausgestellt wurde und für öffentliche Debatten sorgte. Die bunten Glasperlen, die Darstellung der Feuerwaffen in den Händen der kleinen Holzplastiken trugen zu einer kritischen Diskussion über den afrikanischen Charakter dieses Objektes bei. Erst die Begeisterung der Maler Ernst Ludwig Kirchner, Emil Nolde und Max Pechstein für diesen Thron machte die künstlerische Inspirationskraft deutlich.[13]

Es gibt keine Evidenz dafür, aber es besteht durchaus die Möglichkeit, dass der *Afrikanische Stuhl* von Breuer und Stölzl in Kenntnis dieses außergewöhnlichen Objektes entstanden ist. Ein solcher Zusammenhang ist möglich, aber er ist keine Voraussetzung dafür, die Gründe näher zu erklären, die zur Etikettierung als *Afrikanischer Stuhl* motiviert haben.

Im Wesentlichen geht es bei dem Zusammenhang zwischen afrikanischen Sitzen und dem *Afrikanischen Stuhl* von Breuer und Stölzl um das Potenzial, sich in Widerspruch gegenüber dem europäischen Alltagsverständnis von Form und Funktion von Stühlen zu begeben. Stühle aus Afrika stehen für eine unglaublich große Vielfalt an Formen, sie sind zudem Träger von Bedeutungen, insbesondere im Hinblick auf die Personen, deren Vorrecht es ist, darauf Platz zu nehmen. Die Gegenüberstellung von europäischen mit afrikanischen Stühlen eröffnet einen Freiraum, Praktiken des Sitzens und die Strukturen der Assoziation von Bedeutungen mit Stühlen anders zu sehen.[14]

Dabei bedarf es überhaupt keiner Identifikation eines wie auch immer gearteten ›afrikanischen Charakters‹. Das zeigt das Beispiel des Throns aus Kamerun, der ja gerade deshalb eine solche besondere Ausstrahlung hat, weil er längst europäische Elemente in sich trägt. Seine Wirkung ist nicht zuletzt der Tatsache zu verdanken, dass er sich in Deutschland von interessierten Künstlern angeeignet und als Anregung zur Schaffung neuer Kunstformen genutzt wurde. Nicht Tradition und Exotik, sondern eine Kette von wechselseitigen Aneignungen sind hier Antriebskräfte für Kreativität. Genauso wenig spiegelt die von Breuer und Stölzl gewählte Bezeichnung *Afrikanischer Stuhl* eine ernsthafte Bezugnahme auf ethnografisch dokumentierte Traditionen wider.

Vielmehr ist mit diesem Label zum Ausdruck gebracht, wie sehr der damit verbundene, außerhalb europäischer Konventionen liegende Fluchtpunkt als Ermöglichung dafür gedient hat, neue und kreative Antworten auf die Frage nach einem Objekt zum Sitzen zu entwickeln. ›Exotik‹ wird hier nicht vereinnahmt im Sinne einer Anknüpfung an etwas Konkretes. Mit Exotik verbindet sich vielmehr das Potenzial, kreative Energien freizusetzen und zu konkretisieren.

Es gibt noch weitere Interpretationen, die sich an diesen ungewöhnlichen Stuhl knüpfen. So wird berichtet, er habe bei den Geburtstagsfeiern des Bauhaus-Direktors Walter Gropius als ›Thron‹ für ihn gedient. Hier wäre weiter zu spekulieren, ob der Rückgriff auf die ›Exotik‹ nicht einen Kontext erzeugt hat, in dem das das Hierarchische, von dem die Bauhäusler ja eigentlich Abstand nehmen wollten, doch wieder Einzug halten konnte. So deutlich die Bezüge zu Stühlen und Sitzen in Afrika an Vorstellungen von dadurch manifestierten Hierarchien geknüpft ist, so plausibel ist es, dass mit dieser speziellen Verwendung die Idee einer Überwindung von Standesunterschieden unterlaufen wurde.

Wenn die europäisch-afrikanische Auseinandersetzung auf lange Sicht zum Hinterfragen von Konventionen führt, so ist dies als wichtige Rolle für Zukunftsfähigkeit und Innovation anzuerkennen. Für den *Afrikanischen Stuhl* ist zweifellos die Wirkung einer Befreiung von Normierung in Anspruch zu nehmen. In welchem Maße sie in der Geschichte des Bauhaus zur Innovation der Sitzmöbel beigetragen hat, wäre noch zu erforschen. Mit Bezug auf den *Afrikanischen Stuhl* als einem Dokument aus der Geschichte des Bauhauses ist festzustellen, dass hier ein offensichtlich befreiender An-

European elements. Its impact is due not least to the fact that it was appropriated in Germany by interested artists and used as inspiration for the creation of new art forms. Here, the forces driving creativity are not tradition and exoticism, but a chain of reciprocal appropriations. Equally, Breuer and Stölzl's choice of the title *African Chair* does not reflect a serious reference to ethnographically documented tradition.

Rather, this label expresses the extent to which the vanishing point associated with it, which lies outside European conventions, acted as an enabler for the development of new and creative answers to the seating question. Here, ›exotic‹ is not co-opted in the sense of a connection to something concrete, but is instead associated with the potential to release and substantiate creative energies.

There are other interpretations, which tie in with this unusual chair. It is said to have served as a ›throne‹ for the Bauhaus director Walter Gropius on his birthdays. Here, one might further speculate whether the recourse to the ›exotic‹ might have created a context in which the hierarchy, from which the Bauhauslers essentially wished to distance themselves, was nevertheless able to find its way back in. As clear as it is that references to chairs and stools in Africa are linked to concepts of hierarchies manifested in this way, it is plausible that this special use undermined the idea of overcoming class distinctions.

If the European-African debate leads in the long run to the questioning of conventions, then this role should be acknowledged as an important one for sustainability and innovation. Without a doubt, the *African Chair* represents a liberating departure from standardisation. The degree to which it has contributed to innovations in seating furniture in the history of the Bauhaus is something, which still requires research. With regard to the *African Chair* as a piece of Bauhaus history, it should be noted that a clearly liberating beginning was made here, which broke with conventions. From this perspective the *African Chair* is no coincidence, but a necessary point of departure for the great tradition of the Bauhaus.

Prof. Dr. Hans Peter Hahn (born 1963) is Professor of Ethnology at the Goethe-Universität in Frankfurt am Main and member of the Scientific Advisory Board of the Humboldt-Forum Berlin. His fields of research include West Africa (Burkina Faso, Ghana, Togo), material culture, ethnological museums, consumption, migration and mobility as well as globalisation. Hahn is the author of an introduction to material culture as well as numerous essays on consumption and the shifting of personal property in the context of globalisation, inter alia mobile phones in Africa.

fang gemacht wurde, der mit Konventionen gebrochen hat. Aus dieser Perspektive ist der afrikanische Stuhl kein Zufall, sondern ein notwendiger Ausgangspunkt für die große Tradition des Bauhauses.

Prof. Dr. Hans Peter Hahn (Jahrgang 1963) ist Professor für Ethnologie an der der Goethe-Universität in Frankfurt am Main und Mitglied des wissenschaftlichen Beirats des Berliner Humboldt-Forums. Neben Westafrika (Burkina Faso, Ghana, Togo), gehören materielle Kultur, ethnologische Museen, Konsum, Migration und Mobilität sowie Globalisierung zu seinen Forschungsthemen. Hahn ist Autor einer Einführung zur materiellen Kultur sowie zahlreicher Aufsatzbeiträge zu Konsum und Wandel des Sachbesitzes im Kontext der Globalisierung, unter anderem über Mobiltelefone in Afrika.

[13] vgl. Michaela Oberhofer, *The Appropriation of the Other: Following a Royal Throne from Bamum to Berlin*, in: *Diartgonale*, (1):32—39.
[14] Jules D. Prown, *Style as Evidence*, in: *Winterthur Portfolio*, 15 (3):197—210, S. 199

▲

Als dieser Thron nach Berlin kam, sorgte er für öffentliche Debatten. Künstler sahen in ihm eine Inspirationsquelle / When this throne arrived in Berlin, it caused public debate. Artists saw it as a source of inspiration
► Marcel Breuer, Entwurf Gestell; Gunta Stölzl, Gestaltung textile Teile; *Afrikanischer Stuhl*, 1921? / Marcel Breuer, design of the frame; Gunta Stölzl, design of the textile components; *Afrikanischer Stuhl*, 1921? Credit: Bauhaus-Archiv Berlin / Erworben mit Unterstützung der / purchased with support of Ernst von Siemens Kunststiftung

▲ Der Innenhof von Rabindranath Tagores Villa in Jorasanko, Kolkata /
Courtyard of Rabindranath Tagore's villa in Jorasanko, Kolkata
▼ Mitglieder der Indian Society of Oriental Art, Kolkata, 2012 / Members of the Indian Society of Oriental Art, Kolkata, 2012

Die globale Moderne auf dem ost-westlichen Divan

Die Sehnsucht nach Indien beflügelte die europäische Avantgarde. In der organischen Kultur fand sie nach dem Schrecken des Ersten Weltkrieges geistige Erneuerung

Von Regina Bittner

[1]   Swati Chattopadhyay: *Representing Calcutta. Modernity, Nationalism and the Colonial Uncanny.* London, New York 2005, S. 132.

In Kolkota entsteht unter dem ambitionierten Titel *Kolkata Museum of Modern Art* (*KMoMA*) derzeit das erste Museum Indiens, das internationale moderne Kunst zeigt. Ausgestattet mit einer ikonischen Architekur vom Herzog & de Meuron soll es die Stadt in die Liga der Weltkulturstädte katapultieren. Warum ausgerechnet Kolkata, eine gegenüber den indischen Boomstädten Mumbai, Bangalore oder Delhi in Verfall, Armut und Rückständigkeit verharrender Metropole? »Kolkata ist die Wiege der indischen Moderne«, so begründen die Initiatoren des ambitionierten Projektes die Standortwahl. Die bengalische Metropole, die bis 1911 Hauptstadt Britisch-Indiens war, ist geprägt von ost-westlichen Begegnungen. Als koloniale Handels- und Verwaltungsmetropole war die Stadt über viele Jahrzehnte hinweg auf komplexe Weise mit der Welt verknüpft: internationaler Handel, britische Administrationen, Architekturen und Infrastrukturen haben Städte wie Kolkata schon früh zu Weltstädten werden lassen. Die lokale Bevölkerung war diesen Modernisierungsprozessen nicht passiv ausgeliefert: In Kolkata zu leben bedeutete auch, sich alltäglich mit dieser Modernisierung auseinanderzusetzen. So bildete sich die Stadt zwischen Kolonialherrschaft und deren lokalen Übernahme aus. Das britische Empire hatte schon im 19. Jahrhundert mit der Einrichtung von Museen, Kunstschulen, Galerien, Theatern eine *global modernity* in Gang gesetzt. In Reaktion auf und in Auseinandersetzung mit dieser Modernisierung schuf die bengalische Mittelklasse ein komplexes institutionelles Netzwerk von Zeitungen, Verlagen, literarischen Gesellschaften, Kunst-

vereinen, Magazinen, das öffentliche Arenen einer eigenständigen intellektuellen bengalischen Kultur bot.[1] Dieses kosmopolitisch ausgerichtete urbane Kulturmilieu bildete dann übrigens auch die Voraussetzung für das Zustandekommen einer gemeinsamen Ausstellung von Bauhausmeistern und modernen bengalischen Künstlern 1922 in den Räumen der *Indian Society of Ortiental Art.*

Trope Museum

Die kulturelle Moderne auf dem Subkontinent beginnt bereits Mitte des 19. Jahrhunderts im Zuge der Museumsbewegung. Deren größte Errungenschaft war das *Indian Museum*, das 1867 im neoklassizistischen Stil entworfen wurde — und in dessen Tradition sich auch das *KMoMa* verstehen mag. Die Motivation zur Gründung der Museumsbewegung ist in England zu finden, konkreter in der britischen Kritik an der Industrialisierung und deren Folgen für die Gesellschaft im eigenen Land — und dem in diesem Kontext erwachenden neuen Interesse für außereuropäische Kulturen, respektive der indischen. William Morris und John Ruskin gehörten zum Kreis jener Sozialreformer und Kulturkritiker, die angesichts der Fragmentierung und Entfremdung in der industriellen Produktionsweise eine Rückkehr zum Handwerk als Modell einer ganzheitlichen Lebens- und Produktionsweise empfahlen. Interessanterweise bezog sich diese anti-industrielle Kulturkritik nicht nur auf vormoderne

27

Fortsetzung auf Seite 30

Global modernity on the East-West divan

The longing for India inspired the European avant-garde. In the organic culture, they found spiritual renewal after the horrors of the First World War

By **Regina Bittner**

[1] Swati Chattopadhyay, *Representing Calcutta. Modernity, Nationalism and the Colonial Uncanny.* London, New York 2005, p. 132.

India's first international museum of modern art is currently taking shape in Kolkata under the ambitious title *Kolkata Museum of Modern Art* (*KMoMA*). Equipped with an iconic architecture by Herzog & de Meuron, it is believed this will catapult the city into the league of world-class cities of culture. Why Kolkata, a city that, in comparison with the Indian boom towns of Mumbai, Bangalore or Delhi, is marked by decline, poverty and underdevelopment? The initiators of this ambitious project explain the choice of location by reminding us »Kolkata is the cradle of India's modern age«. The Bengali city, which was the capital of British India until 1911, is shaped by East-Western encounters. As a colonial trade and administration centre, for decades on end the city was shaped by a complex network of global connections: International trade and British administration, architectures and infrastructures turned cities such as this into global centres early on. The local population were by no means passive observers of these modernisation processes: To live in Kolkata meant having to deal with this modernisation on a daily basis. The city therefore took shape between and through colonial rule and its local acceptance. With the foundation of museums, art schools, galleries and theatres the British Empire had already launched a ›global modernity‹ in the 19th century. As a way of dealing with and responding to this modernisation the Bengali middle classes established a complex institutional network of newspapers, publishing houses, literary societies, art societies and magazines, which provided public arenas for an independent, intellectual Bengali culture.[1] Incidentally, this cosmopolitan urban cultural milieu then provided the framework for the realisation in 1922 of a joint exhibition of works by Bauhaus artists and modern Bengali artists in the rooms of the Indian Society of Oriental Art.

Trope
Museum

The cultural modern age begins on the subcontinent in the mid-19th century in the course of the museum movement. Its greatest achievement was the Indian Museum, which was built in neo-classical style in 1867; *KMoMA* sees itself as following on from this tradition. The motivation for the foundation of the museum movement may be found in England, specifically in the British criticism of industrialisation and its implications for its own society — and in the interest for non-European cultures, notably Indian cultures, that emerged in this context. William Morris and John Ruskin belonged to the group of social reformers and cultural critics that, in light of the fragmentation and alienation of the industrial method of production, advocated a return to traditional crafts as a model of a harmonious integration of lifestyle and production methods. Interestingly, this anti-industrial cultural criticism did not only apply to pre-modern societies, but also involved a reappraisal of Indian culture. The fascination with Indian crafts in Britain and in Europe in general must however be seen in the context of a cultural discourse in which everyday objects, often owing to their quality and artistry, were viewed as manifestations of cultural status. Museums and eth-

▲ Die Straßen von Kolkata, 2012 / The streets of Kolkata, 2012
▼ Auch 2012 ist Indiens koloniale Vergangenheit noch sichtbar /
India's colonial past is still in evidence in 2012

Gesellschaften, sondern ging auch mit einer Neubewertung der indischen Kultur einher. Die Faszination für das indische Kunsthandwerk ist in Großbritannien — wie generell in Europa — allerdings auch im Kontext eines kulturellen Diskurses zu lesen, in dem Objekte des Alltags — gern anhand ihrer Qualität und Kunstfertigkeit — als Ausdruck des Status' einer Kultur verhandelt wurden. Museen und ethnografische Sammlungen folgten dem pädagogischen Auftrag, die Massen durch die Anschauung handwerklich gefertigter Objekte kulturell zu bilden. Das, was von den — reformorientierten — britischen Kulturadministratoren als ›typisch indisch‹ bewertet wurde, fand nun Eingang in die nach dem Schema einer Enzyklopädie angeordneten Räume des *Indian Museum*. Denn natürlich wurden die zusammengetragenen Artefakte im *Indian Museum* anhand von westlichen Wissensordnungen, Normen und Kulturvorstellungen organisiert.

Die hier versammelten kulturellen Objekte wurden mit den Vorstellungen einer Kultur assoziiert, die Mensch und Natur organisch vereint. Über das moderne Indien um 1900 hingegen, das durch koloniale Modernisierung, soziale Polarisierung und politische Auseinandersetzungen geprägt war, erfuhr der Besucher nichts. Solche Übertragung paradiesischer Zustände auf außereuropäische Kulturen fand damals reichlich Inspiration durch die noch junge Disziplin der Ethnografie. Auf ethnologischen Expeditionen zusammengetragene Trophäen sogenannter ›primitiver Kulturen‹ füllten die europäischen Völkerkundemuseen und nährten die Vorstellung eines organischen Lebens in Einklang mit der Natur, das die westliche Zivilisation so schmerzlich vermisste. Die engen Verstrickungen zwischen Kolonialismus, Ethnografie und der Entstehung dieser Museen wird inzwischen einer kritischen Revision unterzogen.[2]

So ist das *Indian Museum* in seiner historischen Gründung eine Trope im besten Sinne des Wortes: ein Ort der westlichen Sehnsucht nach einer ganzheitlichen Lebensweise, einer Sehnsucht, die erst im Zuge der Industrialisierung entstanden war, und die die Folie bildet, vor der diese fremde Kultur als entzeitlicht, stillgestellt und ortlos entworfen wird. Die ›Tropen‹ als kulturelles Konstrukt sind Ausdruck und Reaktion dieses Prozesses. So bildet sich in dem Begriff die Differenz zwischen einem Kulturverständnis ab, das einerseits die ›Tropen‹ als geschlossene Entität und andererseits die tatsächlichen Dynamiken kultureller Modernisierungen begreift. Und es gehört ebenfalls zur Logik solcher kultureller Konstruktionen, dass Fragen der Deutungshoheit und der Auseinandersetzung um kulturelle Hegemonien, die mit der Entstehung solcher kulturellen Formate und Institutionen im Kolonialismus verbunden waren, ausgeblendet wurden. Das alte *Indian Museum* markierte insofern tatsächlich den Übergang zur modernen Ära: Schließlich gehört es zu den zentralen Merkmalen des Modernisierungsprozesses, dass kulturelle Materialien entwurzelt und in neue Kontexte und Konstellationen — in diesem Fall ins Museum — gebracht werden.[3]

Trope
Westen

Die ›Tropen‹ als Sehnsuchtsort funktionieren aber auch umgekehrt: Mitte des 19. Jahrhunderts hatte sich die reiche Mittelschicht in Kolkata nahezu vollständig den Geschmack der britischen Bourgeoisie

nographic collections pursued the pedagogical mandate of bringing cultural education to the masses through the perception of handmade objects. That, which was deemed to be ›typically Indian‹ by the reform-orientated British cultural administration now found its way into the encyclopaedically organised rooms of the Indian Museum. Naturally, the artefacts brought together here were organised according to Western knowledge orders, norms and cultural concepts.

The cultural artefacts collected here were associated with the concepts of a culture that brings man and nature into organic union. However, the visitor learned nothing about the modern India of ca. 1900, which was characterised by colonial modernisation, social polarisation and political strife. At the time, the transfer of such an Arcadian state of affairs found rich inspiration in the still nascent discipline of ethnography. Trophies from so-called primitive cultures filled the European ethnological museums and nourished the ideas of an organic life in harmony with nature, which Western civilisation so sorely lacked. The close and complex ties between colonialism and ethnography and the emergence of these museums are currently subject to critical revision.[2]

As such, the Indian Museum is, in its historic foundation, a trope in the best sense of the word: a place of Western longing for a harmonious way of life, a longing that first arose in the course of industrialisation and which shapes the background against which this alien culture is conceived as timeless, immobilised and placeless. The ›tropics‹ as a cultural construct are a manifestation of and a reaction to this process. Thus, the concept projects the difference between an understanding of culture that sees the ›tropics‹ as a cohesive entity on the one hand and the actual dynamics of cultural modernisations on the other. It is likewise part of the logic of such cultural constructs that questions regarding the prerogative of interpretation and the debate around cultural hegemonies, which were associated with the emergence of such cultural formats and institutions, were dismissed. In this respect the old Indian Museum in fact marked the transition into the modern era: after all, one of the main characteristics of the modernisation process is that cultural materials are uprooted and introduced into new contexts and constellations — in this case the museum.[3]

Trope
of the West

However, the ›tropics‹ also function as a place of longing from the opposite perspective: In the mid-19th century the wealthy middle classes in Kolkata had appropriated the tastes of the British bourgeoisie almost outright. In line with the Indian Museum, who shaped Indianness from the imaginations of the British, Bengali business people created a sumptuous Victorian ambience in their residential palaces. The Marble Palace of Calcutta may be seen as one of the most impressive examples of this alignment with the domestic tastes of the Victorian age. Here, the West likewise became a ›trope‹ — as a concept of a Western bourgeois culture aligned with neo-classicism and historicism, which had little to do with everyday life in industrialised Britain. Jorasanko House in Kolkata — home of the Tagore family and meeting place for literary figures, artists and intellectuals in the first decades of the 20th century — was for many

[2] Christian Kravagna: *Konserven des Kolonialismus. Die Welt im Museum,* in: *Schnittpunkt Ausstellungstheorie & Praxis* (Hg.) *Das Unbehagen im Museum Post-koloniale Museologien,* Wien 2008.

[3] Kobena Mercer: *Art History after Globalization: Formations of the Colonial Modern,* in: Tom Avermaete, Serhat Karakayali, Marion von Osten (Hg.) *Aesthetics of the Past — Rebellions for the Future,* London 2010, S. 233—243.

[2] Christian Kravagna: *Konserven des Kolonialismus. Die Welt im Museum,* in: *Schnittpunkt Ausstellungstheorie & Praxis.* (Ed.) *Das Unbehagen im Museum Postkoloniale Museologien.* Wien 2008.

[3] Kobena Mercer: *Art History after Globalization: Formations of the Colonial Modern,* in: Tom Avermaete, Serhat Karakayali, Marion von Osten (Ed.), *Aesthetics of the Past — Rebellions for the Future,* London 2010, pp. 233—243.

▲ Die Mangobäume von Shantiniketan, 2012 / The mango trees of Shantiniketan, 2012
▼ Die Udayana in Tagores ›Weltuniversität‹ Shantiniketan / The Udayana building in Tagore's ›World University‹ Shantiniketan

angeeignet. In Korrespondenz zum *Indischen Museum*, das ›Indianess‹ aus der Imagination der Briten entwarf, schufen bengalische Kaufleute ein üppiges viktorianisches Ambiente in ihren Wohnpalästen. Der *Marmorpalast* in Kolkata kann als eines der eindrücklichsten Beispiele dieser Ausrichtung des Geschmacks an den Häuslichkeitspräferenzen des Viktorianischen Zeitalters gelten. Der Westen wurde hier ebenfalls zur ›Trope‹ — als Entwurf einer am Neoklassizismus und Historismus orientierten westlichen bürgerlichen Kultur, die wenig mit dem Alltag im industrialisierten Großbritannien zu tun hatte. Auch das *Jorasanko-Haus* in Kolkata — Wohnstätte der Familie Tagore und in den ersten Jahrzehnten des 20. Jahrhunderts ein Treffpunkt der Literaten, Künstler und Intellektuellen — war lange Zeit vom viktorianischen Stil geprägt. Die Einrichtung des Hauses korrespondierte mit der Rolle, die die Tagores im kulturellen Leben Kolkatas innehatten.

Später allerdings wurden die viktorianischen Möbel durch eine neue, an indischer Tradition orientierten Einrichtung ausgetauscht. Die radikale Umgestaltung stand in Zusammenhang mit einer künstlerischen und intellektuellen Bewegung, die sowohl auf Rabindranath Tagore [er erhielt 1913 den Nobelpreis für Literatur; Anm. d. Red.] als auch auf die *Governmental School of Arts & Crafts* zurückgeht, die gemeinsam von dem britischen Bildungsreformer E. B. Havell und dem Maler Abanindrath Tagore, einem Neffen des Literaturnobelpreisträgers, geleitet wurde.

In ihrem Kern ging es um eine Abkehr vom westlichen Naturalismus und um die Neuorientierung der Kunstausbildung entlang der indigenen kulturellen Traditionen Indiens. Eine neue visuelle Kultur sollte entstehen, die das Bildregime der akademischen Malerei durch eine Ästhetik ersetzen sollte, die an rurale und spirituelle Traditionen Indiens anknüpfte. So wurden im *Jorasanko-Haus* auch die europäischen Ölgemälde durch eine orientalische Kunstsammlung ersetzt. Die ›orientalische‹ Atmosphäre, die nach einem generellen Austausch des Interieurs des Hauses entstanden war, sollte auch öffentlich die Veränderung der ästhetischen Präferenzen und des Geschmacks zugunsten indischer Kunst und Kultur demonstrieren. [4]

Es ging nicht um einen bloßen ›Tapetenwechsel‹, sondern um eine programmatische Demonstration. Für besagte künstlerische und intellektuelle Bewegung war ein Ort ausschlaggebend, der mehr war als das Refugium wohlhabender Stadtbewohner: Shantiniketan, 150 km von Kolkata entfernt und ursprünglich als Wochensitz der Familie Tagore gedacht. Hier initiierte der Dichterphilosoph eines der interessantesten Bildungsexperimente zu Beginn des 20. Jahrhunderts, mit dem er die Dominanz der Kolonialmacht in Sachen Bildung überwinden wollte. Dass die Wahl des Ortes auf eine ländliche Region fiel, war kein Zufall: Es herrschte die Überzeugung, Indiens kulturelle und geistige Erneuerung müsse vom Land ausgehen. Nicht nur, weil dort die Mehrheit der Bevölkerung lebte, sondern auch, weil die rurale Kultur noch Anknüpfungspunkte einer kulturellen Identität bot, die in den von den Briten dominierten urbanen Zentren nicht mehr vorhanden war. Dabei war der Bezug zur ländlichen Kultur in Shantiniketan komplex und widersprüchlich. Es ging nicht um eine nostalgische Rückkehr zu den imaginären Wurzeln, sondern vielmehr war eine an der Zukunft orientierte Neubesichtigung der eigenen kulturellen Ressourcen das Ziel. Shantiniketan als ›Weltuniversität‹ sollte die besten Köpfe aus aller Welt buchstäblich im Schatten der indischen Mangobäume versammeln. Es ging um den Kontakt und vitalen Austausch mit anderen Kulturen, nur so schien aus der Sicht Tagores kulturelle Innovation möglich. Tatsächlich wurde Shantiniketan bald zu einem Mekka europäischer Indienfahrer. Als die Kunsthistorikerin Stella

years also influenced by the Victorian style. The way in which the house is furnished and decorated corresponded with the role that the Tagores occupied in the cultural life of Kolkata. Later, however, the Victorian furnishings were replaced by new ones based on the Indian tradition. This radical remodelling was closely connected with an artistic and cultural movement that dates back to both Rabindranath Tagore [he received the Nobel Prize in 1913; editor's note] and the *Government School of Arts & Crafts*, which was jointly directed by the British educational reformer E. B. Havell and the painter Abanindrath Tagore, nephew of the winner of the Nobel Prize for Literature.

At heart this was about a departure from Western naturalism and the reorientation of art education along the lines of the indigenous cultural traditions of India. A new visual culture was to be created that was to replace the pictorial law of academic painting with an aesthetic that drew on India's rural and spiritual traditions. As such, the European oil paintings in *Jorasanko House* were also replaced by an oriental art collection. The ›oriental‹ atmosphere created through the complete substitution of the interior was also to demonstrate the shift of aesthetic preference and taste in favour of Indian art and culture. [4]

This was about more than just a ›change of scenery‹; it was also a programmatic demonstration. For the artistic and cultural movement in question, one place — which was more than a refuge for wealthy citizens — was key: Shantiniketan, which was 150 km away from Kolkata and originally conceived as a weekend house for the Tagore family. Here, the poet-philosopher initiated one of the most fascinating educational experiments of the early 20th century, with which he aimed to subvert the dominance of the colonial power in the field of education. It is no coincidence that the location chosen was a rural one: there was widespread conviction that India's cultural and spiritual revival had to emanate from the countryside. Not only because the majority of the population lived there, but also because the rural culture still offered the starting points of a cultural identity that no longer existed in the urban centres dominated by the British. That said, the connection with rural culture in Shantiniketan was both complex and contradictory. It was not about a nostalgic return to imaginary roots; on the contrary, the aim was to develop a fresh and forward-looking view of India's own cultural resources. As a ›world university‹ Shantiniketan was to bring the world's best minds together, quite literally under the shade of the Indian mango trees. The focus was on contact and vibrant exchange with other cultures, for in Tagore's view this was the only way to cultural innovation. In actual fact, Shantiniketan soon became a Mecca for European travellers in India. When the art historian Stella Kramrisch arrived in Shantiniketan in 1922, she was fulfilling a long-felt wish of hers. Ultimately, Kramrisch was an early ›Indian explorer‹, whose journeys were followed by particular interpretations and ideas about the foreign subcontinent that made the rounds in many intellectual salons in Europe in the first decades of the 20th century. India thereby became a projection screen for the longing for an organic culture, a trope that supplied a counter model in view of the crisis in Western civilisation brought about by the massive modernisation phases at the turn of the century. Stella Kramrisch had studied art history in Vienna under Josef Strzygowski, who was one of the first to push to open up Western art history to the study of non-European art and culture. In Vienna's avant-garde

[4] Tapati Guha-Thakurta: *The making of a New ›Indian‹ Art. Artists. Aesthetics and Nationalism in Bengal 1850—1920*, Cambridge 1992, S. 276.

[4] Tapati Guha-Thakurta: *The making of a New ›Indian‹ Art. Artists. Aesthetics and Nationalism in Bengal 1850—1920*. Cambridge 1992, p. 276.

Kramrisch 1922 in Shantiniketan ankam, erfüllte sich ein von ihr lang gehegter Wunsch. Schließlich war Kramrisch eine frühe ›Indien-fahrerin‹, deren Reisen bestimmte Lesarten und Imaginationen über den fremden Subkontinent folgten, die in den ersten Jahrzehnten des 20. Jahrhunderts in vielen intellektuellen Salons in Europa die Runde machten. Indien wurde dabei zur Projektionsfläche des Verlangens nach einer organischen Kultur, eine Trope, die angesichts der zivilisatorischen Krise, die die Menschheit der westlichen Hemisphäre im Zuge der massiven Modernisierungsschübe um die Jahrhundertwende erlebt hatte, einen Gegenentwurf bildete. Stella Kramrisch hatte Kunstgeschichte in Wien bei Josef Strzygowski studiert, der als einer der ersten eine Öffnung der westlichen Kunstgeschichte in Richtung des Studiums außereuropäischer Kunst und Kultur vorantrieb. Im Wiener Avantgardemilieu in der ersten Dekade des 20. Jahrhunderts, das zwischen Kulturpessimismus, esoterischen Zirkeln und lebensreformerischen Ansätzen oszillierte, fanden junge Intellektuelle ausreichend geistige Nahrung für den Entwurf alternativer Lebensentwürfe gegenüber einer als krisenhaft diagnostizierten Gegenwart.

Tropisches Bauhaus

Nicht nur die Donaumetropole war vom Geist esoterischer Heilslehren und Indiensehnsucht beseelt. Die Auseinandersetzung mit dem Akademismus und seinen strengen formalen Regeln in der Künstlerausbildung und dem vorherrschenden Positivismus in den Wissenschaften machten die internationale Avantgarde für den Irrationalismus anfällig, wie Klaus von Beyme herausgearbeitet hat. Wenn Kunst und Leben wieder eine Einheit bilden sollten, dann musste die Kluft zwischen Seele und Verstand, Gefühl und Wissen überwunden werden. Hier boten die Esoterik, die Anthroposophie Rudolf Steiners und die Theosophie reichliche Anknüpfungspunkte.[5] Johannes Itten, den Stella Kramrisch in Wien kennengelernt hatte, nahm in seinen kunsttheoretischen und kunstpädagogischen Ansätzen auf diese Lehren — die später auch seine Pädagogik in den Anfangsjahren des Staatlichen Bauhauses in Weimar prägten — Bezug.
Der ›vierten Dimension‹ wollte man am Bauhaus in Weimar auch physisch habhaft werden.[6] Vorstellungen von Spiritualität und seelischem Gleichgewicht wurden dabei mit einem imaginären Ort verknüpft: Indien. Die indische Teestube in der Weimarer Marienstraße füllte diese Vorstellungen mit Inhalt: die exotische Atmosphäre wurde unterstützt von einer orientalisch anmutenden Einrichtung und in Batikgewändern servierenden Damen.[7]
Das Indien, das hier Gestalt annahm, hatte dabei wenig mit dem spätkolonialen und um nationale Unabhängigkeit ringenden Indien der Zehner- und Zwanzigerjahre des letzten Jahrhunderts zu tun. Auch hier — vergleichbar dem *Indian Museum* in Kolkata — wurden Bilder und Artefakte zu einem imaginären Erzählraum zusammengestellt, der vollkommen entzeitlicht und ortlos schien. An den Bauhausabenden wurde dann zusätzlich geistige Nahrung angeboten. Beispielsweise sprach hier Hermann Graf Keyserling, der mit seinem *Reisetagebuch eines Philosophen*, das von seiner Weltreise vor dem Ersten Weltkrieg handelt und in dem er von »Tropenkönigen« und »Geistlichen Riesen« berichtet, bekannt geworden war.

milieu in the first decades of the 20th century, which oscillated between cultural pessimism, esoteric coteries and life-reform approaches, young intellectuals found sufficient spiritual nourishment to shape alternative ways of living in order to counter a present-day identified as being in a state of crisis.

Tropical Bauhaus

The city on the Danube was not alone in being inspired by the spirit of esoteric salvation doctrines and a longing for India. The conflict with academicism and its strict formal rules in art education and the prevailing positivism in the sciences made the international avant-garde susceptible to irrationalism, as Klaus von Beyme has concluded. If art and life are to be unified again, then the divide between mind and soul, emotion and knowledge, must be overcome. Here, esotericism, theosophy and the anthroposophy of Rudolf Steiner offered a wealth of starting points.[5] Johannes Itten, whom Stella Kramrisch had met in Vienna, made references to these doctrines in his art theoretical and art educational approaches, which later also influenced his teaching in the founding years of the Staatliche Bauhaus in Weimar.
At the Bauhaus in Weimar, one wanted to physically capture the ›fourth dimension‹.[6] Ideas of spirituality and spiritual harmony were thereby associated with an imaginary place: India. The Indian tea room in Weimar's Marienstraße imbued this idea with content: the exotic atmosphere was promoted by furniture and fittings suggestive of the Orient and waitresses dressed in Batik robes.[7]
The India that took shape here therefore had little to do with late-colonial India of the 1910s and 1920s, which was struggling for national independence. Here too — comparable with the *Indian Museum* in Kolkata — paintings and artefacts were put together to shape an imaginary narrative space that seemed completely timeless and placeless. On the Bauhaus evenings, intellectual nourishment was also provided: The speakers included, for example, Hermann Graf Keyserling, who had become known for his *Travel Diary of a Philosopher*, which dealt with his round-the-world trip before the First World War and in which he tells of »Tropical Kings« and »intellectual giants«. The latter was evidently a reference to Rabindranath Tagore, whom Keyserling had met in Kolkata.[8]

Multiple modernisms between the Orient and the Occident

The *Indian Museum* and *Jorasanko House*, Shantiniketan and the Indian tea room are places, the interiors of which are characterised by cultural forms, symbols and artefacts that have little in common with the settings in which they are found. In fact, they point to places far beyond these and invite imaginary journeys to distant regions. There are ›tropes‹, the emergence of which first goes back to a world traffic that gained momentum in the early 20th century: journeys by ship, telegraphy, magazines and journals, book and newspaper printing and international exhibitions and museums all contributed to the fact that the dissemination of images, information and knowledge around the globe had accelerated tremendously, reaching even the most remote regions of the world through colonialism and world trade. One of the inherent characteristics of cultural modernisation is that cultural artefacts are permanently

[5] Klaus von Beyme: *Esoterik am Bauhaus*, in: Christoph Wagner (Hrsg.) *Esoterik am Bauhaus. Eine Revision der Moderne*. Regensburg 2009, S. 18.
[6] Ebenda, S. 19.
[7] Boris Friedewald: *Das Bauhaus und Indien — Ein Blick zurück in die Zukunft »Bauen! Gestalten! Gotik — Indien!«*, in: Regina Bittner/Kathrin Rhomberg (Hg.) *Das Bauhaus in Kalkutta. Eine Begegnung kosmopolitischer Avantgarden*. Ostfildern 2013, S. 121.

[5] Klaus von Beyme: *Esoterik am Bauhaus,* in: Christoph Wagner (Ed.) *Esoterik am Bauhaus. Eine Revision der Moderne*. Regensburg 2009, p. 18.
[6] Ibid. p. 19.
[7] Boris Friedewald: *Das Bauhaus und Indien — Ein Blick zurück in die Zukunft »Bauen! Gestalten! Gotik — Indien!«* in: Regina Bittner/Kathrin Rhomberg (ed.) *Das Bauhaus in Kalkutta. Eine Begegnung kosmopolitischer Avantgarden*. Ostfildern 2013, p. 121.
[8] Ibid.

Offenkundig war mit letzterem Rabindranath Tagore gemeint, dem Keyserling in Kolkata begegnet ist.[8]

Multiple Modernen zwischen Orient und Okzident

Das *Indian Museum* und das *Jorasanko-Haus*, Shantiniketan und die indische Teestube sind Orte, deren Interieurs von kulturellen Formen, Symbolen und Artefakten geprägt sind, die wenig mit der Situation gemein haben, in der sie sich befinden. Vielmehr weisen sie weit über diese hinaus und laden zu imaginären Reisen in entfernte Regionen ein. Es sind ›Tropen‹, deren Entstehung erstens auf einen in Fahrt gekommenen Weltverkehr des frühen 20. Jahrhunderts zurückgeht: Schiffspassagen, Telegrafie, Magazine und Journale, Buchdruck und Zeitungen, internationale Ausstellungen und Museen trugen dazu bei, dass die Verbreitung von Bildern, Informationen und Wissen rund um den Globus sich massiv beschleunigt hatte und auch die entferntesten Regionen der Welt durch Kolonialismus und Welthandel in diese Zirkulation eingebunden waren. Eine der kulturellen Modernisierung inhärente Eigenschaft ist, dass kulturelle Artefakte permanent aus ihren jeweiligen lokalen Zusammenhängen gelöst und in neue Konstellationen gebracht werden. So war die Vorstellung, Kultur sei organischer Ausdruck der Lebensäußerungen einer Gemeinschaft als Kritik angesichts dieser die Moderne prägenden Erfahrungen formuliert worden. Die in Bewegung geratenen kulturellen Artefakte und Bilder boten genug Material, dieser Vorstellung auch visuelle Präsenz zu verleihen — ob im Primitivismus eines Picasso oder in der Zuschaustellung eines *Indian Village* im Berliner Zoologischen Garten 1926.

Zum Zweiten teilen diese wechselseitigen kulturellen Konstruktionen über den ›Westen‹ wie den ›Osten‹ das Bemühen, eine mit der Moderne unübersichtlich und hochkomplex gewordene Gegenwart zu vereinfachen und in der Projektion des jeweils anderen der eigenen Realität ein Wunschbild vorzuhalten. Denn der Entwurf des ›anderen‹ beinhaltete beides: die Erkenntnis des Eigenen als zerstörerisch und die Definition des Fremden als Bedrohung gewohnter Ordnungen und gleichzeitiger Verheißung möglicher neuer Lebensmodelle. So sind die ›Tropen‹ unmittelbar an das Zeitalter der Moderne gekoppelt und das gilt für den Orient wie den Okzident gleichermaßen, waren diese imaginären und realen Räume doch durch die Globalisierungswellen um 1900 schon eng miteinander verknüpft. Das viktorianische Interieur im Wohnhaus der Tagores in Kolkata und die indische Teestube in Weimar laden zum Zwiegespräch über den ost-westlichen Divan ein. Im Kern dieses Dialogs könnte die Einsicht entstehen, dass sich hier verschiedene Artikulationen und Umgangsweisen kultureller Modernisierungen begegnen. So könnten die ›Tropen‹ auch für die Erkenntnis ›multipler Modernen‹ eine interessante Perspektive eröffnen: als Wissen über die parallelen und wechselseitigen Entwürfe des jeweils anderen in Reaktion und als Ausdruck der Moderne zwischen kultureller Globalisierung und lokaler Differenz.

Kolkata war in den Zwanzigerjahren des vergangenen Jahrhunderts ein faszinierender Schauplatz solcher ost-westlicher Divane. Wenn das *KMoMA* als erstes globales Museum auf dem Subkontinent das komplexe Panorama dieser kulturellen Entwürfe multipler Modernen zwischen Orient und Okzident ausbreitet und damit an diese Tradition anknüpft, dann ist das sicherlich eine Reise in diese ›Tropen‹ wert.

Regina Bittner (Jahrgang 1962) ist stellvertretende Direktorin der Stiftung Bauhaus Dessau und Kuratorin der Ausstellung *Das Bauhaus in Kalkutta* und Herausgeberin des begleitenden Katalogs. Schwerpunktthemen der promovierten Kulturwissenschaftlerin sind transnationaler Urbanismus und stadtethnografische Forschungen zu städtischen Transformationsprozessen sowie die Rezeption von Bauhaus und Moderne.

separated from their respective local contexts and brought into new constellations. Thus, the idea of culture as an organic manifestation of a life of a community was formulated as a critique in light of these experiences that shaped the modern age. The cultural artefacts and paintings, now on the move, provided enough material to give this idea a physical presence — whether in the Primitivism of Picasso or the display of an *Indian village* in Berlin's zoological garden in 1926. Secondly, these reciprocal cultural constructs about the ›West‹ and the ›East‹ have in common an attempt to simplify a present that has become confusing and highly complex in the modern age and to provide an ideal for one's own reality by projecting the other. After all, the concept of the ›foreign‹ includes both: the recognition of the familiar as destructive and the definition of the foreign as a threat to the accustomed order of things and, at the same time, a promise of possible new models of living. The ›tropes‹ are therefore directly locked in to the modern age and this applies equally to the Orient and the Occident; these imaginary and real spaces were after all closely connected through the globalisation surges that occurred around 1900. The Victorian interior in the Tagore family home in Kolkata and the Indian tea room in Weimar invite a dialogue on the East-Western divan. At the heart of this dialogue the view might arise that this is an encounter between the different articulations and approaches of cultural modernisations. As such, the ›tropes‹ might also reveal an interesting perspective for the awareness of ›multiple modernities‹: As knowledge of the parallel and reciprocal concepts of the other in response to and as a manifestation of the modern age between cultural globalisation and local difference.

Kolkata in the 1920s was a fascinating arena for such East-Western divans. If, as the first global museum on the subcontinent, *KMoMA* illustrates the complex panorama that these cultural concepts of multiple modernisms shape between Orient and Occident, and takes up this tradition in doing so, then a journey to these ›tropes/tropics‹ will certainly be worthwhile.

Regina Bittner (born 1962) is deputy director of the Bauhaus Dessau Foundation, curator of the exhibition *The Bauhaus in Calcutta* and editor of the exhibition catalogue. As a postdoctoral cultural scientist, her key areas are transnational urbanism and urban ethnographical research into urban transformation processes — and the reception of Bauhaus and modernism.

[8] Boris Friedewald: *Das Bauhaus und Indien — Ein Blick zurück in die Zukunft »Bauen! Gestalten! Gotik — Indien!«*, in: Regina Bittner/Kathrin Rhomberg (Hg.) *Das Bauhaus in Kalkutta. Eine Begegnung kosmopolitischer Avantgarden.* Ostfildern 2013, S. 121.

▲ Kolkata 2012
▼ Das Victoria Memorial in Kolkata zu Ehren der gleichnamigen britischen Königin von 1921 / The Victoria Memorial in Kolkata, erected in honour of the British queen in 1921

A.G. Krishna Menon

Wir wurden in der Ausführung geschult, nicht in der Vorstellung

Zwei Architekten, zwei Generationen und eine gemeinsame Leidenschaft: Bauen in Indien. Madhav Raman spricht mit A.G. Krishna Menon über den langen Weg des Subkontinents zur eigenen architektonischen Sprache

MR
A.G.KM

Professor Menon, Ihr Weg in die Architektur beginnt, als Sie Otto Königsberger begegnen, der mit seinen Kollegen gerade an den Plänen für Bhubaneswar, die Hauptstadt des damaligen Orissa und heutigen Odisha arbeitete. Eigentlich wollten Sie doch Bauingenieur werden. Was haben Sie bei Königsberger gefunden?

Als ich jung war, gab es Architekten fast nur in den Großstädten. Ich kam aber aus einer kleineren Stadt, wo man nur Ingenieure als Vorbilder hatte. Vom Berufsbild eines Architekten hatte ich bestenfalls eine ungefähre Ahnung. Obwohl ich innerlich daran zweifelte, stand deshalb von vornherein fest, dass ich am *Indian Institute of Technology in Kharagpur (IITK)* Ingenieurwissenschaften studieren würde. Zu der Zeit, als ich meine Bewerbung für das *IITK* vorbereitete, war mein Vater in Odisha stationiert. Irgendwie verschaffte ich mir einige Tage lang Zutritt zu Königsbergers Büro. Er praktizierte das, was ich heute eine vernünftige Architektur und Stadtplanung nennen würde. Seine Arbeit war weniger rhetorisch als die von Le Corbusier und weniger mit Philosophie überfrachtet. Aber mir eröffnete sie eine vollkommen andere Welt. Ich weiß noch, dass dort ein Architekt namens Keith Vaz aus Mumbai in einer Weise über Architektur sprach, wie ich es nie zuvor gehört hatte. Und da das *IITK* auch einen Studiengang Architektur anbot, beschloss ich, mich lieber dafür als für das Ingenieurstudium zu bewerben.

Im Wesentlichen ist das *IITK* noch heute eine Einrichtung der Ingenieurwissenschaften. Haben Sie nie erwogen, Architektur an einer eher baukünstlerisch orientierten Fakultät zu studieren?

Damals dachte man nicht so viel über Alternativen nach. Ich hatte mich auf das *IITK* eingestellt und der bloße Gedanke, mein Studium dort nicht abzuschließen, kam mir gar nicht in den Sinn! Auch aus heutiger Sicht bezweifle ich, dass mir andere Architekturfakultäten ein wesentlich anderes Umfeld geboten hätten. Man darf nicht vergessen, dass in einer kolonisierten Kultur wie unserer die akademische Architekturausbildung schwer an ihrem kolonialen Erbe trug. Unter den Briten bildeten die Schulen Inder bestenfalls zu Ingenieuren oder technischen Zeichnern aus. Wir wurden in der Ausführung, nicht in der Vorstellung geschult. Die Helden der Architektur waren Kolonialherren. Die Bücher, aus denen man lernte, kamen aus dem Ausland. Die Methodologie war uns fremd. Das Studium war sehr ingenieurslastig. Ich würde sagen, meine architektonische Ausbildung war ziemlich streng. Es war eine gute Ausbildung, und wir hatten eine umfangreiche Bibliothek. Aber unsere Helden waren Le Corbusier, Frank Lloyd Wright, Mies und so fort. Vor allem hat mich die enorme Heterogenität Indiens beeindruckt, die ich dort erlebte. Da das *IITK* die einzige technische Hochschule in Indien war, zog es Studierende aus dem ganzen Land an, auch aus des-

37

Fortsetzung auf Seite 40

We were trained to implement, but not to develop, an idea

Two architects, two generations and a shared passion: Building in India. Madhav Raman speaks to A.G. Krishna Menon about the subcontinent's long journey to an own architectonic language

MR
A.G. KM

Professor Menon, having met Otto Königsberger, who designed Bhubaneswar, the capital of Odisha, brought you into architecture. Even though you actually planned to become an engineer. What was it, you saw in Königsberger?
When I was growing up, architects were concentrated in the big cities. While my childhood in a small town exposed me to the profession of engineering, I had no role models in architecture. My knowledge of it as a profession was peripheral at best. So even though I had misgivings about it, the fact that I would study engineering at the *Indian Institute of Technology in Kharagpur* (*IITK*) was a given. My father was posted in Odisha when I was preparing to apply to *IITK* and I somehow gained access to Königsberger's Bhubaneshwar office for a few days. Königsberger practiced, what I would now call, sensible architecture and townplanning. You know, his work was not as rhetorical as Le Corbusier's and didn't carry that sort of philosophical baggage. But, as far as I was concerned, it was a completely different world. I remember there was an architect called Keith Vaz from Mumbai who talked of architecture in a way I hadn't heard before. So since *IITK* offered a course in architecture, I decided to opt for it over engineering.

Essentially *IITK* continues to be an institute for engineering. Did you at all consider pursuing architecture in an architecture college?
You see at that time one didn't explore other options. I was preparing for the *IITK* and even the thought that I might not complete my studies there didn't enter my mind! In hindsight, I doubt that other architecture colleges would have exposed me to a different environment. After all, in a colonised culture like ours, formal architectural education had a huge colonial legacy. Under the British, training schools trained Indians to be engineers or draughtsmen at best. We were trained to execute rather than envision. The heroes of architecture were colonial. The books one studied were foreign. The methodology was foreign. While the course was heavily engineering oriented, I would say my architectural education was fairly rigorous. It was a good course and we had a well stocked library. But our heroes were Le Corbusier, Frank Lloyd Wright, Mies and so on. The most remarkable thing I learnt at *IITK* was how tremendously heterogeneous a country India is. Being the only *Indian Institute of Technology*, it attracted people from all over the country, including remote parts. It was fantastic to live, learn and interact within that milieu. It gave me an entirely different idea of India, the influence of which on my views on architecture is undeniable.

So architectural pedagogy was not self generated or self referential due to its colonial legacy. After independence, India attempted to evolve a new socio-cultural and political identity. The resonances between the *zeitgeist* and modernism saw some foreign modernist greats receive commissions that would create an architecture for new India. What are your views of its impact on Indian architecture?
To begin with, you must understand that well into the seventies, in large parts of the country outside large cities, most commissions for building went to engineers. When you wanted to build a house you went to an engineer. So this was decades before. My own parents got our house in Thiruvananthapuram designed by an engineer. I think,

A.G. Krishna Menon, Architekt und Berater, lebt und arbeitet in Delhi und hat dort bis 2007 die *TVB School of Habitat Studies* geleitet. / Architect and consultant A.G. Krishna Menon lives and works in Delhi, where he was head of the *TVB School of Habitat Studies* until 2007

Madhav Raman, Jahrgang 1978, gehört mit seinem Büro *Anagram Architects* in Delhi zu den wichtigsten Gestaltern Indiens. Er möchte »die elementare Moderne um kulturell relevante, kontextuelle und ressourcensparende Designlösungen bereichern« / Madhav Raman, born 1978, with his office *Anagram Architects* in Delhi, is one of India's most influential designers. He aims to »enrich the elementary modernism with culturally relevant, contextual responding and resource-saving design solutions«

sen entlegensten Teilen. In diesem Umfeld zu leben, zu lernen und sich auszutauschen, war großartig. Es vermittelte mir eine völlig andere Vorstellung von Indien und prägte unleugbar meine Sicht auf Architektur.

Also war die Architekturlehre aufgrund ihres kolonialen Erbes weder selbst entwickelt, noch hatte sie einen direkten Bezug zu Indien. Nach der Unabhängigkeit versuchte das Land, eine neue soziokulturelle und politische Identität auszubilden. Die Resonanzen zwischen diesem Zeitgeist und der Moderne brachten es mit sich, dass einige ausländische Architekturgrößen Aufträge erhielten, die eine Baukunst für das neue Indien begründeten. Wie sehen Sie deren Einfluss auf die indische Architektur?

Zunächst einmal muss man wissen, dass bis weit in die Siebzigerjahre und in weiten Teilen des Landes außerhalb der Großstädte die meisten Bauaufträge an Ingenieure gingen. Wer ein Haus bauen wollte, ging zu einem Bauingenieur. Das war seit Jahrzehnten so. Auch meine Eltern ließen unser Haus in Thiruvananthapuram von einem Ingenieur planen. Ich glaube, dass Ingenieure in der damaligen öffentlichen Wahrnehmung zwei Vorzüge gegenüber Architekten besaßen: Sicherheit und Sparsamkeit. In einer armen Gesellschaft waren das vorrangige Anliegen.

Nach der Unabhängigkeit erhielten Architekten der Moderne von großen privaten Bauherren und Stadtplanungskommissionen wie in Chandigarh Gelegenheiten zum Bauen. Dass Ausländer nun die Moderne ins Land brachten, veränderte lokal durchaus das öffentliche Ansehen des Architekten. Zwar blieb Architektur weiter ein Import, aber schon in den Sechzigerjahren hatte man eine Vorstellung vom Beruf des Architekten. Funktionalität und Einfachheit, die beiden Wesensmerkmale der Moderne, ermöglichten es indischen Architekten, aus dem Schatten der Bauingenieure zu treten. Architekten konnten geltend machen, dass ihre Entwürfe den Raum effizient nutzten und moderne Ästhetik ausdrückten. Einfachheit bedeutete, dass Extravaganz nicht infrage kam, und man achtete bei Auswahl und Einsatz von Materialien und Technologien darauf, die Kosten zu senken. Allmählich trugen diese Leitlinien auch zur Entwicklung einer Architektur mit einem angemessenen Gestaltungsanspruch für den indischen Kontext bei.

Allerdings spricht aus heutiger Sicht einiges dafür, dass die Moderne in den frühen Sechzigerjahren mit Indien selbst wenig zu tun hatte, auch wenn mir das erst sehr viel später klar wurde. In Europa war die Moderne aus sich heraus und aus dem Zusammenwirken besonderer Umstände hervorgegangen. Im Indien gab es das nicht.

Inwieweit hatte das mit den Hoffnungen auf einen unabhängigen, modernen Nationalstaat zu tun?

In gewissem Maß lag es an einem Gefühl der Dringlichkeit. Man wollte eine schnelle Modernisierung, eine Entwicklung in großen Sprüngen, und deshalb auch eine reife Ausdrucksform zeitgenössischer Architektur ohne deren notwendige Evolution, die in Europa stattgefunden hatte. Aus Sicht einer ehemaligen Kolonie war die Moderne eine verführerische Doktrin. Deshalb fühlte es sich für die Architekten zu dieser Zeit großartig an, ihr Erbe anzutreten. *Der ewige Quell* von Ayn Rand war zu meinen Studienzeiten heißer Lesestoff. Wir sahen in diesem Roman, was ein Architekt bewirken konnte.

Die Doktrin der Moderne hatte den Vorteil, dass sie das Selbstbewusstsein der Architekten stärkte: ein sehr wichtiger Schritt, um sich als Berufsgruppe zu behaupten. Ihr Nachteil war und ist, wie ich finde, bis heute, dass sie uns bei der Festlegung unserer Agenda von Denkweisen aus anderen Zusammenhängen abhängig gemacht hat. Bis in die Achtzigerjahre entwickelte sich die Architektur im Westen, und wir liefen ihr hinterher. Inzwischen gibt es aber Anzeichen einer neu entstehenden indigenen Moderne.

in public perception, the engineer had two advantages over the architect: safety and economy. As a poor society, these were prime concerns.

Post Independence, in large urban private commissions and city planning commissions like Chandigarh, modernist architects got an opportunity. The arrival of modernism, through foreign hand, did have an impact on local public perception of the architect. Even though it continued to be an imported architecture, by the sixties, one knew what the job of an architect was. The two characteristics of modernism: functionalism and its related aesthetics, allowed Indian architects to come out of the shadow of the engineers. Architects could argue that their designs were efficient spatially and expressed a modern aesthetics. It meant that extravagance was out of the question and so materials and technology were used and specified to mitigate costs. Gradually, these forces contributed to the development of an architecture appropriate for the Indian context. However, even though I realised this much later, one could argue that, in the early sixties, modernism was not self-referential here. In Europe, it was *sui generis*, out of a unique set of circumstances there. However, in India, a similar rationale did not underpin its local practice before Independence and immediately after.

How was this related to the aspirations as an independent modern nation state?

To an extent, this was because of a sense of urgency to modernise rapidly; to leapfrog development, and therefore in a way, have a mature expression of contemporary architecture without the necessary evolution that took place in Europe. For a former colony, modernism was a seductive doctrine. Because of that, it was an exhilarating concept to adopt for architects of that time. Ayn Rand's *The Fountainhead* was hot reading when I was a student. In it you saw the potential of an architect to be an agent of change.

The advantage was that it gave a boost to the self-confidence of architects; a very necessary step to emerge as a profession. The disadvantage was that it made, and I daresay, continues to make, us dependent on outside ideas to determine our own agenda. Through to the eighties, architecture evolved in the west and we kept following. I now argue that, even though we are still a dependent architectural culture, there were incipient signs of an emerging indigenous modernity. I have argued that this process requires careful consideration.

So after graduating from Kharagpur, you went to the *Illinois Institute of Technology (IIT)*, in Chicago, for your M.Sc. in architecture and studied under Ludwig Mies van der Rohe and Ludwig Hilberseimer. How transformational was learning Bauhaus modernism directly from its masters?

By the time I arrived in Chicago, Mies had retired from active teaching. The curriculum he had devised was taught by people who had studied under him and he would visit the studio once in a while. Hilberseimer led studios in urban planning that were part of the course. The singular characteristic of that education was disciplined analysis and the diligent pursuit of precision and perfection. The depth of this culture of seeing and rational thought was amazing to me. We would analyse to the minutae, lines, compositions, scale, spatial and graphical relationships. One could see the same unwavering intensity in design as well, an uncompromising match of execution with intention. The miesian principles of precision, minimalism and functionalism were very much zealously upheld. I remember, Hilberseimer set out an exercise in designing a city for one million people where every room of every house had perfect solar orientation. It seemed impossible to do but we did it. At the end of the semester, he would laugh at how, in this ›perfect‹ city, it was impossible to find your way back home if you were drunk!

40

Nach Ihrem Abschluss in Kharagpur gingen Sie ans *Illinois Institute of Technology* (*IIT*) in Chicago und haben bei Ludwig Mies van der Rohe und Ludwig Hilberseimer Architektur studiert. Was haben Sie von den Meistern der Bauhaus-Moderne gelernt?

Als ich nach Chicago kam, hatte sich Mies schon vom Lehrbetrieb zurückgezogen. Den Unterricht nach seinem Lehrplan gaben seine ehemaligen Studenten. Er selbst besuchte ab und zu das Atelier. Hilberseimer hingegen gab Seminare zur Stadtplanung. Ein einzigartiges Merkmal dieser Ausbildung war die disziplinierte Analyse in Verbindung mit dem gewissenhaften Streben nach Genauigkeit und Vollkommenheit. Die Tiefe dieser Kultur des Sehens war für mich erstaunlich. Wir analysierten bis ins kleinste Detail Linien, Kompositionen, Maßstab, räumliche und grafische Verhältnisse. Dieselbe unbeirrbare Intensität konnte man auch den Entwürfen ansehen. Die Mies'schen Grundsätze der Genauigkeit, der Reduktion auf das Notwendige und der Funktionalität wurden mit großem Eifer hochgehalten. Ich weiß noch, wie Hilberseimer uns die Aufgabe stellte, eine Stadt für eine Million Menschen zu bauen, in der jedes Zimmer in jedem Haus vollkommen zur Sonne hin ausgerichtet sein sollte. Das schien unmöglich. Aber wir haben es geschafft. Am Ende des Semesters sagte er lachend, dass ein Betrunkener in dieser ›vollkommenen‹ Stadt unmöglich seinen Weg nach Hause finden würde.

In dieser Zeit lasen Sie Venturis Buch *Komplexität und Widerspruch in der Architektur*. Sie haben gesagt, dass Sie dessen bilderstürmerische Gedanken anziehend fanden. Lag das daran, dass nach Ihrem Eintauchen in das Taufbecken der funktionalen Moderne darin eigene Zweifel anklangen? Oder war das Buch eine Offenbarung?

Nachdem ich mein erstes Postgraduiertenstudium in Chicago absolviert hatte, ging ich sofort zum ebenfalls sehr von Mies geprägten Büro *Skidmore, Owings & Merrill*. Vom Hörsaal zur Baustelle tauchte ich tief in diese Philosophie ein. Inzwischen hatte ich aber auch Venturis *Kritik an der funktionalen Moderne* gelesen, und ich begann mich zu fragen, ob diese Moderne erstrebenswert war. Vertrug sich das Ideal, dem man nacheiferte, mit der eigenen Kultur? Schließlich hatte ich keinen Anteil an seiner historischen oder kulturellen Entwicklung. Ich konnte es bestenfalls nachahmen, aber es würde nie zu meinem eigenen werden. Und vor allem: War es erstrebenswert, es nachzuahmen? Ich hatte mich einfach auf diese Jagd nach der größtmöglichen Präzision eingelassen, ohne mein Ziel jemals zu erreichen. Geblieben ist mir davon der Arbeitsethos, alles, was ich mache, so vollkommen wie möglich zu machen. Ich erkannte, dass das Streben nach Perfektion eine bescheidene Einsicht in die eigene Fehlbarkeit voraussetzt. Danach studierte ich an der *Columbia University* in New York, wo alles ein wenig liberaler war als am *IIT*. New York war ein pulsierendes städtisches Labor der Ideen, für Lehrer ebenso wie für Studierende. Nicht zu vergessen: New York war außerdem Brutstätte vieler freier und kritischer Gedanken dieser Zeit.

Allerdings! Sie studierten Stadtplanung an der *Columbia University* zur Zeit der Studentenproteste von 1968. Einer Ihrer Lehrer war Charles Abrams, der interessanterweise eng mit Otto Königsberger an diversen Wohnbauprojekten der Vereinten Nationen zusammenarbeitete. Wie hat Sie all das geprägt?

Damals war Amerika im Griff einer Anti-Kriegsstimmung. Linksintellektuelle und gemäßigte Amerikaner einte der große Glaube an den Widerstand. Bis heute bin ich von der Einsicht beseelt, dass man Veränderungen aktiv herbeiführen kann, wenn man eine Überzeugung hat. Charles Abrams eröffnete mir über den Weg der Stadtplanung eine völlig neue Welt. Wie Königsberger war er mit Strategien für die Dritte Welt beschäftigt. Auch er war strikt dagegen, Entwicklungsländern eine vorgefasste Gestaltung aufzuzwingen. Er brachte mich dazu, zum ersten Mal meine eigene Stadt zu

At that time you read Venturi's *Complexity and Contradiction in Architecture* and have said you found its iconoclastic ideas attractive. Was it because you felt a resonance after immersing yourself in the font of functional modernism or was it a revelation?

After I completed my first postgraduation at Chicago, I immediately worked at *Skidmore, Owings & Merrill*, which was also very miesian. So, from classroom to field, it was very much a deep dive into that philosophy. By then I had read Venturi's critique of functional modernism. One had also started to question whether it was desirable. Was the ideal that was being striven for suited to one's culture? After all, I didn't share its historical or cultural evolution. I could at best emulate it but it would never be mine. Critically, was it desirable to emulate? One had just jumped into that kind of pursuit of precision without arriving there. What I retained was the ethic of doing whatever I did in the most perfect way possible. I realised that to pursue perfection, one needed the humility of being fallible. Then, I went to *Columbia University* in New York, which was a bit more liberal than *IIT*. New York was a vibrant urban laboratory of ideas, both for teachers and the students. Remember, it was also the seedbed for a lot of the free thinking of the time.

Indeed! You were at *Columbia University* studying urban planning during the protests of 1968. Also you were taught there by Charles Abrams who, interestingly, was a close colleague of Otto Königsberger at various UN Housing missions. What were these influences like?

At that time, America was in the throes of the anti-war sentiment. Ranging from the radical to the moderate, there was a great belief in resistance. I was, and continue to be, deeply influenced by the realisation that if one has a conviction, it is possible to change action by being an activist. Charles Abrams exposed me to an entirely different world through urbanism. Like Königsberger, he too was a great thinker of strategies for urban planning in the Third World cities. He too vehemently opposed the imposition of pre-conceived design processes on the developing world. He made one read, for the first time, one's own city. I realised I was not even aware of Indian urbanism or the problems of Indian cities. It made me ask what I wanted to do and where my calling was. So the idea of coming back to contribute and learn in India rather than in America took root.

You returned in the early seventies and established your practice in New Delhi. What was the state of modernism and who were the stalwarts then?

That was very much the time of (Raj) Rewal and (Charles) Correa. By then, (Achyut) Kanvinde and (Habib) Rahman had already built large public projects and were as such regarded as the Indian masters of modernism.

So it would be fair to say that critical regionalists had begun to replace the more orthodox modernists?

Not at all! You see, one thing about Indian modernism must be understood. We never had, and continue not to have, a dominant narrative. In the west, the narrative is strong and singular. In India, the narratives are diverse. I would argue that Kanvinde and Rahman were very much regionalists. Conservatives might view their work as a compromise or as a dilution, but they did innovate to develop a modernism for India. They manifest themselves through functionalism while Correa and Rewal produced more culturally expressionistic work. As an Indian practicing modernism in India you can't help being a regionalist! And that too in diverse vibrant ways. It is merely a reflection of the nature of our society. Even today, these diverse narratives are often elided and not clearly enunciated. Together there seems to be no harmony but there is amazing vibrancy to this clamour of narratives. I feel this is the distinctive narrative of the architectures of India. To some extent, the lack of a dominant narrative has perpetuated a lack of critical thinking

lesen. Ich erkannte, dass ich nicht viel über die indische Stadtplanung und deren Probleme wusste. Diese Erkenntnisw führte letztlich dazu, dass ich zurück nach Indien ging.

Sie eröffneten in den frühen Siebzigerjahren ein Büro in Delhi. Welcher Art war die damalige Moderne, und wer waren ihre dortigen Vertreter?
Das war im Wesentlichen die Zeit von (Raj) Rewal und (Charles) Correa. (Achyut) Kanvinde und (Habib) Rahman hatten bereits große öffentliche Vorhaben gebaut und galten in der Folge als Meister der indischen Moderne.

Man könnte also sagen, dass kritische Regionalisten dabei waren, die orthodoxeren Modernen zu ersetzen?
Ganz und gar nicht! Um das zu verstehen, muss man sich eine Besonderheit der indischen Moderne vor Augen halten: Wir hatten nie eine vorherrschende Erzählung und haben sie bis heute nicht. In Indien gibt es verschiedene Erzählungen. Ich würde behaupten, dass Kanvinde und Rahman sehr weitgehend Regionalisten waren. Konservative Kritiker würden ihre Arbeit deshalb vielleicht als Kompromiss oder Verwässerung betrachten, aber tatsächlich haben beide die Entwicklung einer Moderne für Indien weit vorangebracht. Sie kommen durch Funktionalität zur Geltung, während Correa und Rewal eher kulturell expressive Arbeiten schufen. Als Inder, der in Indien modern baut, ist man gezwungenermaßen Regionalist! Und man ist es auf verschiedene, jeweils lebendige Art und Weise. Insgesamt kommt dabei eine erstaunliche Lebendigkeit in diesem Stimmengewirr der Erzählungen zustande. In gewissem Maß hat das Fehlen einer vorherrschenden Erzählung den Mangel an kritischem Bewusstsein in der indischen Architektur perpetuiert, was man als Nachteil betrachten könnte, weil wir einen ausgereiften architektonischen Diskurs und eine kritische Sprache, die dieser Vielfalt gerecht wird, erst noch hervorbringen müssen.

Kommen wir zurück zur ›indigenen Moderne‹. Inwieweit betrachten Sie diese Entwicklung als eine selbstbezügliche Polemik gegen die ›importierte Moderne‹?
Wir haben als Gesellschaft die Tatsache übersehen, dass wir uns unbewusst andauernd auf unsere eigene Art und Weise modernisieren. Wie schon gesagt, gibt es in Indien auf der Ebene bewusster Selbstwahrnehmung nach wie vor eine große Abhängigkeit vom Denken des Westens. Aber jenseits dieser befangenen Selbstbetrachtung durchlaufen wir ebenso eine Modernisierung. Unsere Fähigkeit, dem Klimawandel gerecht zu werden und sowohl ökologisch als auch finanziell sparsam mit Ressourcen umzugehen, gehört zum Beispiel dazu. Sie ist der Schlüssel zur Hervorbringung einer einheimischen Architektur in den heutigen, globalisierten Zeiten. Außerdem soll Architektur auch immer ein gesellschaftliches Ziel verfolgen. All das hat hier unzählige Ausdrucksformen innerhalb der Moderne entstehen lassen.

Wie würden Sie diese Ausnahme des indischen Kontextes beschreiben?
Erstens hat unsere Kultur eine lange Geschichte. Das ist durch die Globalisierung zunehmend deutlich geworden. Die Globalisierung beseitigt kulturelle Körnigkeit, verstärkt aber zugleich das Bedürfnis nach kultureller Relevanz. Zweitens sind wir Inder extrem verschieden, und unsere Architektur muss Dialoge über diese Heterogenität hinweg in Gang bringen. Drittens gibt es hier eine extreme Polarisierung zwischen Arm und Reich. Viertens bedeutet die Vielfalt der Kontexte bei uns, dass Doktrinen fehlbar sind und deshalb müssen Lehrgebäude und Philosophien plural, demokratisch und liberal angelegt sein. Eine oder mehrere dieser Besonderheiten findet man in vielen Ländern, aber nur in Indien findet man sie alle

in Indian architecture. This could be viewed as a disadvantage because we are yet to evolve a mature architectural discourse and critical language suited to this diversity.

Let us return to the ›indigenous modernity‹ that you mentioned earlier. How do you see this as a evolved self-referential polemic to ›imported modernism‹?
As a society, we have overlooked the fact that we have been unconsciously modernising in our own way. As I said earlier, selfconsciously, there is still a dependency on the west for ideas. But, unselfconsciously, we have been modernising as well. That indigenous modernity draws on our cultural strengths. Our ability to respond to climate and to be resource efficient, both ecologically and financially, for instance. These are key to create an indigenous architecture in contemporary globalised times. There is also our cultural multiplicity and our need to be contextual. Then there is the need for architecture to have a social agenda. This has led to myriad expressions here, even within modernism. These are all very modernist ideas, relevant to our times.

Describe this exceptionalism of the Indian context?
Firstly, we have a long cultural history. Through globalisation this has become more manifest. Globalisation smothers cultural granularity but simultaneously accentuates the need for cultural relevance. Secondly, we are extremely heterogenous and our architecture must create conversations across this heterogeneity. Thirdly, the duality of extremes in affluence and poverty that exists here. Fourthly, the diversity of contexts means doctrines are fallible and, consequentially, the need for pedagogies and philosophies to be plural, democratic and liberal. So while you find some of the above in many nations, it is only in India that you find all of the above in substantial measure. This is apparent in our architecture today but even more so in the idea of the Indian city and its urbanism.

Finally, what is the potential of this indigenous modernity in informing the global modernism?
There is need for the idea of Indian modernism to assert itself more confidently. I am confident that this can happen. These days everything informs everything instantaneously. There is no harm in that. And truth be known we have a lot to learn from each other. However, one needs to be cautious not to be prescriptive. Let every building culture evolve in their own independent way. After all, while I may be interested in his life, as the saying goes, I am not my brother's keeper!

auf einmal. Das zeigt sich an unserer heutigen Architektur, aber noch mehr an der Idee der indischen Stadt und an ihrer Planung.

Worin sehen Sie nun abschließend das Potenzial dieser einheimischen Moderne und ihre möglichen Beiträge zur globalen Moderne?
Die Idee, dass die indische Moderne sich selbstbewusster durchsetzen muss, ist obsolet. Ich bin überzeugt, dass dies auch so passieren kann. Heutzutage trägt alles augenblicklich zu allem bei. Das ist kein Schaden. Und die Wahrheit ist doch, dass wir alle viel voneinander zu lernen haben. Dabei müssen wir darauf achten, niemandem Vorschriften zu machen. Jede Baukultur soll sich auf ihre eigene, unabhängige Weise entwickeln. Ich mag Anteil am Leben meiner Brüder und Schwestern nehmen, wie man in Indien sagt, aber ich bin nicht ihr Behüter!

▲ Moderne pur in Kharagpur: der Nalanda Academic Complex / Pure
▲ modernism in Kharagpur: The Nalanda Academic Complex

▲ Das *Indian Institute of Technology* in Kharagpur prägte Generationen von indischen Architekten
und Stadtplanern: der Campus heutzutage / The Indian Institute of Technology in Kharagpur
influenced generations of Indian architects and town planners: the campus nowadays

Auf den Spuren der Sarabhais

On the trail of the Sarabhais

Mit der Künstlerin Heidi Specker auf der MG Road in Ahmedabad

With artist Heidi Specker on MG Road in Ahmedabad

Ahmedabad im Nordwesten Indiens ist geprägt von der Baumwollindustrie. In den Fünfzigerjahren kam Le Corbusier ins ›Manchester des Ostens‹, um im Auftrag der Familie Sarabhai den Hauptsitz der *Ahmedabad Textil Mill's Association* (*ATMA*) zu bauen — dazu noch das Stadtmuseum und einige Villen. Für die Künstlerin Heidi Specker, die sich immer wieder über die Mittel der Fotografie der Ästhetik des Bauens genähert hat, ein rechter Ort. Sie suchte nach den Spuren von Le Corbusier und begab sich auf die MG Road, eine der Hauptstraßen von Ahmedabad: »Hier hat sich für mich in den vier Wochen meines Aufenthalts die Geschichte der Textilindustrie und der Kolonialisierung täglich gezeigt. Von Gandhi stammt die Forderung, die eigene Kleidung selbst zu weben, um unabhängig zu werden. In diesem Sinne ist meine Serie MG Road aus 27 Kamerabildern gearbeitet.« Wir zeigen eine Auswahl aus der Bildmappe, die 2012 im Verlag Spector Books erschienen ist.

Heidi Specker (Jahrgang 1962) lehrt Fotografie an der Hochschule für Grafik und Buchkunst (HGB), Leipzig. Sie studierte in Bielefeld und Leipzig Fotografie. Ihre Arbeiten waren auf nationalen wie internationalen Ausstellungen zu sehen. Ferner verfasst Specker auch Künstlerbücher. Im Jahr 2010 war Heidi Specker Stipendiatin der Villa Massimo in Rom. Sie lebt und arbeitet in Leipzig und Berlin.

Ahmedabad in northwest India is defined by the cotton industry. In the 1950s Le Corbusier travelled to the ›Manchester of India‹ at the behest of the Sarabhai family to build the headquarters of the *Ahmedabad Textile Mills Association* (*ATMA*) — as well as the City Museum and a number of villas. This is the perfect place for photographer Heidi Specker, who has frequently returned to the exploration of the aesthetics of architecture through photography. She sought out the traces of Le Corbusier and travelled along MG Road, one of Ahmedabad's main thoroughfares: »Here, in my four-week stay, I was confronted daily with the history of the textile industry and of colonialisation. Ghandi called for the people to weave their own clothes as a route to independence. In this sense, my series MG Road is woven together from 27 photographic images.« We show a selection of images from the portfolio, which was published in 2012 by Spector Books.

Heidi Specker (born 1962) teaches photography at the Academy of Visual Arts (Hochschule für Grafik und Buchkunst, HGB) in Leipzig.. She studied photography in Bielefeld and Leipzig. Her work has been shown in national and international exhibitions. Heidi Specker is also working on artistic books. Recent residencies include the Villa Massimo in Rome in 2010. She lives and works in Leipzig and Berlin.

Stadthaus im Stil der Moderne / Town house in the modern style

Heidi Specker

◄ Der Ashram von Mahatma Gandhi, sein Arbeitsplatz. Das Spinnrad steht für seinen Aufruf zur Unabhängigkeit von der Kolonialherrschaft. Jeder soll sein eigenes Hemd weben und tragen. Die Baumwolle wurde ja nach England exportiert und der gewebte Stoff teuer zurückimportiert. / Ashram of Mahatma Gandhi, his workplace. The spinning wheel symbolises his call for independence from colonial rule. Every man should weave and wear his own shirt. The cotton was exported to England and the woven cloth exported back at a high price.

▲ Stadthaus im Stil der Moderne / Town house in the modern style

Heidi Specker

◄ Neue Wohnanlagen am Stadtrand / New housing complexes on the edge of the city
▲ Stadtmuseum, Architekt Le Corbusier, alle Fenster und Vitrinen sind mit Licht-
schutzfolie verkleidet. Der Zustand ist — wie man sieht — desolat. / City museum,
architect Le Corbusier; all windows and display cases are protected by light-proof
foil. It is — as one sees — in a desolate state

49

Heidi Specker

Deckenschmuck einer Hochzeitsfeier / Ceiling decoration for a wedding ceremony

Heidi Specker

◄ Traditionelles Sitz- und Liegekissen / Traditional bolster and day-bed arrangement
▲ Flohmarkt / Flea market

53

▲ Sommerfrische in der Rockaway-Bungalow-Kolonie am Südzipfel von Long Island, 1900 /
Summer in the Rockaway bungalow colony on the southern tip of Long Island, 1900

▲ Schnell zu errichtender Bungalow für neue Siedler in Florida
1920 / Quick-build bungalow for new settlers in Florida, 1920

Ein Haus für die Welt

Von der bengalischen Bauernhütte zum globalen Phänomen: der Bungalow, ein Produkt des frühen Welthandels und Inbegriff einer wandernden Wohntypologie. Verstanden wird er überall ganz anders

Von **Carola Ebert** und **Stefan Locke**

Vor drei Jahren wurde der britische Soziologe Anthony D. King zu Aufnahmen für einen Dokumentarfilm nach New York eingeladen. Es ging um *Die Bungalows von Rockaway*, kleine Holzhäuser in einer Gegend auf Long Island, in denen zu Beginn des 20. Jahrhunderts viele New Yorker Familien ihre Ferien verbrachten, darunter Prominente wie der Filmkomiker Groucho Marx, dessen Tochter in der Dokumentation von der Sommerfrische mit ihren Eltern in Rockaway erzählt. Damals standen Tausende Bungalows entlang der Atlantikküste aufgereiht, man genoss die Sonne, den Wind und die Wellen. Heute sind nur noch wenige erhalten, weshalb deren Bewohner für den Erhalt dieses architektonischen Erbes kämpfen.

Anthony D. King hat sich praktisch sein ganzes Leben lang mit Bungalows beschäftigt. Über die Einladung der Filmemacher war er trotzdem überrascht: »Zwanzig Jahre lang habe ich in New York gelebt und hatte nie von diesen Häusern gehört.« Außerdem faszinierte ihn, dass dieser Südwest-Zipfel Long Islands, den die amerikanischen Ureinwohner »rack-a-wak-e« (»Sandplatz«) nannten, ausgerechnet Ende des 17. Jahrhunderts, nach dem Verkauf an die Niederländer und der Eroberung durch die Briten, den Namen Rockaway erhielt. Denn zeitgleich datieren die simplen, reetgedeckten Unterkünfte im indischen Bengalen »banggolo« genannt, aus denen in einem Prozess wiederholter kultureller Hybridisierung der Bungalowtypus entstand. »Auf diese Weise schufen die Ureinwohner Bengalens und Nordamerikas zur gleichen Zeit unabhängig voneinander die Grundlage für das, was wir heute *Rockaway Bungalows* nennen«, resümiert King.

Der Begriff Bungalow hat sich seit dem späten 17. Jahrhundert global verbreitet, das Wort gibt es in mehr als 20 Sprachen. In Aussehen, Funktion, Nutzung, Konstruktion und ihren kulturellen Konnotationen unterscheiden sich die Bungalows jedoch regional zum Teil deutlich. Französische Bungalows treten gern in Gruppen auf und werden als Ferienhäuser nur temporär genutzt. In Afrika gelten Bungalows als Symbol der Kolonialisierung sowie als perfekte Behausung für die Tropen. In England sind sie als billige Häuschen für wenig solvente Vorstädter verpönt. Und in Kalifornien stellt man sich darunter ein entspanntes Wohnhaus mit viel Holz und breitem Dachüberstand vor — vom Einfamilienhaus aus dem Katalog bis hin zu maßgeschneiderten Villen für Wohlhabende. »Der Bungalow«, konstatiert Anthony D. King, »ist das erste Produkt der Globalisierung überhaupt.« Dieses frühe Produkt globalen Handels und damit einhergehender kultureller ›Adaptionen und Adoptionen‹ erforschte

King akribisch und veröffentlichte 1984 mit *The Bungalow. The Production of a Global Culture* das Standardwerk zum Thema.

In diesem beschreibt King den Ursprung des Bungalows im Indien des 17. Jahrhunderts, seine weltweite Verbreitung im 18., 19. und 20. Jahrhundert sowie die enorme Bandbreite der unterschiedlichen regionalen und historischen Ausprägungen des Bungalow-Typs. Britische Handelsreisende entdeckten im 18. Jahrhundert in der Provinz Bengalen, dem heutigen Ostindien und Bangladesch, Bauernhütten, die die Einheimischen »banggolo« nannten — ein Name, der vom Hindi-Wort »bangla« abstammt, was so viel wie »von oder zu Bengalen gehörend« bedeutet. In der Regel handelte es sich bei diesen ›bengalischen Häusern‹ um einfache Behausungen aus Bambus mit Strohdächern, die einem umgedrehten Bootsrumpf ähnelten. Größere Behausungen bestanden aus mehreren dieser Hütten, teils nach Funktionen in Koch-, Wohn- und Schlafhütten unterschieden; arme Bauern bewohnten eine Hütte gemeinsam mit ihrem Vieh.

In einer ersten kulturellen Hybridisierung ließen sich englische Kaufleute und Offiziere von indischen Bauleuten simpel konstruierte Holzhäuser errichten. Sie unterteilten das Innere in mehrere Räume, umgaben diese meist mit einer Veranda und stellten das Haus auf Ziegel-Sockel. Diesen Bautyp nannten die Briten nun ebenfalls »Banggolo« oder »Bungalo«, obwohl er eher eine komfortable, europäische Unterkunft beschrieb. Der koloniale »Bungalo« knüpfte an die funktionale Offenheit des indischen »banggolo« an: Neben seiner Funktion als Wohnhaus diente er einerseits als Gäste- bzw. Lagerhaus, wurde aber auch als repräsentativer Bautyp für Regierungs-, Verwaltungs- und Gerichtszwecke verwendet. So avancierte der Bungalow zur häufigsten Wohnform für Europäer in Indien, aufgeladen mit dem sozialen Prestige und den hegemonialen Ansprüchen einer ausländischen lokalen Elite.

Der Begriff Bungalow wurde laut King erstmals 1784 schriftlich erwähnt und besaß im Englischen drei verschiedene Bedeutungen: Als Erstes bezeichnete es die ursprüngliche Hütte bengalischer Bauern, zweitens den daraus entstandenen englisch-indischen Bungalowtypus und drittens wurde es zunehmend für jede Art von europäischem Gebäude in Indien verwendet. Als exotischer Bautyp und Begriff übte der Bungalow darüber hinaus eine starke Anziehungskraft auf zurückkehrende oder in Europa gebliebene Briten aus. So verbreitete sich der Bungalow in der zweiten Hälfte des 19. Jahrhunderts zunächst in England — und wurde dort erneut kulturell reinterpretiert. Der erste ›westliche‹ Bungalow wurde 1869 als Wochen-

Damit fing alles an: der bengalische Ur-»Banggolo« aus dem 17. Jahrhundert / The starting point: The original »banggolo« of 17th century Bengal

Fortsetzung auf Seite 58

A house for the world

From a Bengali peasant's hut to global phenomenon: The bungalow is a product of early world trade and the epitome of a peripatetic housing typology, which has different interpretations worldwide

By **Carola Ebert** and **Stefan Locke**

Three years ago, British sociologist Anthony D. King was invited to New York to contribute to a documentary film. This was about *The Bungalows of Rockaway*, small wooden huts in a Long Island neighbourhood where many New Yorkers and their families took their holidays in the early 20th century — including celebrities such as comedian Groucho Marx, whose daughter appears in the film, talking about family life at the summer resort. In those days, thousands of bungalows were lined up along the Atlantic coast, where their residents could enjoy the sun, wind and waves. Today, just a few of these remain, which is why their residents are fighting to preserve this architectonic legacy.

Anthony D. King has dedicated much of his life to the bungalow. Nonetheless, the invitation from the filmmakers took him by surprise: »I have lived in New York for twenty years, and had never heard of these houses.« He was also fascinated by the fact that, in the late 17th century, after having been sold to the Dutch and conquered by the British, this southwesterly tip of Long Island that the indigenous Americans called »rack-a-wak-e« (»sandy place«) was given the name Rockaway. For the simple, thatched dwellings known as »banggolo« in Indian Bengal — which evolved into the bungalow genre in a recurrent process of cultural hybridisation — date from the same period. King continues: »In this way, at the same time and independently of one another, the natives of Bengal and North America established the basis for what we now know as *Rockaway bungalows*.«

The term bungalow has spread worldwide since the late 17th century; the word exists in more than twenty languages. In appearance, function, construction and their cultural connotations however, there are sometimes significant regional differences. French bungalows are often built in groups and are used only temporarily, as holiday homes. In Africa, bungalows are seen both as symbols of colonisation and as perfect dwellings for tropical climes. In Britain they are vilified as cheap houses for less affluent suburbanites. And in California, they are associated with an idea of a relaxing home with a profusion of timber and a generous veranda — ranging from the family home chosen from a catalogue to custom-made villas for the wealthy. »The bungalow«, states Anthony D. King, »is the very first product of globalisation.« This early product of global trade and the associated cultural ›adaptations and adoptions‹ were the subject of in-depth research by King, published in 1984 in *The Bungalow. The Production of a Global Culture*, a standard work on the subject.

Here, King describes the origins of the bungalow in 17th century India, its worldwide dissemination in the 18th, 19th and 20th centuries and the huge range of different regional and historic manifestations of the bungalow genre. In the 18th century, British commercial travellers to the province of Bengal, today in East India and Bangladesh, discovered peasants' huts that the natives called »banggolo« — a name derived from the Hindi word »bangla«, which roughly speaking means something that »is of, or from, Bengal«. Generally, these ›Bengali houses‹ were simple bamboo dwellings with roofs of straw that resembled the inverted hull of a boat. Larger dwellings consisted of several of these huts, sometimes separated according to function into cooking, living and sleeping huts; poor peasants lived together with their animals in one hut.

A first cultural hybridisation occurred when English traders and officers had wooden houses based on this relatively simple structure built for them by Indian construction workers. They divided the interior into several rooms, generally surrounded these with a veranda and put the house on brick foundations. The British also called this building type a »banggolo«, or »bungalow«, although this tended to describe a more comfortable, European dwelling. The colonial »bungalow« adopted the functional flexibility of the Indian »banggolo«: in addition to its function as a dwelling, it was also used as a guesthouse or storage space and as a representative type of building for government, administrative and court purposes. The bungalow therefore became the most common type of dwelling for Europeans in India and, as a colonial genre, gained cultural significance as a building appropriate for Europeans living in the tropics, loaded with the social prestige and hegemonial expectations of a foreign local elite.

According to King, the first written evidence of the term bungalow dates back to 1784. In the late-18th century, the word had three different connotations in the English language: Firstly, it was used to describe the original hut of Bengali peasants; secondly, the British-Indian type of bungalow that evolved from this, and thirdly, it was increasingly used for any type of European building in India. Above and beyond this, as an exotic building type and concept the bungalow had a strong appeal for British people returning to or living in Europe. Thus, in the second half of the 19th century the bungalow's popularity grew in England in particular — where it was once again culturally reinterpreted. The first ›Western‹ bungalow was built in 1869 as a weekend house on the English coast near Ramsgate. This was in a way the prototype for the English weekend house, which subsequently soon became fashionable. In the course of 19th century industrialisation a steadily growing proportion of the population became materially better off. With the development of the railway

▲ Bungalow at its best: das *Kaufmann House* von Richard Neutra in Palm Springs von 1946 / The bungalow at its best: *Kaufmann House* by Richard Neutra in Palm Springs, designed 1946

▲ Moderner, als die Regierung erlaubt: Sep Rufs *Kanzlerbungalow* in Bonn von 1964 / More modern than the government allows: Sep Ruf's *Chancellor's Bungalow* in Bonn, designed 1964

endhäuschen an der englischen Küste nahe Ramsgate errichtet. Er war sozusagen der Prototyp für die englischen Freizeithäuschen, die bald darauf *fashionable* wurden. Im Zuge der Industrialisierung des 19. Jahrhunderts war ein stetig wachsender Teil der Bevölkerung materiell besser gestellt. Mit der Entwicklung der Eisenbahn wuchsen an Englands Küsten Seebäder wie Pilze aus dem Boden, in Westgate und Birchington entstanden die ersten Bungalow-Resorts. Die Häuschen waren in der Regel aus Holz, sie hatten große Fenster und Spitzdächer sowie in der Regel nur eine Etage. Aufgrund ihrer simplen Konstruktion wurden sie bald auch in Fertigbauweise produziert. Bald exportierte Großbritannien Fertigteil-Bungalows nach Nord- und Lateinamerika, Südafrika, Australien — selbst nach Indien, wo sie mit Veranda und Stelzen, aber mit Blechdach, für Farmer, Ingenieure und die Kolonialverwaltung errichtet wurden. Bungalows waren nun eine industriell gefertigte, urbane Unterkunftsform auf dem Land.

Der Bungalowboom in den Vereinigten Staaten von 1880—1920 ging ebenso einher mit einem Industrialisierungsschub sowie zunehmender Prosperität und Mobilität eines wachsenden Bevölkerungsteils. Vor allem die *Arts-and-Crafts*-Bewegung, die damals einen anti-industriellen Lebensstil im Einklang mit der Natur propagierte, trug entscheidend zur Verbreitung der Bungalows bei. Besonders in Kalifornien. Immer mehr Menschen zogen aus dem mittleren Westen an die Westküste und viele von ihnen strebten nach jenen *cosy little bungalows*, die in Büchern, Katalogen und Magazinen angepriesen wurden. Die Häuser waren klein, billig und somit äußerst attraktiv. Platz war auf dem Land genug, besonders im dünn besiedelten Kalifornien. Hier und auch in den übrigen Staaten wurden Bungalows nicht nur für Wochenend- und Urlaubsausflüge sondern vor allem zum ständigen Wohnen errichtet. *California* oder *American Bungalows* in den neuen Vorstädten waren somit auch großzügige, ein- bis anderthalbstöckige Häuser mit leichtem Spitzdach und Veranda. Ob einfach oder großzügig, in den Vereinigten Staaten des frühen 20. Jahrhunderts galten Bungalows als etwas Wunderbares. Sie standen für ein unbeschwertes Lebensgefühl, das sich in der Entwicklung von Bungalow-Kirchen und Bungalow-Schulen sowie auch Bungalow-Songs und -Literatur manifestierte. Kings Einordnung des Bungalows »als Motor und Baustein der Suburbanisierung der westlichen Welt« beruht auf dieser US-amerikanischen Entwicklung, deren Vorbild unter anderem auch die Suburbanisierung Australiens entscheidend prägte.

Der nordamerikanische Bungalow-Boom endete mit der Weltwirtschaftskrise und der Verknappung von Baumaterial während des Zweiten Weltkriegs. Später begünstigten steigende Landpreise und die zunehmende Zahl von Single-Haushalten eher den Bau von Apartment-Häusern und Eigentumswohnungen. Während jedoch in Nordamerika das positive Image des Bungalows erhalten blieb und der als ›heimelig‹ empfundene Bautyp sich seit den späten Siebzigerjahren wieder wachsender Popularität erfreut, steht der Bungalowbegriff im Großbritannien des 20. Jahrhunderts für die billige Massen-Suburbanisierung der Zwischenkriegszeit. »In den USA sagen alle: Bungalows, toll, wunderbar! Aber niemand in England wird sich mit Ihnen über Bungalows unterhalten wollen«, sagt Anthony D. King.

Während der koloniale Bungalow vielfältiger nutzbar und zugleich hinsichtlich seines sozialen Prestiges als Haus für Europäer hochspezifisch definiert ist, unterscheidet sich der westliche Bungalow funktional als eindeutiges Wohngebäude (temporär oder dauerhaft genutzt). Weltweit ist der Bungalow gekennzeichnet durch seine überwiegend eingeschossige Bauweise mit einem flach geneigten, nicht oder nur teilweise genutzten Dach. Die Paradoxie des Bungalows liegt in der engen, antagonistischen Verbindung zwischen Stadt und Land, die aus der urbanen Perspektive neu geprägt wird. Wie King es beschreibt, ist der Bungalow zwar »auf dem Land«, aber niemals »ländlich«. Seine Bewohner und Gestalter entstammen nicht dem

network, coastal resorts popped up all over England and the first bungalow resorts were built in Westgate and Birchington. The buildings were as a rule timber-framed with large windows and pitched roofs, and usually had just a ground floor. Their simple structure also meant that they were soon produced as prefabricated dwellings, which then just had to be erected on site. Soon, Britain exported prefabricated bungalows to North and Latin America, South Africa, Australia — and even to India, where they were erected in the traditional manner with veranda and stilts, but with tin roofs, for farmers, engineers and the colonial administrators. Bungalows were now an industrially manufactured, urban form of rural housing.

The bungalow boom in the USA from 1880 to 1920 was likewise associated with a rise in industrialisation and with the increasing prosperity and mobility of a growing population segment. The *Arts and Crafts* movement in particular, which advocated an anti-industrial lifestyle in harmony with nature, played a significant part in the rise of the bungalow's popularity. The starting point and core of this development was in California. Increasing numbers of people moved from the Midwest to the west coast and many of them aspired to those cosy little bungalows that were touted in books, catalogues and magazines. The houses were small and cheap, and therefore highly attractive. There was plenty of space in the countryside, especially in sparsely populated California, and the rural idyll was now easily accessible by car. In California and the rest of the USA, bungalows were thereby increasingly seen not only as weekend and holiday homes, but also as permanent dwellings. The *California* or *American Bungalows* in the new suburbs were consequently larger, one to one-and-a-half storey high buildings with a slightly pitched roof and veranda. Whether simple or lavish, in early 20th century USA bungalows were seen as wonderful things. They represented an easygoing lifestyle that manifested itself in the development of bungalow churches and bungalow schools, as well as bungalow songs and literature. King's classification of the bungalow »as driving force and cornerstone of the suburbanisation of the Western world« is based on this North American development, which acted as a highly influential model for, among other things, the suburbanisation of Australia.

The North American bungalow boom ended with the global economic crisis and the shortage of building materials during the Second World War. Later, the rising cost of land and the growing number of single-occupancy households tended to favour the construction of apartment blocks and condominiums. But while the bungalow's positive and ›cosy‹ image was upheld in North America, and has indeed enjoyed a resurgence of popularity since the late-seventies, in 20th century Britain the bungalow concept is associated with the cheap mass-suburbanisation of the inter-war years, and still has a terrible reputation today. »In the USA everyone says: Bungalows, great, wonderful! But if you want to talk to people in England about them, you can forget it«, says Anthony D. King.

While the colonial bungalow is diversely defined in highly specific terms, in relation to its range of uses and its social prestige as a house for Europeans, the Western bungalow distinguishes itself functionally and distinctly as a residential building (used temporarily or permanently). Worldwide, the bungalow is characterised by its predominantly one-storey construction with a low-pitched, unused or only partly used roof space. Often prefabricated or of lightweight construction, the bungalow therefore symbolises both an enthusiasm for modern construction methods and a fascination with the foreign, natural and perceived origins. The paradox of the bungalow lies in the close, antagonistic connection between the urban and the rural, which is redefined from the urban perspective. As King puts is, the bungalow is »in the countryside«, but never »rural«. Its inhabitants and designers do not come from the local context, but bring their different cultural influences with them, as did the British governors in India or the affluent urbanites in the early holiday homes in the

Kontext vor Ort, sondern bringen ihre andersartige kulturelle Prägung mit wie die englischen Gouverneure in Indien oder wohlhabende Städter bei den frühen westlichen Ferienhäusern.

In Deutschland wurde der Begriff Bungalow erst ab Ende der Fünfzigerjahre verwendet. Bis zum Ende des Zweiten Weltkriegs waren damit tropische Bauten oder Wohngebäude in Großbritannien und den Vereinigten Staaten gemeint. In Ost und West verfestigten sich zwei unterschiedliche Interpretationen des Begriffs. In Ostdeutschland, wo das selbst genutzte Eigenheim eine eher untergeordnete Rolle spielte, wurden vor allem Wochenend- und Ferienhäuser als Bungalows bezeichnet. In Westdeutschland, wo das Einfamilienhaus politisch und persönlich idealisiert wurde, etablierte sich der Begriff für eingeschossige Wohnhäuser auf dem Land und in den wachsenden Vororten sowie für einfach-praktische Urlaubsunterkünfte. Dabei verknüpfte sich der Bungalowtypus mit der zeitgenössischen Architekturmoderne und dem idealisierten Bild des modernen Flachdacheinfamilienhauses mit großer Verglasung zum Garten. Beispielhaft bildet sich dies in Sep Rufs *Kanzlerbungalow* in Bonn ab, der von 1964—1998 modernes Wohnen politisch exponierte.

Diese neue Adaption des Bungalows parallel zur Popularisierung der Architekturmoderne führte zur Besonderheit, dass aus deutscher Perspektive das Bild des amerikanischen Bungalows nicht vom *American Bungalow* der Jahrhundertwende bestimmt ist. Stattdessen dominieren die modernen Nachkriegswohnhäuser z.B. des österreichisch-amerikanischen Architekten Richard Neutra oder des kalifornischen *Case-Study-House*-Programms das Leitbild des (west-)deutschen Bungalowbooms der Fünfziger- bis Siebzigerjahre. Was in Deutschland als idealer Bungalow galt, wurde in den Vereinigten Staaten jedoch nicht als solcher bezeichnet. Diese architekturhistorische Differenzierung liegt zwar außerhalb von Kings *The Bungalow* und seines soziologisch orientierten und auf die Beschreibung des Bungalows als globales Phänomen angelegten Untersuchungsansatzes. Sie unterstreicht jedoch seine Feststellung: »Ein Bungalow ist, was man einen Bungalow nennt. Ziemlich sicher aber ist der Bungalow eine Metapher für die Vielseitigkeit der Globalisierung.«

Kings fundamentaler Beitrag und Verdienst liegt in der Erforschung und Definition der globalen Bungalowkultur als Ausdruck und Resultat der frühen Globalisierung durch den Welthandel seit dem 17. Jahrhundert. Der westliche Bungalow steht dabei exemplarisch für das durch die Suburbanisierung neu definierte Verhältnis zwischen Stadt und Land am Ende des 20. Jahrhunderts. Heute ist der Bungalow über den gesamten Globus verbreitet — ob als indische Bauernhütte oder *Kanzlerbungalow*. [Grundlage des Textes ist Carola Eberts Forschungsarbeit zum historischen und westdeutschen Bungalow sowie ein Gespräch zwischen Stefan Locke und Anthony D. King.]

Carola Ebert ist Architektin (TU Berlin) und Architekturhistorikerin (Bartlett, UCL, London). Von 2006–2010 lehrte sie Architekturtheorie und Entwerfen an der Universität Kassel; seitdem Lehraufträge an der TU Berlin, UdK Berlin, BTU Cottbus und der Universität Kassel. In ihrer Doktorarbeit untersucht sie die Bungalowhistorie und den westdeutschen Bungalow der Fünfziger- und Sechzigerjahre.

Stefan Locke kam 1974 in Bautzen zur Welt. Er studierte Betriebswirtschaft in Dresden und Portland/Oregon und besuchte anschließend die Henri-Nannen-Journalistenschule in Hamburg. Heute verfasst er als Reporter mit Büro in Dresden Reportagen, Interviews und Porträts vor allem für die *Frankfurter Allgemeine* und die *Frankfurter Allgemeine Sonntagszeitung*.

West. In this way, the bungalow derives its ›naturalness‹ and ›originality‹ from ideas that, in line with its expectations in relation to décor and comfort, spring from an essentially urban culture.

In Germany the term bungalow was first used much later, from the end of the fifties. Up to the end of the Second World War, it was used to describe tropical buildings or dwellings in Britain and the USA. Due to the political and cultural differences in East and West Germany, two different interpretations of the term evolved. In the East, where the owner-occupied home tended to play a subsidiary role, the term bungalow was mostly applied to weekend or holiday homes. In the West, where the single-family home was politically and personally idealised, it became an established term for one-storey houses in the countryside and the expanding suburbs, as well as for simple and practical holiday housing. The bungalow genre thereby linked up with the architectural modernism of the day and with the idealised image of the modern, flat-roof single-family home with patio doors leading to a garden. This is exemplified by Sep Ruf's *Chancellor's Bungalow* in Bonn, which provided a political stage for modern housing from 1964 to 1998.

This new adaptation of the bungalow parallel to the popularisation of architectural modernism led to the anomaly that, from a German perspective, the image of the American bungalow is not defined by the turn-of-the-century *American Bungalow*. Instead, the modern post-war houses of, for example, the Austrian-American architect Richard Neutra, or the Californian *Case Study House* programme, dominate the model of the (West) German bungalow boom of the fifties to the seventies. But that, which was seen in Germany as an ideal bungalow was not described as such in the Unites States. This architectonic distinction however lies outside the scope of King's *The Bungalow* and his sociologically orientated research, which is geared to the characterisation of the bungalow as a global phenomenon. It nevertheless confirms his finding: »A bungalow is whatever one calls a bungalow. But the bungalow is probably a metaphor for the diversity of globalisation.«

King's fundamental contribution and achievement lies in the research and definition of the global bungalow culture as a manifestation and consequence of the early globalisation through world trade since the 17th century. The Western bungalow, whether as prefabricated consumer product or custom-made villa, thereby exemplifies the relationship — redefined by suburbanisation — between the urban and the rural in the late 20th century. Today, the bungalow is common throughout the world — whether as Indian peasant's hut or *Chancellor's Bungalow*. [This essay is based on Carola Ebert's research into the historic and West German bungalow, and on a conversation between Stefan Locke and Anthony D. King.]

Carola Ebert is an architect (TU Berlin) and architectural historian (Bartlett, UCL, London). From 2006—2010 she taught architectural theory and design at the Universität Kassel; since then lectureships at the TU Berlin, UdK Berlin, BTU Cottbus and the Universität Kassel. In her dissertation she is researching the history of the bungalow and the West German bungalow of the 1950s and 1960s.

Stefan Locke was born in 1974 in Bautzen. He studied business management in Dresden and Portland, Oregon and went on to study at the Henri-Nannen-Journalistenschule in Hamburg. Now based with an office in Dresden he writes reports, interviews and portraits, generally for the *Frankfurter Allgemeine* and the *Frankfurter Allgemeine Sonntagszeitung*.

Literaturhinweise: Carola Ebert, *Privatisierte Landschaft. Westdeutsche Architektenbungalows 1952—1959 zwischen kalifornischem Traum und (nicht-)städtischer Realität. dérive. Zeitschrift für Stadtforschung* 47 (2012): 18–23. / Carola Ebert, *Private vistas and a shared ideal: photography, lifestyle and the West German bungalow*, in: Andrew Higgot und Timothy Wray (Hg.), *Camera Constructs. Photography, Architecture, and the Modern City*. Ashgate 2012, S. 73—89. / Anthony D. King, *The bungalow. The production of a global culture*. London 1984. / Joaquin Medina Warmburg: *Transatlantischer Bungalow*, in: Sep Ruf, Joaquin M, Paul Swiridoff (Hg.), *Kanzlerbungalow*. Bonn, Stuttgart, 2009. / Clay Lancaster, *The American bungalow 1880—1930*. New York 1985. / Klaus Leuschel und MARTa Herford, *Neutra in Europa — Bauten und Projekte 1960—1970*. Köln 2010. / Stiftung Wüstenrot und Stiftung Haus der Geschichte der Bundesrepublik Deutschland, *Kanzlerbungalow*. München 2009. / Robert Winter, *The California Bungalow*. Los Angeles 1980.

Bibliography: Carola Ebert, *Privatisierte Landschaft. Westdeutsche Architektenbungalows 1952—1959 zwischen kalifornischem Traum und (nicht-)städtischer Realität. dérive. Zeitschrift für Stadtforschung* 47 (2012): 18–23. / Carola Ebert, *Private vistas and a shared ideal: photography, lifestyle and the West German bungalow*, in: Andrew Higgot und Timothy Wray (Ed.), *Camera Constructs. Photography, Architecture, and the Modern City*. Ashgate 2012, pp. 73—89. / Anthony D. King, *The bungalow. The production of a global culture*. London 1984. / Joaquin Medina Warmburg: *Transatlantischer Bungalow*, in: Sep Ruf, Joaquin M, Paul Swiridoff, (Ed.), *Kanzlerbungalow*. Bonn, Stuttgart, 2009. / Clay Lancaster, *The American bungalow 1880—1930*. New York 1985. / Klaus Leuschel und MARTa Herford, *Neutra in Europa — Bauten und Projekte 1960—1970*. Köln 2010. / Stiftung Wüstenrot und Stiftung Haus der Geschichte der Bundesrepublik Deutschland, *Kanzlerbungalow*. München 2009. / Robert Winter, *The California Bungalow*. Los Angeles 1980.

Zwei Maler bereiten den Süden: Paul Klee und August Macke mit Fremdenführer vor der *Barbier-Moschee*, Kairouan, 1914 /
Two painters enjoy the South: Paul Klee and August Macke with tourist guide in front of *Barbier Mosque*, Kairouan, 1914

Das ›Araberdorf‹ von Stuttgart

Mit ihrem gebauten Kosmopolitismus wurde die Weißenhofsiedlung zur Zielscheibe für eine Diffamierungskampagne der Nationalsozialisten

Von **Marion von Osten**

[1]   Paul Bonatz (1926): *Noch einmal die Werkbundsiedlung*, in: *Schwäbischer Merkur*, Abendblatt, 5. Mai 1926, zitiert nach Stefanie Plarre (2001): *Die Kochenhofsiedlung — Das Gegenmodell zur Weißenhofsiedlung. Paul Schmitthenners Siedlungsprojekt in Stuttgart 1927 bis 1933.* Stuttgart, 2001, Herv. d.V., S. 88

[2]   Paul Schultze-Naumburg: *Flaches oder geneigtes Dach?* Berlin, 1927.

»In vielfältigen horizontalen Terrassierungen drängt sich in unwohnlicher Enge eine Häufung von flachen Kuben am Abhang hinauf, eher an eine Vorstadt Jerusalems erinnernd als an Wohnungen für Stuttgart«,[1] behauptete 1926 der Stuttgarter Architekt Paul Bonatz bereits vor der Fertigstellung der modernen Musterhäuser, die für die Werkbundausstellung *Die Wohnung* auf dem Killesberg 1927 gebaut wurden. Er sollte nicht der einzige schwäbische Traditionalist bleiben, der die Weißenhofsiedlung entsprechend kritisierte. Sein Kollege Paul Schmitthenner entwickelte gleich im selben Jahr das Gegenmodell, die Kochenhofsiedlung, die 1933 im Rahmen der Bauausstellung *Deutsches Holz für Hausbau und Wohnung* unter Mitwirkung der deutschen Forstwirtschaft — ausgestattet mit deutlich nationalistischen Botschaften — realisiert wurde. Die Kritik an der Werkbundausstellung stützte sich auf binäre Konstruktionen, die auch als *Dächerstreit* in die Geschichte der Moderne eingehen sollte. So wurden das Satteldach sowie lokale Materialtraditionen nationalidentitär aufgewertet und als deutsche Bauweise ideologisiert, während das Flachdach, Stahl- und Betonkonstruktionen wie die weißen Fassaden der Modellhäuser als nicht-deutsch/oriental/afrikanisch diffamiert wurden.[2] Argumentationen, die in der Folge auch als Stilvorlage der nationalsozialistischen Propagandakampagne gegen ›Kulturbolschewismus‹ und die ›entarteten‹ modernen Künste dienten. Debatten, an denen Paul Schultze-Naumburg, einer der Gründer des Deutschen Werkbundes 1907, durch seine Schriften *Kunst und Rasse* (1928), *Das Gesicht des deutschen Hauses* (1929), *Kunst aus Blut*

und Boden (1934) u.a.m. maßgeblich beteiligt war. Vor dem Hintergrund des o.g. Konflikts verließ Schultze-Naumburg den Deutschen Werkbund 1927, um 1930 der NSDAP beizutreten. Die Weißenhofsiedlung wurde mit der Machtübernahme 1933 sogleich offiziell als ›undeutsch‹ bezeichnet. Im Kontext der nationalsozialistischen Denunziationspolitik wurde sie mit den Mitteln der Fotomontage zu einer populären Ansichtskarte, auf der die modernistische Siedlung mit nordafrikanisch anmutenden Straßenhändlern und Kamelen ›ergänzt‹ worden war.

Die durch die Stadt Stuttgart und den Deutschen Werkbund 1926 initiierte Bauausstellung *Die Wohnung* in Deutschland hatte 16 internationale Vertreter des Modernismus geladen, eine Reihe von Experimentalbauten zu entwickeln, die später als Mietwohnungen genutzt werden sollten und bereits entsprechend von den Architekten voll möbliert vorgestellt wurden. Die Ziele der Stadtregierung für die Realisierung dieser Modellsiedlung entsprachen den Debatten um Rationalisierung und Industrialisierung des Bauens in der Zeit der Weimarer Republik. Die Wohnbauinitiative zielte auf eine Verbilligung des Wohnungsbaus sowie »auf eine Vereinfachung der Hauswirtschaft und eine Verbesserung des Wohnens selbst«.

Die Flachdachsiedlung in Stuttgart widersprach im Grunde daher nicht einem entsprechenden Rationalismus der Nationalsozialisten und es war sicher nicht allein der propagierte Heimatstil, der die ag-

Fortsetzung auf Seite 64

The ›Arab village‹ of Stuttgart

With its architectural manifestation of cosmopolitanism, the Weißenhof Estate became the target of a smear campaign by the National Socialists

By **Marion von Osten**

[1] Paul Bonatz (1926): *Noch einmal die Werkbundsiedlung*, in: *Schwäbischer Merkur* (Abendblatt), 5 May 1926, cited in Stefanie Plarre: *Die Kochenhofsiedlung — Das Gegenmodell zur Weißenhofsiedlung. Paul Schmitthenners Siedlungsprojekt in Stuttgart 1927 bis 1933*, p. 88, (emphasis mine), Stuttgart 2001.
[2] Paul Schultze-Naumburg: *Flaches oder geneigtes Dach?* Berlin 1927.

»In manifold horizontal terracing, an unusually dense accumulation of flat cubes presses up the slope, more reminiscent of suburban Jerusalem than of dwellings for Stuttgart.«[1] The Stuttgart-based architect Paul Bonatz made this statement in 1926, even before the completion of the modern prototype houses that were built for the *Deutscher Werkbund* [German Work Federation] exhibition *Die Wohnung* on Stuttgart's Killesberg in 1927. He was not the only Swabian traditionalist to criticise the Weißenhof Estate in this vein. In the same year his colleague Paul Schmitthenner designed the counter model, the Kochenhof Estate, which, endowed with clearly nationalistic subtexts, was realised in the framework of the building exhibition *Deutsches Holz für Hausbau und Wohnung* [German wood for housing construction and home] with the collaboration of the *German Forestry Council* [*DFWR*]. The criticism of the German Work Federation exhibition was based on binary structures; it was also to go down in the history of modernity as a dispute about roofs. Accordingly, the pitched roof and local traditional materials were updated with a national identity and ideologised a German way of construction, while the flat roof, steel-and-concrete construction and the white facades of the prototype houses were vilified by contrast as non-German-Oriental-African.[2] These lines of argument consequently also served as a style template for the National Socialists propaganda campaign against ›cultural Bolshevism‹ and the ›degenerate‹ modern arts. Paul Schultze-Naumburg, one of the founders of the German Work Federation in 1907, contributed significantly to these debates with his essays *Kunst und Rasse* [Art and race] (1928), *Das Gesicht des deutschen Hauses* [The appearance of the German house] (1929), *Kunst aus Blut und Boden* [Art of blood and soil] (1934) and

many others. Against the background of the aforementioned conflict Schultze-Naumburg left the German Work Federation in 1927, to join the NSDAP in 1930. With the NSDAP's assumption of power in 1933 the Weißenhof Estate was immediately officially classified as ›un-German‹. In the context of the NSDAP's policy of denunciation, with the use of photomontage it became a popular picture postcard on which the modern estate was ›enhanced‹ with street traders and camels suggestive of North Africa.

The building exhibition (*Die Wohnung*) initiated in Germany in 1926 by the city government of Stuttgart and the German Work Federation had invited 16 international exponents of modernism to design a series of experimental buildings, which were later to become rental apartments and which the architects therefore presented as fully furnished. The city government's objectives for the realisation of this prototype estate were consistent with the debates on rationalism and the industrialisation of construction in the Weimar Republic era. The housing initiative aimed to lower the price of housing construction and »to simplify domestic economy and improve the standard of housing itself«. The flat roof estate in Stuttgart therefore did not essentially contradict rationalism as the National Socialists perceived it and it was certainly only not the propagandised »domestic style«, which justified the aggressive stance against the Weißenhof Estate. After all, the Nazi ideology certainly had its own transcultural traits, from life-reforming vegetarianism and Viking cults to loaded references to Indo-European ›origins‹. Labelling the Weißenhof Estate as »termite hills«, a »mini-Jerusalem«, »un-German« or an »Arab village« therefore only serves to demon-

1940 Stuttgart. Weissenhofsiedlung, Araberdorf

2601

Perfide Propaganda: Die Nationalsozialisten versuchten, die Weißenhofsiedlung über deren ›Fremdartigkeit‹ zu diffamieren / Perfidious propaganda: The National Socialists attempted to vilify the Weißenhof Estate by exaggerating its ›foreignness‹

gressive Haltung gegen die Weißenhofsiedlung rechtfertigte. Schließlich hatte die nationalsozialistische Ideologie durchaus eigene transkulturelle Züge vom lebensreformerischen Vegetarismus über Wikingerkult bis hin zur Bedeutungsaufladung mit indogermanischen ›Ursprüngen‹. Die Weißenhofsiedlung als »Termitenhügel«, »Klein-Jerusalem«, »undeutsch« oder »Araberdorf« zu bezeichnen macht daher eher den offen artikulierten und brutalen Rassismus der Nazis deutlich.[3] Laut Paul Overy verweist die Karte auch auf den Killesberg als historischen Ort der Ausgegrenzten, auf dem Roma und Sinti lebten — die im Schwäbischen als »Ägypter« bezeichnet wurden —, sowie den ehemals dort gelegenen Judenhof.[4] Die collagierte Ansichtskarte der Weißenhofsiedlung als ›Araberdorf‹ erinnert aber auch an sogenannte ›Völkerausstellungen‹, die in den Dreißigerjahren mit Unterstützung der nationalsozialistischen Partei als Kolonialausstellungen wieder populär wurden. Die Postkarte richtet sich daher nicht nur gegen eine bestimmte ›undeutsche‹ Bauweise, vielmehr eröffnete die Propagandapostkarte einen offenen Rahmen für unterschiedlichste rassistische Aufladungen. Vor allem aber orientalisierte und arabisierte sie vorsätzlich das modernistische ›Jerusalem‹ sowie jüdische Intellektuelle und Architekten, die an der Realisierung der Werkbundsiedlung und der Bewegung der Moderne beteiligt waren.

Diese waren mit Peter Behrens, Victor Bourgeois, Le Corbusier, Richard Döcker, Josef Frank, Walter Gropius, Ludwig Hilberseimer, Pierre Jeanneret, Ferdinand Kramer, Mies van der Rohe, J. J. P. Oud, Hans Poelzig, Adolf Rading, Hans Scharoun, Mart Stam, Bruno Taut und Max Taut allesamt europäische Architekten aus der Schweiz, Belgien, den Niederlanden, Österreich und Deutschland. Im Umfeld der Entwicklung der Modellsiedlung in Stuttgart konnten ihre internationalen Beziehungen intensiviert werden, die zwei Jahre später 1928 zur Gründung der CIAM (Congrès Internationaux d'Architecture) führten. Dieser internationalistische Gedanke des Modernismus, der im Nationalsozialismus mit »Bolschewismus« oder »Nomadismus« gleichgesetzt wurde, war ebenso Anlass der Diffamierungskampagne gegen die Moderne. Tatsächlich wurde die zunehmende Mobilität im beginnenden 20. Jahrhundert von Vertretern und Vertreterinnen der Moderne als produktiv verstanden. So schreibt Le Corbusier bereits in den Zwanzigerjahren: »Grosse Wohnblöcke, Schlafwägen, Yachten und transatlantische Kreuzschiffe unterwandern das lokale Konzept des ›Heimatlandes‹. Das Vaterland geht in die Brüche. Wir lernen Esperanto. Wir werden Kosmopoliten.«[5] Die negative Konnotation des Nomadismus richtet sich auch gegen dieses kosmopolitische, durch die Katastrophe des Ersten Weltkriegs geprägte intellektuelle Selbstverständnis, das an transnationalem Austausch und Kulturtransfers interessiert ist und eine internationale Organisation wie die CIAM ins Leben rufen will. Gleichzeitig aber ist im deutschen Faschismus die gängige Bezeichnung moderner Architektur als Architektur der ›Nomaden‹ nur ein weiterer Verweis auf die antisemitische Stoßrichtung dieser Argumentation. Denn Juden galten den Nationalsozialisten wie Sinti und Roma als Nicht-Sesshafte. Eine Politik, die bekanntlich die größte Migrationswelle des 20. Jahrhunderts auslöste, die dann Flucht und Asyl heißt.

Der Weißenhof Architekt Josef Frank, Grundungsmitglied des Wiener Werkbundes und Initiator der Werkbundsiedlung Wien, emigrierte bereits 1933 aufgrund seiner jüdischen Glaubensangehörigkeit nach Schweden und nahm 1939 die schwedische Staatsbürgerschaft an. Adolf Rading, ebenso Teil der Weißenhofgruppe, emigrierte 1933

[3]   Karin Kirsch, *The Weissenhofsiedlung: Experimental Housing for the Deutscher Werkbund 1927*, New York 1998.
[4]   Paul Overy, *White Walls, White Skins. Cosmopolitanism and Colonialism in Inter-war Modernist Architecture*, in: Kobena Mercer (Hg.), *Cosmopolitan Modernisms*, Cambridge, Mass. 2005, S. 50 — 67.
[5]   Zitiert und übersetzt aus: Claude Schnaidt, *Hannes Meyer: Bauten Projekte und Schriften*, London 1965, S. 91.

strate the openly expressed and brutal racism of the Nazis.[3] According to Paul Overy the postcard also refers to Killesberg as a historic place for outsiders, where the Roma and Sinti — who were known as »Egyptians« in the Swabian dialect — lived, and to the »Judenhof«, a Jewish ghetto that was once situated there.[4] The collaged postcard of the Weißenhof Estate as an »Arab village« however also brings to mind the so-called »Völkerausstellungen«, colonial exhibitions which regained popularity the 1930s with the support of the NSDAP. The postcard therefore is not only directed against a particular ›un-German‹ way of building. Rather, the propaganda postcard opened up an expansive framework for a range of racist sentiments. Above all it deliberately ›orientalized‹ and ›Arabized‹ both the modernistic ›Jerusalem‹ and the Jewish intellectuals and architects who were involved in the realisation of the German Work Federation housing estate and the modern movement.

These were Peter Behrens, Victor Bourgeois, Le Corbusier, Richard Döcker, Josef Frank, Walter Gropius, Ludwig Hilberseimer, Pierre Jeanneret, Ferdinand Kramer, Mies van der Rohe, J. J. P. Oud, Hans Poelzig, Adolf Rading, Hans Scharoun, Mart Stam, Bruno Taut and Max Taut, all European architects from Switzerland, Belgium, the Netherlands, Austria and Germany. They were able to intensify their international ties over the course of the development of the prototype estate in Stuttgart and this led two years later in 1928 to the foundation of CIAM (Congrès Internationaux d'Architecture). This internationalist concept of modernism, which in National So-

[3]   Karin Kirsch: *The Weissenhofsiedlung: Experimental Housing for the Deutscher Werkbund 1927*, New York 1988.
[4]   Paul Overy: *White Walls, White Skins. Cosmopolitanism and Colonialism in Inter-war Modernist Architecture*, in: *Cosmopolitan Modernisms*, Kobena Mercer (Ed.), Cambridge, Mass. 2005, pp. 50 — 67.

▲
Motiv eines Ausstellungsplakats und Broschürenumschlags von 1938 / Motif of an exhibition poster and brochure cover of 1938

nach Frankreich und dann nach Palästina, wo er ab 1943 Stadtarchitekt in Haifa wurde. Ähnlich machten es seine Kollegen Artur Glickson, Wilhelm Haller, Alexander Klein, Leopold Lustig, Kurt Pick und viele andere mehr. Migranten, die nicht nur den Modernismus oder ›Bauhaus-Stil‹ in die Küstenstädte nach Haifa und Tel Aviv mitbrachten, wie Arieh Sharon, sondern auch nach 1948 das neue Israel aufbauten und seine New Towns entwickelten. Allerdings sind dies, wie die herausragende Forschungsarbeit von Myra Warhaftig zeigt, die glücklicheren Ausgänge.[6] Ab 1933 wurde jüdischen Architekten sukzessive Berufsverbot (auch in Stuttgart) erteilt und diese wurden aus dem öffentlichen Leben ausgeschlossen. Andere überlebten die Vernichtungspolitik der Nazis nicht und wurden in Theresienstadt oder Auschwitz ermordet.

Im Jahr 1939, nach einer Welle antisemitischer Gesetzgebungen und Pogrome, erklärte sich die Stadt Stuttgart mit dem Verkauf des Grundstücks der Weißenhofsiedlung an das Deutsche Reich einverstanden, das den umgehenden Abriss der Siedlung propagierte. Der Kriegsausbruch verzögerte diese Intention. Die Weißenhofsiedlung kann heute — trotz Kriegsschäden und dank der vielfältigen zivilgesellschaftlichen Initiative — als Baudenkmal besucht werden.

Grüße
aus dem Süden

Als Propagandamaßnahme verweist die Ansichtskarte der Weißenhofsiedlung als ein ›Araberdorf‹ auch auf die touristische Reise: Der Killesberg liegt im Süden von Stuttgart. Die Postkarte könnte gleichzeitig auch auf die populären Orientreisen von Künstlern und Künstlerinnen der Moderne anspielen. Die für uns bekannteste ist wohl die Tunis-Reise von August Macke und Paul Klee. Die auf dieser Reise entstandenen Aquarelle prägten eine ganze Generation. Zu betonen ist daher — trotz des Missbrauchs durch die faschistische Propaganda —, dass nicht nur asiatische Einflüsse wie die japanischen Leichtbauweisen oder Muches und Ittens Interesse an der Mazdaznan-Lehre (eine westliche Rezeption asiatischer Heilsvorstellungen), sondern auch die Handwerks- und Baukunst Afrikas großen Einfluss auf das künstlerische Selbstverständnis des Modernismus hatten. Der ›afrikanische Stuhl‹ oder andere Gebrauchsgegenstände aus der Weimarer Phase des Bauhauses sprechen diese sehr konkrete Formensprache, die offen artikuliert, dass sie von Handwerkstraditionen des Südens gelernt hat und angetreten ist, dies weiter zu tun. Diese Übersetzung oder Verwandlung ›vormoderner‹, ›vernakulärer‹ Gestaltungstraditionen in die Moderne selbst ist ein noch wenig bearbeitetes Forschungsfeld, das in den nächsten Jahren viele neue Einsichten eröffnen wird.

Und es waren nicht nur die bildenden Künstlerinnen und Künstler, sondern auch die Architektinnen und Architekten der Moderne, die eine sogenannte ›Grand Tour‹, eine Bildungsreise vor oder nach ihrem Studium unternommen haben. Neben den Stätten der Antike wurden der Mittlere Osten und Nordafrika besucht, wo die Reisenden mit lokalen Bauweisen im gesamten Mittelmeerraum konfrontiert wurden, die die Formensprache des modernen Bauens beeinflussen sollten. Diese Reisetätigkeit war zu Teilen auch schon von professionellem Interesse geprägt, wie es die Biografie von Auguste Perret, einem Wegbereiter der modernen Architektur in Frankreich, zeigt. Architekturprofessoren der École des Beaux-Arts in Paris hatten bereits Mitte des 19. Jahrhunderts ganze Generationen von Studierenden in den mediterranen Raum ausgesendet, um dort die unterschiedlich kulturell konnotierten Bauweisen und Baustile zu kartieren. Die orientalistische Fixierung auf arabische und asiatische Baukulturen schloss dabei nicht nur Herrschaftsarchitekturen mit ein, sondern auch Profanbauten und ›vernakuläre‹ Baukultu-

[6]   Myra Warhaftig: *Sie legten den Grundstein — Leben und Wirken deutschsprachiger Architekten in Palästina 1918—1948*, Berlin 1996.

cialism was equated with »Bolshevism« or »nomadism«, was likewise incentive for the campaign of defamation against modernism. In actual fact the rise in mobility among the exponents of modernism in the early 20th century was perceived as productive. As early as the 1920s Le Corbusier writes: »Large housing blocks, sleeping cars, yachts and transatlantic cruise ships subvert the local concept of ›homeland‹. The Fatherland is breaking down. We are learning Esperanto. We are becoming citizens of the world.«[5] The negative interpretation of nomadism also targets this cosmopolitan intellectual identity, informed by the catastrophe of the First World War, which is interested in transnational exchange and cultural transfer and which aspires to bring an international organisation like CIAM to life. At the same time, in German fascism the labelling of modern architecture as an architecture of ›nomads‹ is just one more indication of the anti-Semitic line of this argument. The Jews, like the Sinti and Roma, were seen as non-settled — a policy that, as is common knowledge, triggered the biggest migration wave of the 20th century that resulted in flight and asylum.

The Weißenhof architect Josef Frank, founding member of the Vienna Work Federation and initiator of the Werkbund Estate in Vienna, emigrated as early as 1933 to Sweden owing to his Jewish religious affiliation and became a Swedish citizen in 1939. Adolf Rading, also part of the Weißenhof group, emigrated in 1993 to France and then to Palestine, becoming a municipal architect in Haifa from 1943. His colleagues Artur Glickson, Wilhelm Haller, Alexander Klein, Leopold Lustig, Kurt Pick and many more followed similar paths: migrants that not only brought modernism or the ›Bauhaus style‹ to the coastal cities of Haifa and Tel Aviv, like Arieh Sharon, but also after 1948 built up the New Israel and its new towns. However, as Myra Warhaftig's excellent research shows, these are the happier stories.[6] From 1933 Jewish architects were successively banned from working (also in Stuttgart) and excluded from public life. Others did not survive the Nazi policy of extermination and were murdered in Theresienstadt or Auschwitz.

In 1939 following a wave of anti-Semitic legislation and pogroms the municipality of Stuttgart agreed the sale of the land on which the Weißenhof Estate stood to the German Reich, which made propaganda for the prompt demolition of the estate. The outbreak of war delayed this intention. Today the Weißenhof Estate can — despite war damage and thanks to many civil society initiatives — be visited as a historical monument.

Greetings
from the South

As a propaganda measure the picture postcard of the Weißenhof Estate as an ›Arab village‹ also refers to a version of the grand tour: Killesberg lies to the south of Stuttgart. The postcard was able to simultaneously play on the tours of the Orient that were popular with modern artists. For us, the best known of these is the tour of Tunisia taken by August Macke and Paul Klee. The watercolours painted on this journey influenced a whole generation. It must therefore be emphasised — despite the abuse wrought by the fascist propaganda — that not only Asian influences, such as Japanese lightweight design or Muche and Itten's interest in the Mazdaznan doctrine (a Western understanding of an Eastern health movement), but also the craftsmanship and architecture of Africa had a great effect on the artistic identity of modernism. The *African Chair* or other objects from the Weimar phase of the Bauhaus use a distinctive design vocabulary that openly articulates that it has learned

[5]   Cited from Claudia Schnaidt, in: *Hannes Meyer: Bauten Projekte und Schriften*. London 1965, p. 91.
[6]   Myra Warhaftig: *Sie legten den Grundstein — Leben und Wirken deutschsprachiger Architekten in Palästina 1918—1948*, Ernst Wasmuth (Ed.). Berlin 1996.

ren, die einen maßgeblichen Einfluss auf die Entwicklung der Moderne haben sollten. Diese Bildungs- und Forschungsreisen nach Nordafrika und in den Nahen Osten, von denen auch der junge Le Corbusier mehrere unternahm, haben beispielsweise nicht nur Corbusiers Formensprache, sondern auch sein Verständnis von Städtebau und sozialer Raumorganisation fundamental geprägt, wie es Kader Attia in seiner künstlerischen Arbeit zu Le Corbusiers Reise in die algerische Oasenstadt Ghardaïa, ein herausragendes Beispiel der Mozabite-Architektur, rekonstruiert hat.[7] Die Skizzenbücher von Le Corbusier sind ebenso beredte Zeugnisse dieser erhöhten Aufmerksamkeit für ›vernakuläre‹ Bauformen und Siedlungsstrukturen. Meist sind diese nicht-westlichen Einflüsse aber nur vermittelt in den realisierten oder prospektierten Projekten zu finden, wie etwa in den Brise Soleil (Sonnenbrechern), die er ebenfalls in der lokalen Bautradition Nordafrikas vorfand und bei der Planung für die indische Stadt Chandigarh als ein klimaspezifisches Detail aufgreifen sollte und zentral wurde für die Debatten um eine ›Tropical Architecture‹, das klimaspezifische Bauen. In den Arbeiten der 1942 von Le Corbusier gegründeten Vereinigung der Baumeister für die Erneuerung der Architektur, der Assemblée de Constructeurs pour une Rénovation architecturale (ASCORAL), wird darüber hinaus deutlich, dass modernistische architektonische und städtebauliche Konzepte wie etwa die Unité d'Habitation (Marseille) wiederum quer durch den gesamten Mittelmeerraum zurückwandern sollten. Nach dem Zweiten Weltkrieg wurde unter der französischen Verwaltung von Marokko und Tunesien und der Kolonialherrschaft von Algerien eine große Zahl von modernen Bauvorhaben für Wohnbauten, öffentliche Bauten und Infrastrukturprojekte realisiert. Bis zum Ende des Algerienkriegs Anfang der Sechzigerjahre arbeiteten viele Architekturbüros aus Frankreich und der Schweiz gleichzeitig an Projekten in Frankreich und Nordafrika. Die Migration städtebaulicher und architektonischer Konzepte nach Afrika blieb auch eine gängige Praxis in der Zeit der Dekolonisierung. Der Diskurs um klimaspezifisches Bauen, eine Architektur für die Tropen, wird jetzt zu einem erweiterten Diskurs- und Praxisfeld europäischer Architektinnen und Architekten, in dem die lokalen Gegebenheiten vor allem aus der Perspektive geografischer und klimatischer und weniger vor dem Hintergrund sozialer und politischer Bedingungen verstanden werden.

Im Kontext der aktuellen Debatten um eine transkulturelle Moderne wird daher deutlich, dass der Modernismus nicht ursprungslos, also eine Erfindung europäischer Künstler war, die die außereuropäische Kunst nur umdeuteten, um den Kanon der westlichen Künste herauszufordern, wie es viele theoretische Ansätze des Primitivismus behauptet haben. Sondern vielmehr, dass die Aneignungsprozesse des Modernismus erst im spezifischen Kontext des europäischen Kolonialismus möglich geworden waren, der die Infrastruktur und den kulturellen Rahmen darstellte, in dem diese Aneignungsprozesse möglich wurden.[8] Einen Hinweis darauf geben daher auch die Zeichnungen und Malereien von Le Corbusier und seine Vorliebe für exotische Frauen und deren Darstellung, wie etwa auf einer Postkarte, die er seiner Mutter aus Algerien nach Hause sendete.[9] Das koloniale Phantasma der Orientalen, der Levanten und damit das asymmetrische Machtverhältnis zwischen Europäern und Nicht-Europäern zwischen Kolonialherren und Kolonisierten ist ein Schatten im ›weißen‹ kosmopolitischen Modernismus, der sich in monströser Weise auch in einer Fotomontage des ›Araberdorfs‹ am Killesberg ausdrücken sollte.[10]

Marion von Osten (geboren 1963) arbeitet als Publizistin, Künstlerin und Kuratorin. Sie ist Gründungsmitglied des Center for Post-colonial Knowledge and Culture (CPKC) in Berlin und Mitherausgeberin von Colonial Modern. Aesthetics of the Past. Rebellions for the Future, Black Dog Publishing (2010), Projekt Migration, Dumont (2005) u.a.m.

from the craftsmanship traditions of the south, and intends to continue doing so. This translation or transformation of ›pre-modern‹ vernacular design traditions into modernism itself is a somewhat neglected field of study, which will reveal many new insights in the years to come.

Furthermore, it was not only visual artists, but also modern architects, that set out on a so-called grand tour, an educational journey undertaken before or after their studies. Destinations included not only ancient sites but also the Middle East and North Africa, where the travellers were confronted throughout the Mediterranean region by local architecture, which was to influence the design vocabulary of modern architecture. This act of travelling was in part also influenced by professional interests, as the biography of Auguste Perret, a pioneer of modern architecture in France, shows. Professors of architecture at the École des Beaux-Arts in Paris had sent whole generations of students into the Mediterranean area as early as the mid-19th century, in order to chart the different, culturally specific architectures and building styles. The Eastern fixation on Arabic and Asiatic forms of architecture thereby embraced not only architecture as a symbol of power, but also crude buildings and vernacular building cultures, which were to have a significant influence on the development of modernism. These educational and research-oriented tours of North Africa and the Near East, on which the young Corbusier set out several times, have for instance influenced not only Le Corbusier's design vocabulary, but also his understanding of urban planning and the social organization of space. The artist Kader Attia has reinterpreted this in his work on Le Corbusier's journey to the Algerian oasis town of Ghardaïa, an outstanding example of Mozabite architecture.[7] Le Corbusier's sketchbooks likewise pay eloquent testimony to this heightened awareness of vernacular constructions and settlement structures. However, these non-Western influences are generally found only in realised or prospective projects such as the brise-soleil, which he also discovered in North Africa's local building tradition and was to take up in the planning of the Indian city of Chandigarh as a climate-specific detail, and which became central to the debates on tropical architecture. In the output of ASCORAL (Assemblée de constructeurs pour une rénovation architecturale), the organisation founded by Le Corbusier in 1942, it moreover becomes clear that modernistic architectonic and urban planning concepts such as the Unité d'Habitation (Marseille) were in turn to return straight through the entire Mediterranean region. After the Second World War a great number of modern building projects for housing, public buildings and infrastructure were realised under the French administration of Morocco and Tunisia and the colonial rule of Algeria. Up to the end of the Algerian War in the early 1960s numerous architectural offices from France and Switzerland were working simultaneously on projects in France and North Africa. The migration of urban planning and architectonic concepts to Africa also remained established practice in the age of decolonisation. The discourse on cli-

[7]   Kader Attia: Signs of Reappropriation, in: Tom Avermaete, Serhat Karakayali u. Marion von Osten (Hg.), Colonial Modern: Aesthetics of the Past, Rebellions for the Future. London 2010, S. 50—58.

[8]   Vgl. Kobena Mercer (Hg.). Annotating Art's Histories: Cross-Cultural Perspectives in the Visual Arts, Vol. 1—4, Cambridge 2005—2008.; Vgl. auch das Forschungsprojekt Model House — Mapping Transcultural Modernisms (www.transculturalmodernism.org). Akademie der bildenden Künste Wien 2010—2012.

[9]   Vgl. Brian Ackley, Blocking the Casbah: Le Corbusier's Algerian fantasy, in: Bidoun, Issue 06, Winter 2005, http://www.bidoun.com/magazine/06-envy/blocking-the-casbah-le-corbusiers-algerian-fantasy-by-brian-ackley/, Zugriff am 18. Juli 2012.; Regina Göckede: Der koloniale Le Corbusier. Die Algier-Projekte in postkolonialer Lesart, in: Wolkenkuckucksheim — Cloud-Cuckoo-Land — Vozdushnyi zamok. Internationale Zeitschrift für Theorie und Wissenschaft der Architektur, 2005, Heft 2, http://www.tu-cottbus.de/theoriederarchitektur/Wolke/deu/Themen/052/Goeckede/goeckede.htm, Zugriff am 18. Juli 2012.

[10] Edward Said: Kultur und Imperialismus: Einbildungskraft und Politik im Zeitalter der Macht. Frankfurt am Main 1994. Sandy Isenstadt u. Kishwar Rizvi (Hg.): Modernism and the Middle East. Architecture and Politics in the Twentieth Century. Washington 2008, S. 3—36.

S.kl.

7914/216   vor den Toren v. Kairuan

mate-specific construction, on an architecture for the tropics, now becomes a further field of discourse and practice for European architects, where the local circumstances are chiefly understood from geographical and climatic perspectives, rather than in the context of the social and political conditions.

In the context of the current debate on transcultural modernity it is therefore clear that modernism does indeed have its sources, that is, it is not the invention of European artists who merely reinterpreted non-European art in order to challenge the canon of Western arts, as many of the theories of Primitivism have maintained. Rather, the appropriation of processes of modernism first became possible in the specific context of European colonialism, which presented the infrastructure and cultural framework in which these appropriation processes became possible.[8] An indication of this also appears in Le Corbusier's drawings and paintings and in his penchant for exotic women and their portrayal, as seen in a postcard that he sent home to his mother from Algeria.[9] The colonial spectre of the Orient, of the Levant and therefore the asymmetrical power relationship between Europeans and non-Europeans, between colonial masters and the colonised, casts a shadow on ›white‹ cosmopolitan modernism, which the photomontage of the ›Arab village‹ on Killesberg was to express in monstrous style.[10]

Marion von Osten (born 1963) works as a publicist, artist and curator. She is a founding member of the Center for Post-colonial Knowledge and Culture (CPKC) in Berlin and co-editor of Colonial Modern. Aesthetics of the Past. Rebellions for the Future (Black Dog Publishing, 2010), Projekt Migration (Dumont, 2005) and other works.

[7] Kader Attia, *Signs of Reappropriation*, in: *Colonial Modern: Aesthetics of the Past, Rebellions for the Future*, Tom Acernaete, Serhat Karakayali, Marion von Osten (ed.), London 2010, pp. 50—58.

[8] Cf. *Annotating Art's Histories: Cross-Cultural Perspectives in the Visual Arts*, Vol. 1—4, Kobena Mercer (ed.), Cambridge 2005—2008; Cf. also research project *Model House — Mapping Transcultural Modernisms* (www.transculturalmodernism.org). Academy of Fine Arts Vienna 2010—2012.

[9] Cf. Brian Ackley, *Blocking the Casbah: Le Corbusier's Algerian fantasy*, in: *Bidoun*, Issue 06, Winter 2005, http://www.bidoun.org/magazine/06-envy/blocking-the-casbah-le-corbusiers-algerian-fantasy-by-brian-ackley/, download 18 July 2012; Regina Göckede, *Der koloniale Le Corbusier. Die Algier-Projekte in postkolonialer Lesart*, in: *Wolkenkuckucksheim — Cloud-Cuckoo-Land — Vozdushnyi zamok. Internationale Zeitschrift für Theorie und Wissenschaft der Architektur*, Issue 2, 2005; http://www.tu-cottbus.de/theoriederarchitektur/Wolke/deu/Themen/052/Goeckede/goeckede.htm, download 18 July 2012.

[10] Edward Said: *Kultur und Imperialismus: Einbildungskraft und Politik im Zeitalter der Macht*, Frankfurt am Main 1994; *Modernism and the Middle East. Architecture and Politics in the Twentieth Century*: Sandy Isenstadt, Kishwar Rizvi (Ed.). Washington 2008, pp. 3—36.

▲
Paul Klee, *Vor den Toren v. Kairuan*, 1914, 216. Aquarell auf Papier auf Karton, 20,7 × 31,5 cm. Zentrum Paul Klee, Bern / Paul Klee, *Before the gates of Kairuan*, 1914, 216. Watercolour on paper on card, 20.7 × 31.5 cm. Zentrum Paul Klee, Bern

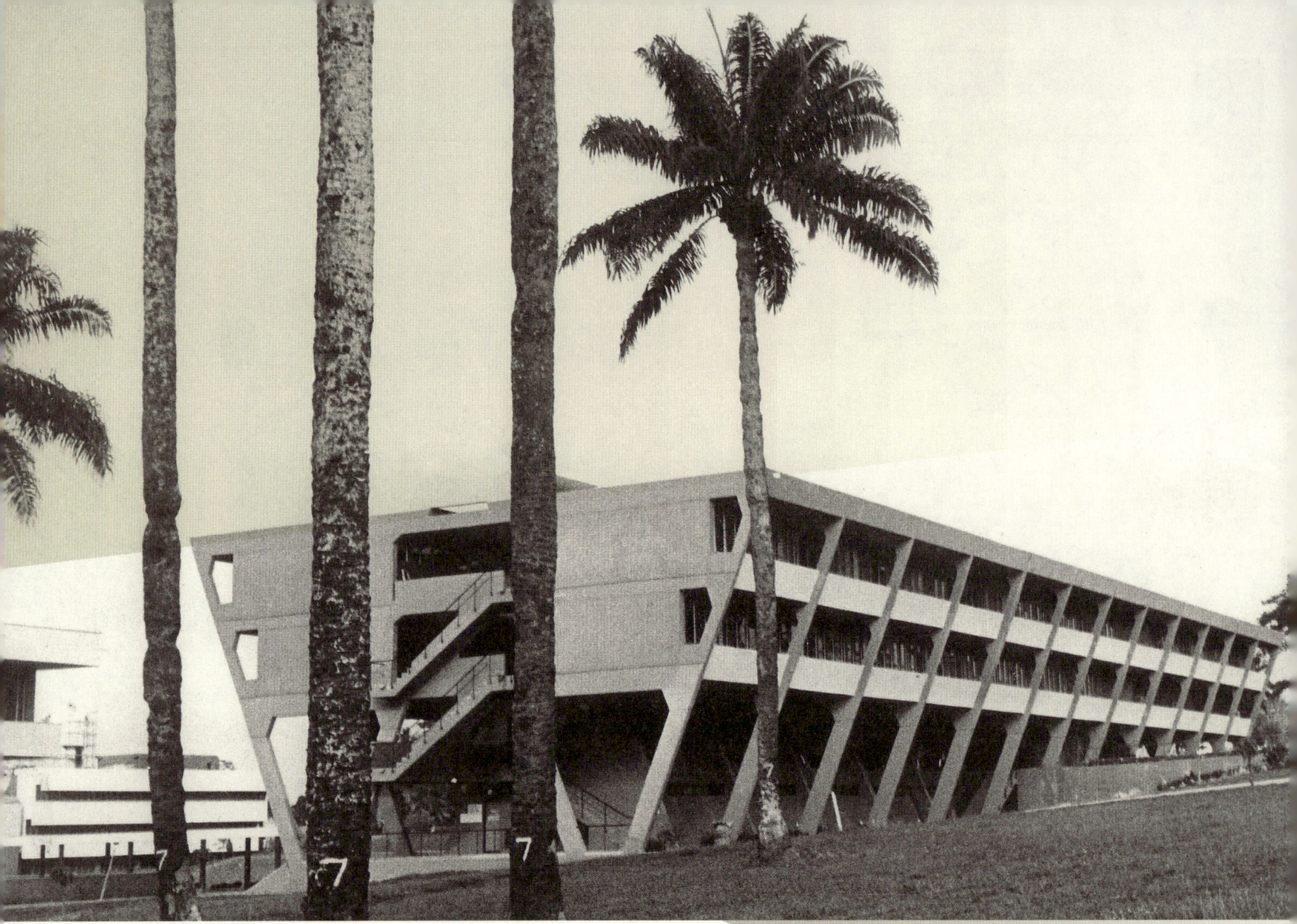

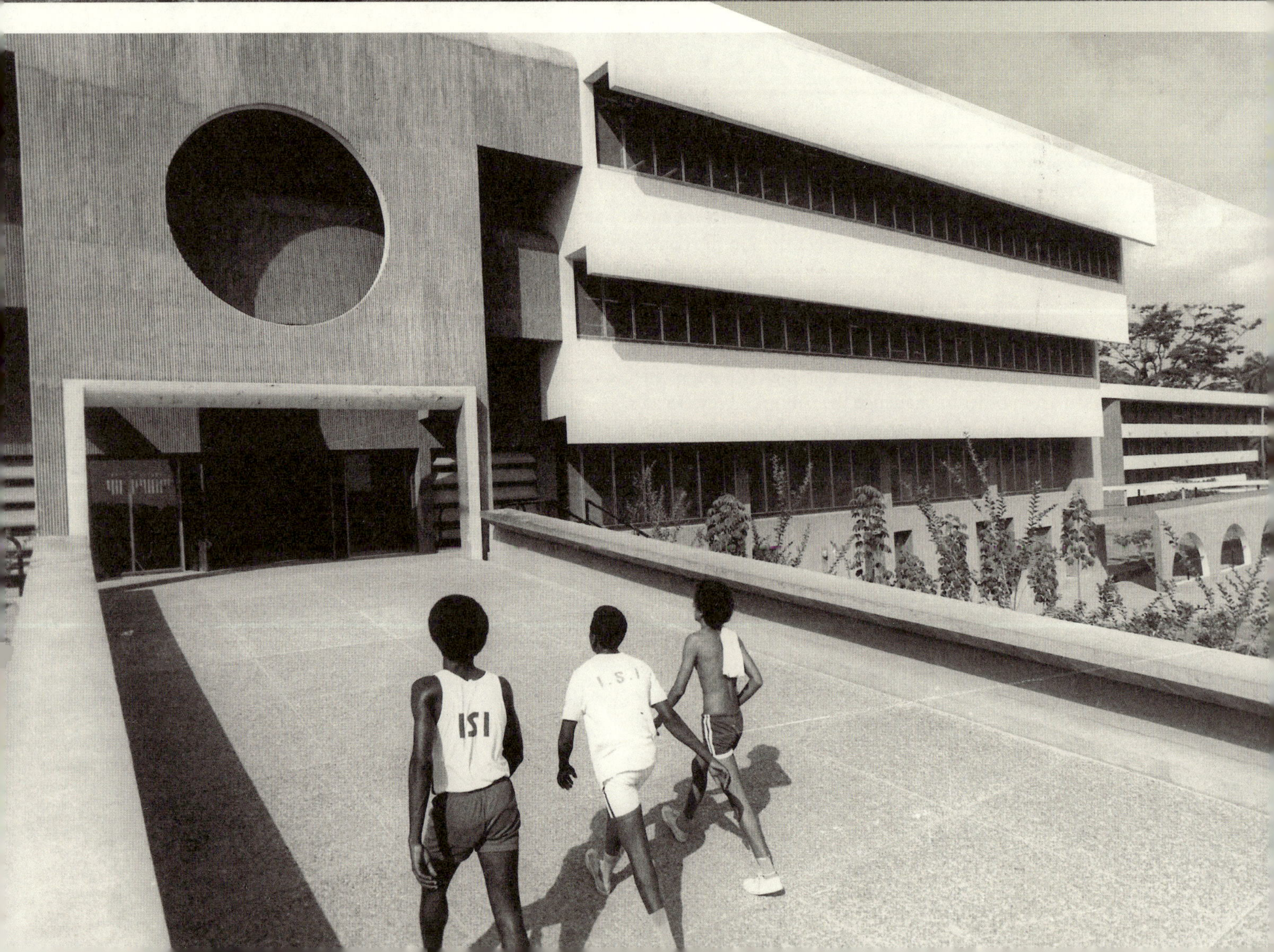
ISI
I.S.I

Form Follows Climate

Israel startete in den Sechzigerjahren eine beispiellose Architekturoffensive in Afrika: Arieh Sharons Campus der University of Ife in Nigeria folgte den Methoden seines Lehrers Hannes Meyer und verband geometrische Exotik mit heidnischem Brutalismus

Von Zvi Efrat

[1]   Arieh Sharon, *Kibbutz + Bauhaus. An Architect's Way in a New Land.* Stuttgart und Tel Aviv, 1976, S. 125.
[2]   Joachim Trezib, *Der Große Traum, bauhaus,* Nr. 2, 2011, S. 9—14.
[3]   Sharon, a.a.O., S. 127.

Ein Kapitel seiner Werkbiografie *Kibbutz + Bauhaus: An Architect's Way in a New Land* widmet Arieh Sharon dem Thema der Planung für Entwicklungsländer seit den frühen Sechzigerjahren. Dieses Kapitel beschreibt tatsächlich nur ein einziges, einigermaßen weit gediehenes Projekt: die University of Ife (heute: Obafemi-Awolowo-Universität, Ile-Ife) in Nigeria. Dennoch erscheint dieses eine Projekt in Sharons Buch als unverzichtbar, als sei das Lebenswerk eines israelischen Architekten dieser Zeit nur vollständig, wenn es eine Mappe mit Projekten in Entwicklungsländern, einige Eindrücke aus der Begegnung mit exotischen Kulturen und verschiedene Bemerkungen über das Bauen in den Tropen enthält. Das Vorwort zum Kapitel »Planung in Entwicklungsländern« kann auf einen Leser von außerhalb Israels durchaus selbstgerecht und anmaßend wirken:

In den Sechzigerjahren begannen Israelis in Entwicklungsländern für Aufbau und Fortschritt zu arbeiten. Wegen der Gleichartigkeit der Probleme junger Staaten konnte die Erfahrung, die unsere Planer und Baufachleute im eigenen Land gesammelt hatten, in den Entwicklungsländern nutzbringend angewendet werden.[1]

Arieh Sharon konnte es sich erlauben, für Israelis insgesamt in dieser pauschalen Weise zu sprechen, denn nach Jahren als Leiter der Nationalen Planungsinstanz im ehemaligen Ministerium für Arbeit und Bauwesen und später im Büro des Ministerpräsidenten verkörperte er regelrecht den Planungsapparat des Staates Israel. Nur zwei Kapitel davor beschreibt er in *Kibbutz + Bauhaus* die »Planung eines Neuen Landes, seiner Regionen und neuen Städte«. Darin erläutert er die für Israel bestimmende Raumplanung von 1951, die auch als »Sharon-Plan«[2] bekannt wurde — eine strategische Regionalplanung, die von einigen afrikanischen Länder nach Erlangung der Unabhängigkeit als Blaupause übernommen wurde.

Im Kapitel »Planung in Entwicklungsländern« erzählt Sharon von seiner »bedeutendsten Herausforderung« auf fremdem Gebiet: dem Bau der University of Ife im Westen Nigerias. Fast zwei Jahrzehnte

dauerte die Arbeit an diesem Projekt (1960—1978). Was aus dieser Episode ein Epos macht, ist Sharons vorbehaltloses Eingehen auf die geografischen, demografischen und infrastrukturellen Vorüberlegungen der nigerianischen Regierung. Er erhielt zunächst den Auftrag, diese bei der Auswahl des Standortes für die künftige Universität zu beraten. Dazu untersuchte er 16 Städte mittlerer Größe und sammelte Daten über ihre sozioökonomischen Strukturen und Dienstleistungen, öffentlichen Versorgungseinrichtungen und Kommunikationsnetze.

Als Konsequenz aus Sharons Bericht beschloss die nigerianische Regierung, eine Delegation zur Begutachtung einiger britischer, US-amerikanischer und lateinamerikanischer Universitäten zu entsenden. Der Besuch der neuen Universität in Mexiko-Stadt hinterließ bei den Nigerianern das negative Gefühl unangemessener Riesenhaftigkeit. Dennoch zeigte sich »die Delegation tief beeindruckt von den großartigen Wandfresken der berühmten mexikanischen Künstler wie Diego Rivera, Orosco und Siqueiros«. Es war der Moment für Sharon, die Quellen seiner Inspiration zu offenbaren und sich mit einem atavistischen Alibi auszustatten:

Später, beim Planen und Bauen in Ife, konnte ich diese Reiseeindrücke für meine Zwecke nutzen, indem ich Skulpturelemente der Yoruba in den Häusern der Universität vorschlug. Das Allermeiste lernten wir aber von den alten Städten der Azteken und der Maya: vollkommenen architektonischen Beispielen städtischer Ensembles, in denen die pyramidalen Tempel, Plätze und heiligen Atrien in einer überzeugenden Synthese der Ordnung und der räumlichen Bezüge zusammenfinden.[3]

Ihre abschließende Reise führte die nigerianische Delegation auf den Campus der Hebräischen Universität in Givat Ram, Jerusalem, den Sharon selbst als Urform des Ife-University-Geländes bezeichnet. Seine sachliche Strenge, seine Überschaubarkeit und kurzen Wege, die ineinander übergehenden Innenhöfe und Gärten, die über-

Pyramidale Tempel, Plätze und heilige Atrien in einer überzeugenden Synthese der Ordnung: Arieh Sharons Entwurf für die Ife University / Pyramidal temples, squares and sacred atriums in a convincing organisational synthesis: Arieh Sharon's design for the University of Ife

69

Fortsetzung auf Seite 72

Form Follows Climate

By Zvi Efrat

Israel initiated an unprecedented architectural offensive in Africa in the Sixties: Arieh Sharon's campus for the University of Ife in Nigeria followed the methods of his teacher Hannes Meyer and combined African geometry with pagan Brutalism

[1] Arieh Sharon, *Kibbutz + Bauhaus: An Architect's Way in a New Land*. Stuttgart and Tel Aviv 1976, p. 125.
[2] See: Joachim Trezib *The Great Dream. bauhaus*, no. 2, 2011, p. 9—14.
[3] Sharon, loc. cit., p. 127
[4] Ibid.
[5] Inbal Ben-Asher Gitler, *Campus Architecture as Nation Building: Israeli Architect Arieh Sharon's Obafemi Awolowo University Campus, Ife-Ife, Nigeria*, in Duanfang Lu, (ed.), *Third World Modernism: Architecture, Development and Identity*. Routledge 2010, p.123.

In his autobiography *Kibbutz + Bauhaus: An Architect's Way in a New Land*, Arieh Sharon dedicates a chapter to the topic of Planning in Developing Countries from 1960. This chapter contains in fact only one fairly elaborate built project, the University of Ife in Nigeria — but it appears essential to the book as though a biography of an Israeli architect of the period could not be considered complete without a portfolio of projects in developing countries, some impressions of encounters with exotic cultures and certain comments about tropical architecture. The autobiography's prologue may sound both righteous and presumptuous to a foreign reader:

In the sixties Israelis have tried to contribute to the progress of new nations. The similarity of the problems makes the Israeli experience very useful to the countries concerned. Our planners and builders have applied their knowledge in the developing world. [1]

Sharon can speak for Israelis in general with such broad statements, because after years as head of the Planning Department at the Labor and Construction Ministry and later at the Prime Minister office, he personifies the apparatus of national planning. Only two chapters ago in his autobiography, he writes about »Planning a New Land, Regions and New Towns«, the formative master-plan of the State of Israel, a.k.a »The Sharon Plan« (1951)[2] — a strategic regional plan which evidently also became a blueprint for national planning in some African countries after gaining independence.

In this chapter, Sharon recounts his »most important challenge« in foreign territory, the building of Ife University in Western Nigeria, a project for which work lasted almost two decades (1960—1978). What makes this story epic is Sharon's full engagement with the preliminary geographic, demographic and infrastructural considerations of the Nigerian government. He was first commissioned to advise on the choice of site for the future university, surveyed 16 me-

dium-sized towns and compiled data on their socio-economic structures and their services, amenities and communication networks. Following Sharon's report, the Nigerian government decided to send a delegation to study the plans of some British, US-American and Latin American universities. The visit in the new university in Mexico City aroused a negative feeling of uncalled for enormity. But, »the delegation was nevertheless strongly impressed by the great frescoes on the walls, painted by the famous Mexican artists Diego Rivera, Orosco and Siqueiros«. This is the moment when Sharon reveals his sources of inspiration and builds up his atavistic alibi:

Later on, during the Ife construction, I was able to exploit these impressions by proposing sculptural Yeruba elements in the Ife university buildings. But the greatest lesson was given to us by the Aztecs and the Mayas' old towns, the perfect architectural example of an urban ensemble, where the pyramidal temples, piazzas and holy courtyards meet in such a convincing synthesis of order and space relations. [3]

The last visit was to the campus of the Hebrew University in Givat Ram, Jerusalem, as Sharon relates, the *Ur-Form* of the Ife University campus. Its *sachlich* rigor, small size and effcient circulation, interwoven patios and gardens, covered walkways and parallel north-south elevations, will be exported to the Nigerian wooded countryside. Interestingly enough, its very compactness was considered both practically desirable and culturally contextual: »In view of the local conditions and customs […] the layout of the campus […] should be as compact as possible«, Sharon recalls.[4] Inbal Ben-Asher Gitler, in her thorough study of the architecture of Ife University campus, observes that the compact yet flexible character of Sharon's scheme for the campus was inspired by both Sharon's earlier work, and indigenous urban fabric.[5]

70

Institute of Education, Ife University
Das Audimax der nigerianischen Universität /
The Assembly Hall of the Nigerian university

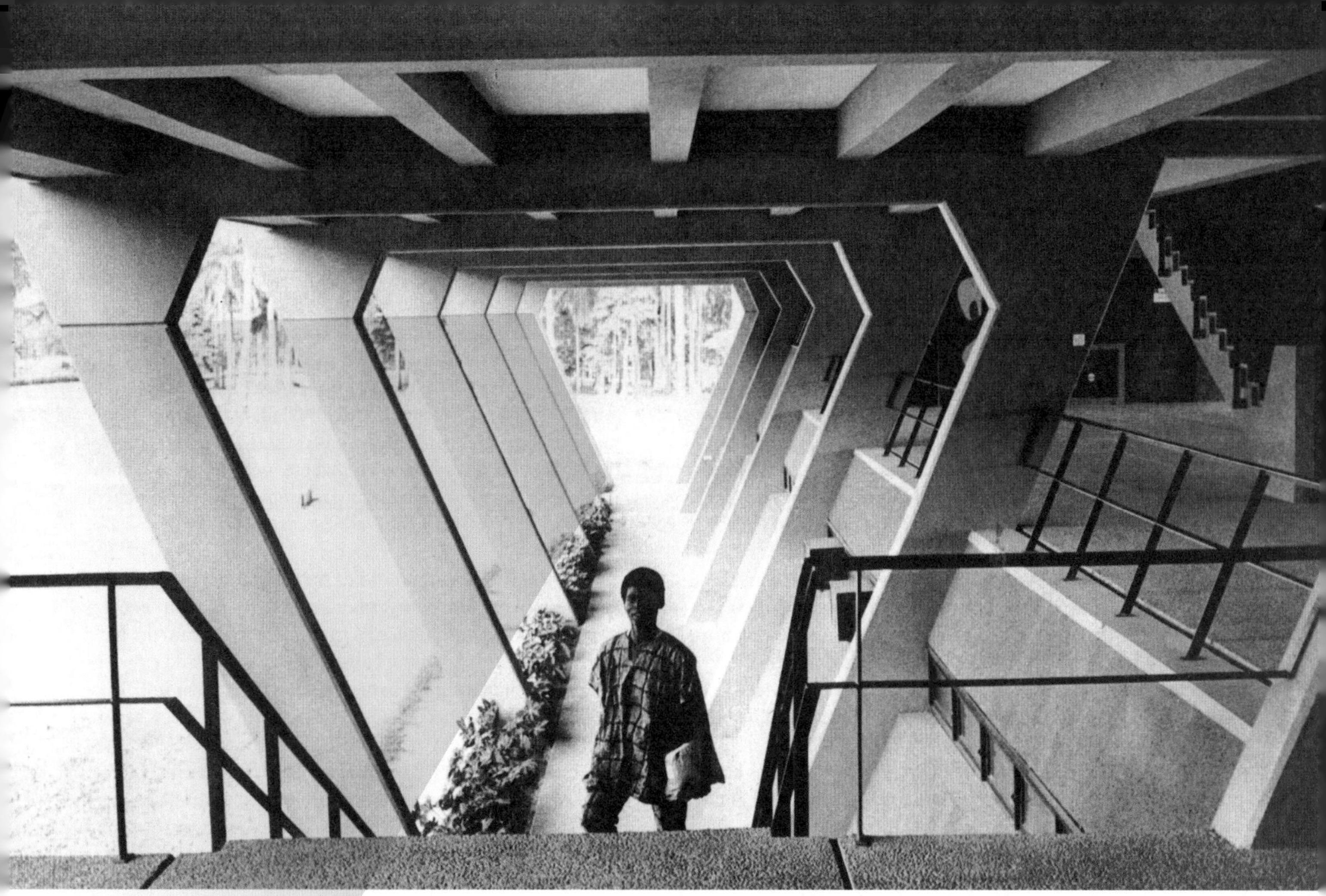

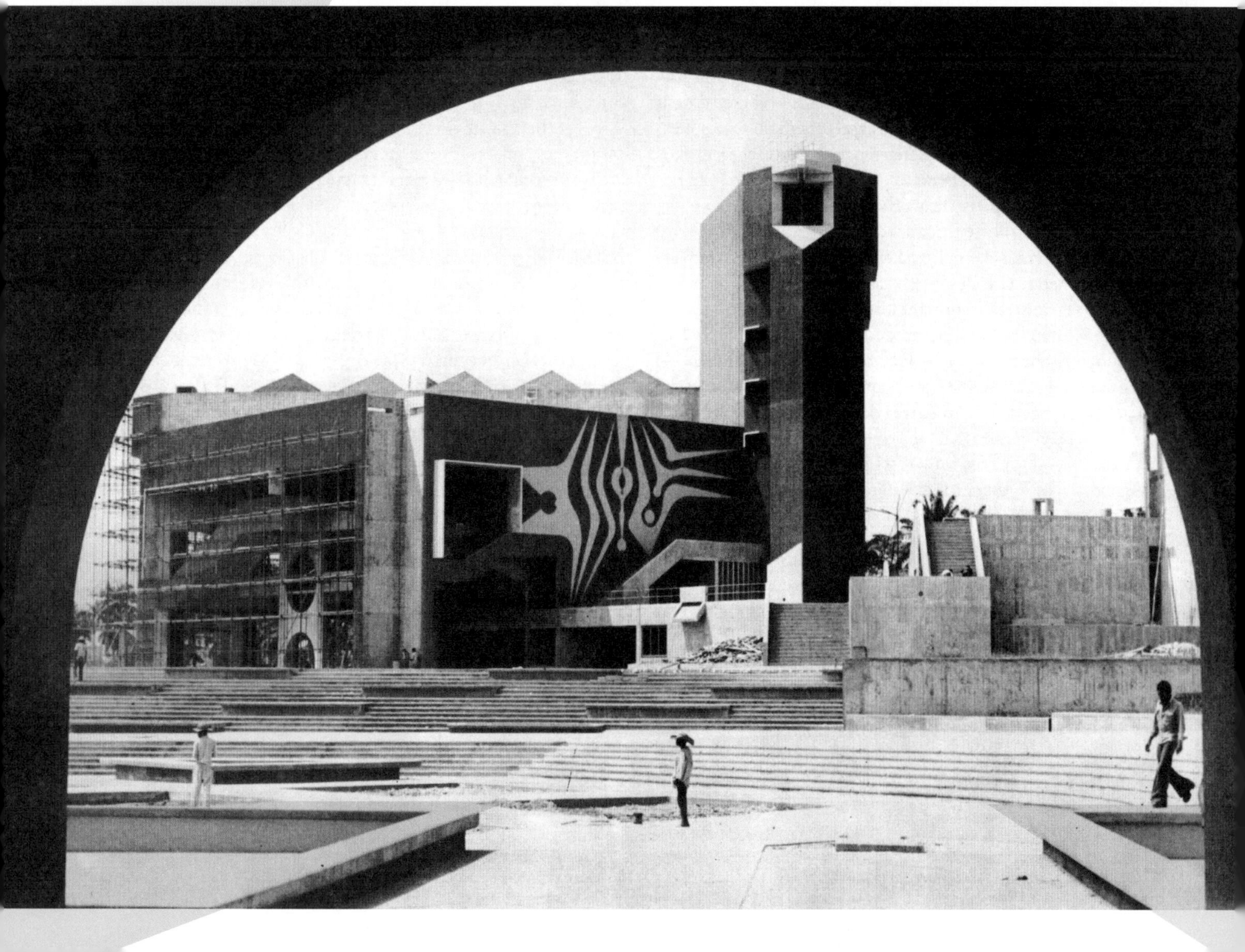

dachten Laufgänge und parallel nach Norden und Süden weisenden Fassaden exportierte Sharon in das bewaldete, ländliche Nigeria. Interessanterweise wurde gerade die hohe Bebauungsdichte als praktisch wünschenswert und dem kulturellen Kontext angemessen wahrgenommen: »Angesichts der Lebensumstände und Gebräuche vor Ort [...] sollte die Anlage des Campus [...] so kompakt wie möglich sein«, erinnert sich Sharon.[4] Inbal Ben-Asher Gitler kommt in ihrer eingehenden Untersuchung der Architektur der University of Ife zu dem Schluss, dass sich Sharons kompaktes und doch flexibles Schema für den Campus sowohl an eigenen vorangegangenen Arbeiten als auch am Geflecht der nigerianischen Städte orientierte.[5] Ben-Asher Gitler scheint überzeugt, dass sich Sharon ernsthaft für die traditionelle und moderne nigerianische Kunst interessierte, die er sammelte, und ausgiebig als Reservoir von Bildern, Motiven und Gesten benutzte. »Die Betonfassaden der Oduduwa Hall wurden mit weißen abstrakten und geometrischen Formen bemalt. [...] Diese abstrakten Bemalungen erinnern an Yoruba-Wandgemälde. [...] Das Kreis-Dreiecks-Muster an der Bühnenfassade und die abstrakten Formen auf der zur Piazza weisenden Gebäudeseite überführen abstrakte Formen und wiederholungsintensive Muster der Yoruba in eine Bildsprache der Moderne.«[6] Zugleich verweist Ben-Asher Gitler auf die Mechanismen der Aneignung und Verdinglichung einheimischer Kunst, die hier am Werk waren, und sie macht auch die Unzulänglichkeiten dieser Entkontextualisierung deutlich: »An der Reduktion des formalen Vokabulars der Yoruba und seiner Übersetzung in klare geometrische Flächen, die sich von der Oduduwa Hall gleichsam ›abheben‹, erkennt man deutlich, dass es sich um eine rein formale Übernahme handelte. [...]« Das Erscheinen einheimischer Kunst »in einem neuartigen Gebäudetypus schuf einen völlig neuen diskursiven Raum, in dem einheimische Kunst in keinem direkten Verhältnis mehr zu den ihr implizit anhängenden kulturellen Räumen und Lebenswirklichkeiten stand«.[7]

Offenbar spielte der Campus in Ile-Ife nicht deshalb eine so wichtige Rolle in Sharons Schaffen, weil dieser ihn als Ableitung und Anpassung der israelischen Moderne betrachtet hätte — sondern weil Sharon darin selbst einen Paradigmenwechsel innerhalb seines Werkes in Richtung einer kulturell neugierigeren und spezifischeren, ökologisch sensibleren Architektur erkannte. Seine neu entwickelte Begeisterung für funktionalistische Methoden der Anpassung an klimatische Verhältnisse führte ihn zurück zu einer Auffassung von Architektur, die ihm sein ehemaliger Lehrer Hannes Meyer am Bauhaus vermittelt hatte. Die Beschreibung des Projekts in Sharons Werkbiografie verweist nicht nur auf klimatische Parameter als bestimmende Faktoren im Entwurfsprozess, sondern stellt auch den eigenen schöpferischen Beitrag — die umgekehrten Pyramiden — in Abgrenzung zu einer Reihe von Bauten westlicher, hauptsächlich britischer Architekten[8] im Afrika der Sechzigerjahre heraus:
Eine der wichtigsten Planungsüberlegungen bestand darin, die Gestaltung der Gebäude auf die klimatischen Verhältnisse abzustimmen. Die meisten öffentlichen Gebäude in Nigeria sind von Osten nach Westen orientiert. Ihre Hauptfassaden zeigen nach Norden und Süden und sind dadurch vor der Hitze und Sonneneinstrahlung geschützt. Diese Bauweise sorgt auch für Durchlüftung durch Winde, die überwiegend aus dem Süden kommen. Viele der von eng-

Ben-Asher Gitler seems to be convinced that Sharon had genuine interest in both traditional and modern Nigerian art, which he collected and readily used as a depository of images, motifs and gestures. »The concrete facades of Oduduwa Hall were painted with white abstract and geometric form [...] These abstract murals recall Yeruba wall paintings [...] The circle-and-triangles pattern applied to the stage façade, as well as the abstract shapes of the piazza-facing one, translate Yoruba abstract forms and repetitive patterns into a modern idiom.«[6] However, Ben-Asher Gitler points at the mechanisms of appropriation and reification of native art at work here and explicates the shortcomings of decontextualization: »The reduction of Yoruba formal vocabulary and its translation into clear geometric planes, that seem to ›float‹ on the wall in the Oduduwa Hall murals, clearly indicates purely formal adaptation [...].« The appearance of local art »in a novel architectural building type created an entirely new discursive space, where local art no longer directly related to the cultural spaces and realities implicitly attached to it«.[7]

Apparently, then, the Ife campus holds such a seminal place in Sharon's portfolio not because he regards it a derivative adaptation of Israeli modernism, but indeed since he holds it to be a paradigm shift in his own œuvre towards a more culturally inquisitive and environmentally sensitive architecture. His newly found fascination with functionalist methodology for adapting to the climatic conditions brings him back to the conception of architecture his former teacher Hannes Meyer taught him at the Bauhaus Dessau. The text introducing the project in his autobiography not only describes climatic parameters as the major determining factors in the design process, but also explicates his own creative contribution — the inverted pyramids — in relation to the body of work of Western, mainly British,[8] architects in Africa in the 1960s:
One of the main planning considerations was to relate the building design to the climatic factors. Most of the public buildings in Nigeria are oriented from east to west, their main elevations facing north and south, thus being protected from heat and glare. This also ensures cross ventilation by prevailing breezes, coming mainly from the south. Many of these buildings erected by English or local architects use as sun protection either concrete canopies and frames around the windows, or louvers and precast ornamental elements around the terraces. We proposed to make the buildings self-protecting against the monsoon rain and the intensive sun and glare by cantilevering the floors one over another. The humanities building was designed accordingly as a series of reverse pyramids along a climatic and functional utility principle. [...] This solution proved useful and efficient, because all the continuous openings [...] are protected and open to catch the breeze along the whole elevation line. [...]In subsequent buildings, we used a double pyramidal building system, also ventilated vertically by open interior courtyards. Most of the buildings are raised on pillars and interspersed by open terraces, to facilitate cross-ventilation. Thus the shaded, open spaces on the ground floor were connected directly to the surrounding garden areas.[9]
Indeed, photographs of the built campus, showing well shaded and ventilated passages framed by the buildings' skeletons and shells, support Sharon claims for structural, rather than applicative approach to climate-responsive architecture. His project certainly does not rely on climate protection elements and fixtures. In this sense, his tropical endeavor splits away from the doctrinaire Israeli architecture of the 50s and 60s which he himself was one of the main articulators. The contextual sensibilities, the sculptural plasticity and the climatic ingenuity found in Africa will henceforth inform his projects

[4] Ebenda.
[5] Inbal Ben-Asher Gitler, *Campus Architecture as Nation Building: Israeli Architect Arieh Sharon's Obefemi Awolowo University Campus, Ife-Ile, Nigeria*, in: Duanfang Lu (Hrsg.), *Third World Modernism: Architecture, Development and Identity*. London 2010, S. 123.
[6] Ebenda, S. 129. Ben-Asher Gitler zitiert Harold Rubin, Sharons leitenden Architekten vor Ort: »Als gebürtigem Südafrikaner waren mir die ansatzweise figurativen, aber in sehr abstrakten Formen ausgeführten Plastiken vertraut.«
[7] Ebenda, S. 130.
[8] Sharon bezog sich vermutlich auf Entwürfe von Maxwell Frys und Jane Drew für die University of Ibadan.

[6] Ibid, p. 129.
[7] Ibid, p. 130.
[8] Sharon was probably referring to Maxwell Fry and Jane Drew project for the University of Ibadan.
[9] Ibid, p. 128

lischen oder auch einheimischen Architekten gebauten Häuser nutzen zum Schutz vor der Sonne Vordächer und vorspringende Fensterrahmen oder Lamellen und vorgefertigte Zierelemente aus Beton rund um die Terrassen. Wir schlugen vor, die Gebäude rein konstruktiv durch freitragende, nach oben hin vorspringende Geschosse vor dem Monsunregen und vor starker Sonneneinstrahlung zu schützen. Die Fakultät für Geisteswissenschaften wurde nach diesem Prinzip klimatischer und funktionaler Nützlichkeit als eine Serie umgekehrter Pyramiden gestaltet. [...] Diese Lösung erwies sich als zweckmäßig und effektiv, weil alle durchgehenden Öffnungen [...] zugleich geschützt und über die gesamte Fassadenbreite offen für erfrischende Winde blieben. [...] Bei den späteren Bauten arbeiteten wir mit einem System von Doppelpyramiden, die außerdem noch durch offene Innenhöfe vertikal belüftet wurden. Die meisten Häuser stehen auf Pfeilern und sind durch offene Terrassen aufgelockert, um die Durchlüftung zu begünstigen. Auf diese Weise wurden die beschatteten offenen Areale im Erdgeschoss direkt an die umliegenden Gartenflächen angebunden.[9]

Mit alldem entfernte sich Sharons tropisches Unternehmen vom doktrinären israelischen Bauen der Fünfziger- und Sechzigerjahre, das er selbst an allererster Stelle ausformuliert hatte. Das Eingehen auf den Kontext, die skulpturale Plastizität und der erfindungsreiche Umgang mit den klimatischen Bedingungen, die er in Afrika kennenlernte, prägten von da an seine Projekte in der Heimat. Sie verbreiteten sich während der späten Sechziger- und der Siebzigerjahre auch im gesamten Baugeschehen Israels. Schon bald waren umgekehrte Pyramiden ein Gemeinplatz, ebenso wie die Einbeziehung von Kunst und Folklore in öffentliche wie private Bauten. Sharon arbeitete ernsthaft an der Ausbildung eines »form follows climate«-Vokabulars für die Gesamtplanung des Campus in Ile-Ife und für die Gestaltung der einzelnen Gebäude vor Ort. Erst auf den zweiten Blick offenbaren die Fotografien auch eine — bis zu diesem Zeitpunkt vollkommen verdrängte — Begeisterung für die sinnlichen einheimischen Kulturen und eine unbekümmerte Aufnahme Camouflage-artiger Wandmalereien, riesiger Plastiken, runder Öffnungen, geworfener Dachlandschaften und übertrieben welliger Topografien. Beim Bau der Ife University scheint der Schüler von Hannes Meyer endlich zu seiner eigenen Mischung aus geometrischer Exotik und heidnischem Brutalismus gefunden und einen eher surrealen Dialekt ›tropischer Architektur‹ ausgebildet zu haben.

Das Projekt der University of Ife — wie allumfassend, transformativ und eigenwillig es auch erscheinen mag — sollte dennoch im Kontext des unverhältnismäßig ehrgeizigen Engagements israelischer Architekten und Bauunternehmungen im Afrika der Sechzigerjahre gesehen werden. Als Teil einer diplomatischen Offensive der damaligen Außenministerin Golda Meir war es eines von Hunderten städtischen, regionalen und infrastrukturellen Bauvorhaben, die israelische Firmen planten und oft auch in Afrika und Asien selbst realisierten.

Die Arbeit israelischer Stadtplaner und Architekten in Afrika und Asien

Die drohende politische und wirtschaftliche Isolation besonders infolge des Ausschlusses von der Bandung-Konferenz 1955 nötigte Israel, sich international um Anerkennung und Legitimität zu bemühen und Beziehungen zu den neuen Nationen der Welt zu knüpfen. Im Rahmen einer außenpolitischen Strategie, die oft halb spirituelle und missionarische Züge annahm, knüpfte Israel Kontakte zu Ländern in Asien und Afrika, die sich in der ersten Phase ihrer Unabhängigkeit befanden, die Unterstützung bei der Umsetzung ihrer Modernisierungsziele benötigten und die im arabisch-israelischen Konflikt noch nicht Stellung bezogen hatten.

[9]   Sharon, a.a.O., S. 128.

at home and spread over the entire architectural praxis of Israel in the late 60s and 70s. Inverted pyramids would now become a commonplace, as well as the integration of art and folklore in both public and private buildings.

The Ife University project, all-embracing and transformative as it may be in itself, should be evaluated in the larger context of a disproportional Israeli architectural involvement in Africa, as part of an ambitious diplomatic campaign, lead by Foreign Minister Golda Meir during the 60s and resulting in hundreds of architectural, urban, regional and infrastructural projects designed and often executed by Israeli companies in Africa and Asia.

The work of Israeli planners and architects in Africa and Asia

The work of Israeli planners and architects in Africa and Asia is a direct by-product of Israeli diplomacy in the ›third world‹ throughout the 50s and 60s. The specter of political and economic isolation, impelled Israel to seek recognition and legitimacy and to establish networks of relationships with the new nations of the world. In the framework of a diplomatic strategy, which often assumed a semi-spiritual and missionary nature, Israel turned to countries in Asia and Africa, which were then in their early phase of independence, in need of assistance to attain their goals of modernization and had not as yet taken a stand in the Arab-Israeli conflict.

Israel presented itself and was perceived as an agent of modernity and progress — but even more so as a country that had recently been de-colonized, attained independence itself and hence had gathered experience in the problems besetting developing countries. Moreover, Israel's relative political and economic weakness made it possible for these countries to accept its aid without the risk of entering into the kind of dependency that came with sponsorship by the large powers.

By 1957, Israel established diplomatic relations with 33 African nations and has rapidly transformed into a major actor in the continent. However, the so called ›honeymoon period‹ of the Israeli-African relationship was soon over. These relations were broken off in 1973 as a result of the Arab pressure and the oil crisis.

In Africa, Israel chiefly proffered agricultural know-how and focused specifically on introducing new technologies and crops; establishing agricultural farms and training centers; organization of rural institutions and planning of comprehensive regional and rural development projects.[10] But Israel was engaged also in other fields such as medicine and public health, workers unions and youth organizations, social work and community development, and certainly security and military training. In addition, African students arrived in Israel to receive training in various courses and seminars at the Afro-Asian Institute for labor studies established by the Israeli Labor Federation.

The migration of doctrines, derivative or genuinely home-based, found its epitome in the proposed export of the Israeli prototypes of collective settlements, the *Kibbutz* and the *Moshav*, to the African countries which were seeking models for developing peripheral areas and intensive agriculture. Such settlements (the model of the *Moshav* with its limited collectivity was customarily preferred) were built in Nigeria, Tanzania, Ivory Coast, Kenia, Zambia, Swaziland and Ethiopia.

The establishment of higher education institutions was a priority in Africa. Israeli architects participated as well in the design of iconic government buildings in Africa, whose goal was to unite under a new national ethos the many ethnic groups found within borders

[10]   See: Mordechai Kreinin, *Israel and Africa: A Study in Technical Cooperation.* New York, 1964. On the Israeli aid program and its priorities see: Joel Peters, Israel and Africa: A problematic Friendship, London 1992.

73

Israel stellte sich diesen Ländern als Triebkraft der Moderne und des Fortschritts dar (und wurde auch so wahrgenommen), vor allem aber als ein Land, das seine Unabhängigkeit selbst erst vor Kurzem erlangt und daher Erfahrung im Umgang mit den Problemen von Entwicklungsländern hatte. Israels relative politische und wirtschaftliche Schwäche erlaubte es den betroffenen Ländern, seine Hilfe anzunehmen, ohne sich in die Art von Abhängigkeit zu begeben, die am Höhepunkt des Kalten Krieges mit Hilfeleistungen der Blockstaaten verbunden war.

Im Jahr 1957 unterhielt Israel bereits diplomatische Beziehungen zu 33 afrikanischen Ländern und hatte sich zu einem bedeutenden Akteur auf dem Kontinent gewandelt. 1964 gab es in Israel fast doppelt so viele Afrika-Experten im Verhältnis zur Gesamtbevölkerung wie in allen anderen OECD-Ländern insgesamt. Doch die afrikanisch-israelischen ›Flitterwochen‹ währten nur kurz. 1973 wurden infolge der Ölkrise und des Drucks arabischer Staaten viele dieser Beziehungen abgebrochen. In ihrer Autobiografie, die nur zwei Jahre nach dem Scheitern ihrer afrikanischen Doktrin erschien, schreibt die spätere Ministerpräsidentin Golda Meir:

Ich bin auf Israels International Cooperation Program und auf die technische Hilfe, die wir dem Volk von Afrika geleistet haben, so stolz wie auf kein anderes einzelnes Vorhaben, das wir bisher in Angriff genommen haben. [...] Was wir in Afrika taten, war nicht einfach Ausdruck einer Politik des aufgeklärten Eigeninteresses, die auf Gegenleistungen abzielt, sondern eine Fortsetzung der Traditionen, die uns am meisten bedeuten. [10]

In Afrika steuerte Israel hauptsächlich landwirtschaftliche Kenntnisse bei und konzentrierte sich besonders auf die Einführung neuer Technologien und Feldfrüchte; es half beim Aufbau landwirtschaftlicher Betriebe und Ausbildungsstätten, beim Etablieren ländlicher Institutionen sowie bei der umfassenden Planung regionaler und ländlicher Entwicklungsprojekte.

Einige der afrikanischen Abenteuer bereiteten den Boden für große private Bauunternehmungen in Israel. Zwar unterstanden Bauprojekte in Afrika mehr oder weniger der Schirmherrschaft des Staates, doch sie wurden unter Wettbewerbsbedingungen arrangiert, die bald auch Auswirkung auf das Baugeschehen in israelischen Städten zeigten.

Eines der ältesten und größten Bauunternehmen Israels, Solel Boneh, verfolgte dabei die Strategie, sich mithilfe gemeinsamer einheimisch-israelischer Unternehmen Zugang zu neuen Märkten zu verschaffen. Diese Gründungen wurden nach einer Aufbau- und Begleitphase von fünf Jahren dem Gastland übertragen. So kam es zu einem Transfer administrativer und technischer Kenntnisse, mit deren Hilfe die Entwicklungsländer selbst umfangreiche und technisch anspruchsvolle Projekte auf internationalem Niveau angehen konnten. Das machte sie weniger abhängig von ausländischen Firmen. Derartige Partnerschaften entstanden in Nigeria, Burma, Nepal, Ghana, Sierra Leone, Zypern und der Elfenbeinküste. Nach der Verstaatlichung der Tochterfirmen von Solel Boneh in Ghana und Burma stellte das Unternehmen seine ›missionarische‹ Politik ein und arbeitete ab 1964 nach rein kommerziellen Gesichtspunkten. Viele Auslandsprojekte von Solel Boneh — besonders staatliche und öffentliche Einrichtungen, Hotels, Siedlungen und militärische Anlagen — wurden von israelischen Architekten geplant.

Die zweite große Priorität in Afrika besaß der Bau von Hochschulen. Neben der von Arieh Sharon und seinen Partnern gebauten University of Ife in Nigeria entstanden in ganz Afrika zahlreiche von Israelis geplante Einrichtungen, darunter die Nsukka University, (1963) ebenfalls in Nigeria (von Al Mansfeld und Daniel Havkin), und viele Gebäude auf dem Campus der Haile Selassie Unversity in Addis Abeba, Äthiopien (Sechzigerjahre, von Zalman Enay). Israelische Architekten wirkten auch bei der Gestaltung ikonischer

arbitrarily demarcated by the colonial powers. ›Tropical Modernism‹ was adopted as a ›neutral‹ yet regional style, an alternative to favoring one ethnic culture over another. The search for a language that would accommodate both modern architecture and African visual and material heritage was certainly not unique to the Israeli architects. As Inbal Ben-Asher Gitler maintains, »this approach to Modernism developed from the discourse of Africanism and negritude, which were an important part of cultural production in Africa from the 1950s onwards«.[11] In retrospect, it remains to be asked if post-colonial ›tropicalism‹ — with its often genuine interest and commitment to explore native conditions, cultures and identities; its soft rhetoric of ›aid‹ and ›assistance‹; its participatory or collaborative operations — is indeed essentially different, less primitivist, less exploitive, less disempowering, than the earlier colonial modernism it sought to replace? And, in the particular context of our inquiry here, was indeed the figure of Arieh Sharon as remarkable as Ben-Asher Gitler claims, in defining a »heightened discourse between modernism and its assimilation of a [native] culture, especially when compared to the work of other expatriate architects«?[12]

Another look at the photographs documenting the Ife project reveals that the former Bauhausler has finally found his own blend of geometric delirium and pagan Brutalism and concocted a rather surreal dialect of ›tropical architecture‹. His atavistic fascination — hitherto utterly repressed — released a current of camouflage-like murals, gigantic sculptures, round openings, warped roofscapes and overstated undulating topography, composing an astonishing setting which was promoted in postcards as »scenes from the most beautiful campus in Africa«.

Even if this curious composition proved to be of no imperative consequence to modern African architecture, and constituted only a marginal footnote of neo-colonial practices (in relation, for instance, to authoritative projects by Le Corbusier, Louis Kahn, or Konstantinos Doxiadis in developing countries) — it nevertheless had an enchanting effect on Israeli architecture which always fancied the exotic distant on the local native.

Zvi Efrat (born 1959), architect and Architectural Historian, studied at Pratt Institute, New York University and Princeton University. He has taught at severeal universities, published extensively in professional magazines and anthologies and curated numerous exhibitions. Between 2002 and 2010 he was Head of the Architecture Department at the Bezalel Academy of Arts and Design, Jerusalem. He is Partner of *Efrat-Kowalsky Architects* (EKA).

[11] Ben-Asher Gitler, p. 133.
[12] Ibid, p. 133.

staatlicher Repräsentationsbauten in Afrika mit, deren Zweck darin bestand, die vielen ethnischen Gruppen innerhalb der willkürlich von Kolonialmächten gezogenen Grenzen unter einem neuen nationalen Ethos zu vereinen. Die ›tropische Moderne‹ wurde als ein ›neutraler‹ und zugleich regionaler Stil angenommen, auch weil sie eine Alternative zur Bevorzugung der einen Ethnie gegenüber einer anderen darstellte. Dabei war die Suche nach einer Sprache, die moderne Architektur und afrikanisches visuelles und materielles Erbe unter einem Dach vereinen konnte, sicher kein Alleinstellungsmerkmal israelischer Architekten. Wie [Inbal] Ben-Asher Gitler schreibt, »entwickelte sich dieses Herangehen an die Moderne aus dem Diskurs des Panafrikanismus und der Négritude, der seit den Fünfzigerjahren einen bedeutenden Teil der kulturellen Produktion in Afrika ausmachte«.[11] Rückblickend wäre nun die Frage zu stellen, ob sich der postkoloniale ›Tropikalismus‹ bei all seinem aufrichtigen und leidenschaftlichen Interesse für die Erforschung einheimischer Lebensumstände, Kulturen und Identitäten, seiner weichen Rhetorik der ›Hilfe‹ und ›Assistenz‹, seiner partizipativen und koo-

[10] Golda Meir, *Mein Leben*. Berlin und Wien 1976.
[11] Ben-Asher Gitler, a.a.O., S. 133.
[12] Ebenda.

UNIVERSITY OF IFE, ILE-IFE, NIGERIA.
"Scenes From the most Beautiful Campus in Africa"

perativen Vorgehensweise wirklich und wesentlich von der älteren kolonialen Moderne unterschied, die er ersetzen wollte — ob er weniger primitivistisch, ausbeuterisch, entmündigend und lähmend wirkte als diese. In unserem Zusammenhang fragt sich auch, ob Arieh Sharon tatsächlich, wie Ben-Asher Gitler behauptet, eine Ausnahmeerscheinung darin gewesen ist, dass er »besonders im Vergleich zu anderen, im Ausland lebenden Architekten den Diskurs zwischen der Moderne und ihrer Assimilation einer [einheimischen] Kultur auf ein anderes Niveau gehoben hat«.[12]

Mit der University of Ife schuf Sharon ein erstaunliches universitäres Umfeld, das Postkarten mit »Ansichten des schönsten Campus in ganz Afrika« bewarben. Seine eigenwillige Komposition blieb zwar ohne zwingende Folgerichtigkeit für die moderne afrikanische Architektur und war (anders als die maßgeblichen Projekte von Le Corbusier, Louis Kahn oder Konstantinos Doxiadis in Entwicklungsländern) letztlich nur eine Fußnote zum neokolonialen Baugeschehen. Doch sie entfaltete eine betörende Wirkung auf die Architektur Israels, die von jeher das Entlegene, Exotische dem Lokalen, Einheimischen vorzog.

Zvi Efrat (geb. 1959) ist Architekt und Architekturhistoriker. Er studierte am Pratt Institute, an der New York University und an der Princeton University. Er hat an mehreren Universitäten gelehrt, umfangreich in Fachzeitschriften und Anthologien publiziert und zahlreiche Ausstellungen kuratiert. Von 2002 bis 2010 leitete er das Institut für Architektur an der Bezalel Academy of Arts and Design in Jerusalem. Er ist Partner des Büros *Efrat-Kowalsky Architects* (EKA).

▲
Tropische Architektur mit surrealem Dialekt: Arieh Sharon verband klimatische Parameter mit einheimischer Kultur / Tropical architecture with surreal dialect: Arieh Sharon combines climatic parameters with indigenous culture

Mehr über die Recherche von Professor Ranjan und seine Interviews mit Absolventen, die von Ulmer Lehrern unterrichtet wurden, lesen Sie auf www.bauhaus-online.de. Auf seinem Blog http://design-for-india.blogspot.in/ setzt sich Ranjan intensiv u.a. mit indienspezifischen Designfragen auseinander.

Hans Gugelot erklärt bei einem Tee das Ulmer Modell, 1965 / Hans Gugelot explains the Ulm model over tea, 1965

Die Ulm-Connection

Die HfG Ulm half in den Sechzigerjahren beim Aufbau der indischen Designausbildung: Professor M P Ranjan vom National Institute of Design in Ahmedabad recherchierte, wie der deutsche Export in Sachen Gestaltung aussah

Die indische Moderne erhielt mit der Gründung von neuen Instituten für Technologie, Management oder Design in den Sechzigerjahren einen entscheidenden Schub. Eine dieser neuen Einrichtungen war das *National Institute of Design* (*NID*), das 1961 in Ahmedabad im Bundesstaat Gujarat mit Unterstützung der *Hochschule für Gestaltung* (*HfG Ulm*) entstand. Das sogenannte Ulmer Modell, das eine enge Verbindung von Gestaltung, Wissenschaft und Technologie verlangte, fand in Ahmedabad seine indische Entsprechung. Gesine Bahr und Philipp Oswalt sprachen mit Professor M P Ranjan, der früher selbst am NID studierte und jetzt dort lehrt, über den transkulturellen Austausch zwischen Gujarat und dem Allgäu.

PO + GB
MP R

Professor Ranjan, wie wurde in den Fünfzigerjahren in Indien Gestaltung gelehrt?
Für kunsthandwerkliche Berufe gab es in Indien schon vor der Unabhängigkeit 1946 mehrere traditionsreiche Schulen. Einigen von ihnen waren Lehrveranstaltungen, hauptsächlich in den Bereichen visuelle Gestaltung und Grafikdesign angegliedert. Es existierten etliche technische Fachhochschulen und Weiterbildungsstätten, die Tischlerei und andere Handwerke lehrten und auch Elemente einer gestalterischen Ausbildung vermittelten. Außerdem wurden Lehrgänge in Technischem Zeichnen für Konstruktion und Architektur angeboten.

Wie kam es 1961 zur Gründung des *National Institute of Design (NID)* in Ahmedabad?
Diese Gründung war Teil eines politischen Vorhabens. Der indische Staat wollte in den frühen Sechzigerjahren durch die Schaffung neuer Ausbildungsstätten für Technologie, Betriebswirtschaft und Gestaltung in mehreren großen Städten des Landes moderne Entwicklungen ins Land holen. Das NID in Ahmedabad war eine erste Konsequenz aus dem *India Report*, den Charles und Ray Eames im Auftrag des damaligen indischen Ministerpräsidenten Jawaharlal Nehru 1958 verfasst hatten. Nehrus Beraterin Pupul Jayakar kannte Charles Eames seit einer Ausstellung indischer Textilien 1955 in New York. Pupul Jayakar bezog auch Gautam und Gira Sarabhai in die Gründung des NID mit ein. Gira Sarabhai war als junge Wissenschaftlerin bei Frank Lloyd Wright in die Lehre gegangen. Beide verfügten über sehr viele Kontakte zu amerikanischen und europäischen Künstlern und Gestaltern. Einige von ihnen wurden in den Anfangsjahren des NID nach Indien eingeladen, um hier beim Aufbau gestalterischer Kompetenz zu helfen. Hierzu gehörte auch der Ulmer Dozent Hans Gugelot, der 1961 bei der Gründung des NID beratend zur Seite stand.

War auch das Bauhaus ein Vorbild für die Ausbildung?
Auf jeden Fall. Das Bauhaus-Programm hat in den meisten heutigen Designlehrgängen seinen festen Platz. Ein Einfluss des Bauhauses in der Zeit vor Gründung des NID lässt sich kaum belegen, obwohl einige Bezugnahmen auf der Ausstellung 1922 in Kolkata aufgetaucht sind. Doch wir wissen nur wenig darüber.

Und welche Kontakte gab es noch nach Ulm?
Kumar Vyas wurde in Ulm ausgebildet, arbeitete im Büro Hans Gugelot und begründete dann den Studiengang für Produktgestaltung am NID. Sudha Nadkarni schloss eine Ausbildung an der *HfG Ulm* ab, kam 1966 als Dozent ans NID und ging anschließend nach Mumbai, um dort 1969—70 das *Industrial Design Centre* (*IDC*) am *Indian Institute of Technology* (*IIT*) aufzubauen. Beide Hochschulen waren weitgehend von der *HfG Ulm* geprägt. Und es war natürlich ein großes Glück für uns, dass Hans Gugelot 1965 nochmals nach Indien kam, um hier zu unterrichten.

Wie wurden Gugelot, aber auch Charles und Ray Eames von Berufskollegen, Politikern und von der indischen Öffentlichkeit allgemein aufgenommen? Wurde ihre Anwesenheit begrüßt oder als eine neue Art von Kolonisation wahrgenommen?
Indien war in den frühen Sechzigerjahren offen für Einflüsse von außen. Zahlreiche Institute wurden gegründet, um Ideen und Praktiken aus westlichen Bildungssystemen aufzunehmen, auch auf dem Gebiet der Gestaltung. Dabei wurde Gestaltung zu dieser Zeit nur in einflussreichen Kreisen wahrgenommen und galt als elitär. Sie hatte nur geringe Bedeutung, und dementsprechend wurden die Gastdozenten auch nicht groß gefeiert, wenn man von einem sehr begrenzten Personenkreis absieht.

Inwieweit hat das *NID* die indische Moderne geprägt?
Das NID war von zentraler Bedeutung, indem es Ausbildungsmöglichkeiten geschaffen hat, die sich auf vielen Gebieten der Produktgestaltung in Indien auswirkten. Auch diese Frage ist bis heute nicht im Detail untersucht worden. Ich habe darüber ausführlich in meinem Blog *Design for India* geschrieben, aber es gibt noch viel zu erforschen.

Sind die Ulmer Einflüsse am *NID* heute noch spürbar?
Die Lehrer der *HfG* unterrichteten zwar nur für kurze Zeit am *NID*, aber ihre Bedeutung für die Hochschule war und ist sehr groß. Wir haben 2010 zwei Tagungen in Indien abgehalten, um diesen Verbindungen und Einflüssen nachzugehen. Diese *Look Back Look Forward*-Konferenzen in Bangalore und Kolkata haben uns ein gutes Stück vorangebracht.

The Ulm Connection

In the 60s the Ulm School of Design supported the development of design education in India: Professor M P Ranjan of the National Institute of Design in Ahmedabad looked into the nature of the German export in the field of design

Modernity in India was given a decisive boost in the 60s by the foundation of new institutes for technology, management or design. One of these was the *National Institute of Design (NID)*, which was established in 1961 in Ahmedabad with the assistance of the *Ulm School of Design*. The so-called Ulm model, which called for close links between design, science and technology, found its Indian counterpart in Ahmedabad. Gesine Bahr and Philipp Oswalt spoke to Professor M P Ranjan, who once studied at the *NID* and now teaches there, about the transcultural exchange between Gujarat and Allgäu.

PO + GB
M.P. R

Professor Ranjan, how was design taught in the India of the 50s?
There were a number of traditional schools for the craftwork trades in India before independence in 1946. Some of them offered complementary courses, mainly in the field of design and graphic design. A number of technical colleges and further education institutes taught carpentry and other skills, including some aspects of design education. There were also courses in technical drawing for construction and architecture.

How did the foundation of the *National Institute of Design (NID)* come about in Ahmedabad in 1961?
This foundation was part of a political undertaking. In the early 60s the Indian state wanted, with the creation of new institutes of education for technology, management and design in several major cities, to bring modern developments to rural areas. *NID* in Ahmedabad was an early consequence of the India Report drafted in 1958 by Charles and Ray Eames on behalf of the then Prime Minister of India, Jawaharlal Nehru. Nehru's advisor Pupul Jayakar had known Charles Eames since his exhibition of Indian textiles in New York in 1955. Pupul Jayakar also involved Gautam and Gira Sarabhai in the foundation of *NID*. As a young scientist, Gira Sarabhai had been in apprenticeship with Frank Lloyd Wright. Both she and Gautam had an extensive network of contacts with American and European artists and designers. Some of them were invited to India in the early years of *NID* to build up design competence. Hans Gugelot, a lecturer at the *Ulm School of Design*, was one of these; he also worked in an advisory capacity for the foundation of *NID* in 1961.

Was the Bauhaus also a role model in educational terms?
Certainly. The Bauhaus programme is a fixed part of most design courses today. There is little evidence of the influence of the Bauhaus prior to the foundation of *NID*, although some references to the exhibition in Calcutta in 1922 have turned up. But we don't know much about it.

What contacts were there with Ulm?
Kumar Vyas was trained in Ulm, worked in Hans Gugelot's office and then set up the product design course at *NID*. Sudha Nadkarni trained in Ulm, came to *NID* as a lecturer in 1966 and went on to Mumbai to set up the *Industrial Design Centre (IDC)* at the *Indian Institute of Technology (IIT)* from 1969 to 1970. Both schools were greatly influenced by the *Ulm School of Design*. And of course we were very fortunate that Hand Gugelot returned to India in 1965 in order to teach here.

What kind of reception was there for Gugelot and Charles and Ray Eames among professional colleagues, politicians and the Indian public in general? Was their presence welcomed, or was it seen as a new form of colonisation?
India was open to external influences in the 1960s. Numerous institutes were founded in order to take up the ideas and practices of Western education systems, also in the field of design. Having said that, at this time design was only seized on in influential circles; it was seen as elitist. It was of limited relevance and, accordingly, the guest lecturers were not hugely renowned, other than within a very limited group of people.

To what degree has the *NID* influenced modernity in India?
The *NID* was hugely important in that it created educational opportunities that had an impact on many areas of product design. But there is no in-depth research about this issue. I have written about it extensively in my blog *Design for India*, but there is still a lot of research that needs to be done.

Are the influences of the Ulm School of Design still perceptible at the *NID* today?
Although the lecturers from the *Ulm School of Design* only taught here for a short time, they were and still are of great relevance to the school. In 2010 we held two conferences in India in order to investigate these links and influences. These *Look Back Look Forward* conferences in Bangalore and Kolkata have brought us a significant step forward.

78

For more about Professor Ranjan's research and his interviews with graduates who were taught by lecturers from the *Ulm School of Design*, visit www.bauhaus-online.de. Professor Ranjan also publishes in-depth research into specific design issues and other issues in his blog http://design-for-india.blogspot.in/

Im National Institute of Design in Ahmedabad war Hans Gugelot in den Sechzigerjahren ein gern gesehener Gast / In the National Institute of Design in Ahmedabad in the sixties, Hans Gugelot was a welcome guest

Das Strenge und das Andere

Anni und Josef Albers bereisten ein Dutzend Mal das Ursprungsland der Abstraktion: Mexiko. Hier fand das Bauhäuslerpaar in der indigenen Kunst und nicht zuletzt der tropischen Landschaft zahlreiche Inspirationsquellen

Von

Brenda Danilowitz

[1] Eine genaue Beschreibung und Chronologie von Anni Albers' Auseinandersetzung mit Mexiko und Lateinamerika findet sich in Brenda Danilowitz und Heinz Liesbrock (Hrsg.), Anni und Josef Albers: *Begegnung mit Lateinamerika*. Ostfildern 2007.

Nennen wir es einen rebellischen Akt. Wie anders ist es sonst zu verstehen, wenn sich eine junge, hochgewachsene Frau aus bestem Berliner Hause 1922 eine Fahrkarte nach Weimar kauft? Eine Reise in ein Mädchenpensionat konnte dahinter kaum vermutet werden. Anni Albers (geborene Fleischmann) wollte ans Bauhaus. Und sie wollte Künstlerin werden. Als Studentin in der Webereiklasse fand sie im strengen Raster des Webstuhls vieles von dem Sinn und Inhalt, den sie gesucht hatte. Viele Jahre später lernte sie, dass es auch anders geht. In der präkolumbischen Kunst Lateinamerikas fand sie zu ihrer eigentlichen Bildmächtigkeit.

Es waren die älteren Kulturen, die die Abstraktion in die moderne Kunst trugen. Über Klee, Kandinsky und andere hatte diese Sichtweise das Bauhaus und somit auch Anni Albers erreicht: Was sie für ihre Weberei brauchte, fand sie in den völkerkundlichen Sammlungen der Berliner Museen, darunter besonders in den präkolumbischen Textilien aus den Anden und nicht zuletzt in der Lektüre der Werke Wilhelm Worringers. Das Prinzip der Abstraktion zieht sich als Thema auch durch ihre Schriften. In ihrem Grundlagenwerk *On Weaving* von 1965 nennt sie bildliche Darstellungen auf Textilien ›regressiv‹ und schreibt: »So viel von der Kraft der Textilkunst wurde über Jahrhunderte darauf verschwendet, mühevoll gewobene Abwandlungen von Gemälden herzustellen — oft auf der Grundlage von Verballhornungen der Werke großer Maler aus der Vergangenheit, etwa der von Raphael.«

Nach 1933 sollte Anni Albers den ›fremden Einflüssen‹ nicht nur in der Vitrine begegnen: Ihre Emigration brachte sie 1933 zunächst in die Vereinigten Staaten, wohin sie ihren Mann begleitete. Josef Albers war eingeladen worden, am Black Mountain College im ländlichen North Carolina eine neue Art von Kunststudium aufzubauen. Schon bald begannen die Albers mit den Vorbereitungen zur ersten ihrer vielen Reisen nach Mexiko und Südamerika — zu den Stätten, die Anni als Ursprünge der Webkunst betrachtete.[1] Nach ihrer Ankunft in Mexiko im Dezember 1935 empfanden die beiden die Begegnung mit der mexikanischen Kunst und Architektur als berauschende Inspiration. Althergebrachte Kategorien und Wertordnungen lösten sich auf und verschmolzen ineinander. Unterschiede zwischen Vergangenheit und Gegenwart, alt und neu, Zentrum und Peripherie, hoher und niederer Kunst, Abstraktion und Realismus (und Surrealismus) vereinten sich zu einem freien Fluss der Schöpfung und Erfindung.

Mexiko sei »ein Land für Kunst, wie es wohl nur einmal existiert«, schrieb Anni Albers 1936 an Wassily und Nina Kandinsky in Paris. »Tempel, alte Plastik, das ganze Land voll davon. Volkskunst dazu, noch heute lebendig, und gut noch.« In den folgenden drei Jahrzehnten kam das Paar immer wieder nach Mexiko. Sie lernten hier eine ganze Reihe von Künstlern, Gestaltern, Architekten, Sammlern und Kunsthändlern kennen und freundeten sich mit einigen von ihnen an. Darunter waren — zu verschiedenen Zeiten — Inés Amor, Luis Barragán, Juan Crespo, Diego Rivera, Ricardo Legorreta, Carlos Mérida, Juan O'Gorman, José Orozco, Clara Porset und Xavier Guerrero, außerdem europäische und amerikanische Emigranten wie Max Cetto, Rene d'Harnoncourt, Hannes Meyer, Matthias Goeritz, John Graham, Michael Van Beuren und Klaus Grabe (die beiden letzten waren ehemalige Bauhaus-Studenten).

◄ Anni Albers in Monte Albán, der Hauptstadt der Zapoteken / Anni Albers in the Zapotec capital Monte Albán

81

Fortsetzung auf Seite 85

The rigorous and the other

By **Brenda Danilowitz**

Anni and Josef Albers traveled to Mexico, the country of origin of Abstraction, a dozen times. Here, the Bauhaus couple found countless sources of inspiration in the indigenous art and not least the tropical landscape

[1] For detailed information and a chronology of Anni Albers's encounters with Mexico and Latin America see Brenda Danilowitz and Heinz Liesbrock (eds.), *Anni and Josef Albers: Latin American Journeys*. Ostfildern 2007 (German edition: *Anni und Josef Albers: Begegnung mit Lateinamerika*).

Call it an act of rebellion. How can it be seen otherwise, when, in 1922, a tall young woman from the best Berlin home buys a ticket to Weimar? It can hardly have been motivated by a trip to the seminary. Anni Albers (née Fleischmann) wanted to go to the Bauhaus. And she wanted to become an artist. In the weaving class, in the strict grid of the loom, she discovered much of the meaning and purpose she sought. Many years later she learned that there was another way. In the pre-Colombian art of Latin America, she found her true visual power.

A powerful founding trope of modernist abstraction assigned heightened and authentic aesthetic and moral value to art from other, and early, civilizations. Such ideas were brought to the Bauhaus by Klee and Kandinsky among others. These truisms, together with Anni Albers' early familiarity with the ethnographic collections in Berlin museums — especially pre-Columbian Andean textiles — and her reading of Wilhelm Worringer, informed her determination to make abstract structure the dominant principle of her textiles. It is a theme that permeates her writing. In her seminal 1965 book *On Weaving*, Albers described pictorial motifs in textiles as ›regressive‹, and wrote that »… [M]uch of the potency of textile art has been lost during centuries of efforts to produce woven versions of paintings, often based on cartoons of the great painters of the past — on Raphael's for example.«

Anni Albers quite suddenly found herself relocated to North America towards the end of 1933, after the Bauhaus was closed and Josef Albers was invited to start a new art department at Black Mountain College in rural North Carolina. She soon began to make plans for the first of many visits to Mexico and Latin America — to the places she considered the sources of textile creation.[1] After they arrived in Mexico in December 1935, both Anni and Josef Albers found heady visual and intellectual inspiration in Mexican art and architecture. Established categories and hierarchies crossed over and melted into one another. Distinctions between past and present, old and new, center and periphery, high and low art, abstraction and realism (and surrealism), were subsumed in a free flow of creativity and invention.

Mexico was »a country for art like no other«, Anni Albers wrote in 1936 to Wassily and Nina Kandinsky in Paris, »temples, ancient sculpture, the whole country full of it … and folk art, still very much alive and good«. Over the more than three decades during which they returned repeatedly to Mexico, Anni and Josef met and became friends with a long list of artists, designers, architects, collectors, and dealers. At various times these included Inés Amor, Luis Barragán,

Das direkte Ergebnis von Anni Albers' Begegnung mit der mexikanischen Kunst: der Wandbehang *Monte Albán*, 1936 / The direct result of Anni Albers' encounter with Mexican art: wall hanging *Monte Albán*, 1936

Anni Albers' erste Reisen nach Mexiko fielen in eine Zeit, in der das Land nach etlichen Jahren politischer Unruhe seine Begeisterung für die archäologische Forschung wiederentdeckte. Bei ihrer Erkundung der Ausgrabungen, die damals das ganze Land überzogen, fühlte sie sich wie in der Vergangenheit. Bald unternahm das Ehepaar ausgedehnte Reisen durch das Land und sammelte winzige Tonfiguren und Fragmente, die ihm von den Einheimischen angeboten wurden. »Wir wagten uns in Gegenden vor, die damals noch nicht auf der üblichen Touristenroute lagen … Wir konnten gar nicht glauben, dass wir tatsächlich jahrhundertealte präkolumbische Objekte in den Händen hielten«, schrieb sie. »Hier gab es wirklich ein Land, dessen Erde noch immer solche Kunst barg.«[2] Diego Rivera, der zur selben Zeit eine riesige Sammlung derartiger Objekte zusammentrug, diente ihr als Vorbild. Anni besuchte Rivera in seinem kubischen Haus mit Flachdach in San Ángel. Das von der Architektur Le Corbusiers inspirierte Haus Riveras, die präkolumbische Sammlung und seine berühmten, eindrucksvollen Wandmalereien im Stil des Sozialistischen Realismus, die viele öffentliche Gebäude Mexikos schmückten, wurden zum Inbegriff der eklektischen mexikanischen Moderne — einer Mischung, zu der häufig noch ein barocker Hintergrund in Gestalt einer kolonialen Kathedrale kam.

Das alles zeigte unmittelbare Wirkung auf Anni Albers' Arbeit. »Es ist sonderbar, dass von allen Dingen ausgerechnet Plastik und Töpferei mir Ideen fürs Weben geben. Insbesondere Ton als Material«, schrieb sie 1936 an Ted Dreier am Black Mountain College. Im selben Jahr vollendete sie einen großformatigen Wandbehang, ein direktes Ergebnis ihrer ersten Begegnung mit der mexikanischen Kunst: *Monte Albán*. Die Arbeit hielt sich an die zugrunde liegende, strenge Geometrie des Rasters, die zurückhaltende Farbgebung und die Dimensionen, die auch Albers' Wandteppiche aus der Zeit des Bauhauses kennzeichnen. Doch über diese Geometrie legten sich neue, wandernde, als Flottier-Schussfäden ausgeführte Linien, die die Umrisse von Zapoteken-Bauten am gleichnamigen Fundort darstellen. Man könnte meinen, Anni Albers habe dank der befreienden Macht ihrer mexikanischen Anregungen zwei Aspekte der Bauhaus-Orthodoxie vereint: das tyrannische Raster und Paul Klees Empfehlung an seine Schüler, »einen Punkt als Linie spazieren« zu führen.

Josef Albers war gleichermaßen überrascht und erfreut, dass er 1936 als ›Begründer der Abstraktion‹ in Mexiko-Stadt willkommen geheißen wurde.[3] Weil er die Vermischung von Kunst und Politik missbilligte, hegte der ehemalige Bauhausmeister — anders als seine Frau — wenig Begeisterung für die Wandbilder von Diego Rivera. Er fühlte sich eher von den Werken der alten indigenen Künstler und Architekten Mexikos angezogen, mit denen er sich identifizierte. In einem Brief an seinen engen Freund Bobbie Dreier von 1936 beschreibt er die körperlich spürbare Begeisterung, die diese Werke in ihm auslösen, insbesondere wenn er sich dem ›tropischen Leben‹ hingibt ┇

Heute wieder in Monte Albán! Ein großer Tag. Wieder wurde es mir ganz kalt und es war, als würde der Atem stocken. Und wieder hatte ich unglaublichen Respekt für den Raum zwischen den Pyramiden, und der Ballspielplatz war wieder fabelhaft … Und sie entdecken immer mehr.

Monte Albán ist eine der größten Erfahrungen meines Lebens … es ist wunderbar, auf dem Platz zu sitzen, oder vor dem Museum und endlich haben wir jetzt Zeit, mit den Mexikanern zu faulenzen. Wir schlendern umher … Der Puls der extremsten Welt schlägt hier.[4]

Juan Crespo, Diego Rivera, Ricardo Legorreta, Carlos Mérida, Juan O'Gorman, José Orozco, Clara Porset and Xavier Guerrero, as well as European and American émigrés like Max Cetto, Rene d'Harnoncourt, Hannes Meyer, Matthias Goeritz, John Graham, Michael Van Beuren and Klaus Grabe (the latter two both former Bauhaus students).

Anni Albers' first visits to Mexico coincided with the country's renewed enthusiasm for archaeological investigation after several years of political turmoil. Exploring the excavations that were then spreading throughout the countryside, Albers felt that she was stepping back in time. Soon she and Josef were traveling widely, collecting tiny clay figurines and fragments offered by the locals. »We ventured into regions not yet then included in the regular tourist itinerary … We could not believe that here in our hands were century-old pre-Columbian pieces …«, she wrote. »Yes, here was a country whose earth still yielded such art.«[2] Diego Rivera, at the time amassing a vast collection of such objects, was a role model. Anni visited Rivera in his cubic flat-roofed house in San Angel. The house inspired by the architecture of Le Corbusier, Rivera's pre-Columbian collection, and his renowned and striking social realist murals widely accessible in many of Mexico City's public buildings, epitomized the eclecticism of Mexican modernism. It was a mix often completed by a Baroque backdrop in the form of an ornate colonial-era cathedral.

The effect on Albers' work was immediate. »It's strange that of all things, sculpture and pottery give me ideas for weaving. Especially clay as material«, she wrote to Ted Dreier in 1936. That year she completed a large-scale wall-hanging, a direct outcome of these first encounters with Mexican art. Titled *Monte Albán*, it retained the underlying strict geometry of the grid, the muted color, and the scale that characterized her wall hangings from the Bauhaus. Overlaying that geometry, however, was a new wandering line that traced, in a floating weft, the outline of the Zapotec architectures of the eponymous site. It was as if Anni Albers, under the liberating power of this Mexican inspiration had united two aspects of Bauhaus orthodoxy: the tyrannical grid and Paul Klee's advice to his students to »take a line for a walk«.

Josef Albers was pleased and surprised to be welcomed in Mexico City as ›the founder of abstraction‹ in 1936.[3] Since he deplored the mixing of art and politics, Josef had less tolerance than Anni for Diego Rivera's murals. He preferred to identify with the creations of Mexico's ancient indigenous artists and architects. Writing to his close friend, Bobbie Dreier, on a summer's day in 1936 he described the physical *frisson* that these works produced as he indulges in ›tropical‹ life ┇

Today Monte Albán again! A big day. Again I got all cold, as if short of breath. And again I had fabulous respect for the spaces between the pyramids, and the ball court was marvelous once again. … And they keep discovering more.

Monte Albán is one of the greatest experiences of my life. … it's wonderful to sit at the plaza again or in front of the museum, after all we now have time to be lazy with the Mexicans. We stroll around. … The pulse of the most extreme worlds beats here.[4]

Like Anni, Josef basked in the creative collision of worlds in Mexico. The atmosphere there freed him from the stifling formality of the western tradition. Elsewhere he would write that Monte Albán was more perfect and beautiful than the Parthenon itself (even though he had never traveled to Athens).

[2] Anni Albers, Vorwort in: *Pre-Columbian Mexican Miniatures*. New York, London 1970.
[3] *Exposicion en El Nacionale, Periódico El Nacional*, Mexico City August 16, 1936.
[4] Josef Albers an Bobbie Dreier, 10. Juli 1936.

[2] Anni Albers. Preface to *Pre-Columbian Mexican Miniatures*. New York London 1970.
[3] *Exposicion en El Nacionale,* Periódico El Nacional, Mexico City August 16, 1936.
[4] Josef Albers to Bobbie Dreier, July 10, 1936. Original in German. My translation.

◀ Anni Albers lernte in Mexiko, das tyrannische Raster mit der Vorstellung Paul Klees zu vereinen, »einen Punkt als Linie spazieren zu führen« / In Mexico, Anni Albers learned to unite the tyranny of the grid and Paul Klee's idea of »taking a line for a walk«

Genau wie Anni genoss Josef Albers in Mexiko die kreative Mischung verschiedener Welten. In der ›tropischen‹ Atmosphäre fühlte er sich von der steifen Formalität der westlichen Tradition befreit. Im selben Brief schreibt er, dass Monte Albán sogar noch perfekter und schöner sei als das Parthenon (obgleich er nie in Athen gewesen war). 1953 wurde Josef Albers eingeladen, an der Katholischen Universität in Santiago de Chile zu unterrichten. 20 Jahre nach ihrer Ankunft in Amerika sollte Anni, die ihn begleitete, nun endlich die Anden sehen. Zwei Monate blieben sie, dann bereisten sie Peru. Anni hatte die Textilien der Anden genau studiert und wusste, dass sich deren große Vielfalt an Strukturen und Farben nicht nur aus ihrer Nutzung als Kleidung und praktische Alltagsdekoration, sondern auch aus ihrer Bedeutung als Ersatz für eine Schriftsprache ergab. Im Verlauf der Fünfziger- und Sechzigerjahre wurden ihre Webarbeiten immer komplizierter und die Farben immer leuchtender. Flottier-Schussfäden verdeckten fast vollständig das darunter liegende Raster in ausgeprägt skulpturaler Art und Weise. Kett- und Schussfäden umwanden und kreuzten einander. Ihre Texturen reichten von dick und grob bis dünn und glatt, und sie fassten horizontale und vertikale Linien in sich zusammen. Wenn es überhaupt ein Beispiel dafür gibt, wie Anni Albers das Ideal eines beispielhaft ›anderen‹ in die westliche Moderne um die Mitte des 20. Jahrhunderts absorbierte, dann ist es *South of the Border* (1958), eine nur zehn mal 38 Zentimeter große Arbeit. Mit ihr scheint es Anni Albers den Schöpfern der winzigen Figuren in ihrer Sammlung gleichgetan zu haben, die ihr gezeigt hatten, dass »Größe keine Frage des Volumens ist, … das Monumentale kann im Winzigen beschlossen sein«.

Trotz ihres vollkommenen Vertrauens in den universellen Wert der Kunst aus Mexiko und der Andenregion wäre es verfehlt, Anni Albers' Öffnung und leidenschaftliche Begeisterung für diese Kunst und deren sichtbaren Einfluss auf ihre Arbeit als eine Form romantischer, neokolonialer Aneignung zu verstehen. Wie hellsichtig sie den eigenen Bezug zu den Kulturen des Subkontinents beurteilte, wird in ihrem Vorwort zu einer Publikation über ihre Sammlung von Miniaturplastiken aus dem Jahr 1969 deutlich:

Vielleicht war es diese Zeitlosigkeit präkolumbischer Kunst, die uns zunächst ansprach, trotz unseres Unwissens um die besondere Bedeutung, die sie für die damalige Bevölkerung gehabt haben muss. Wir waren überrascht von der erstaunlichen Vielfalt des Ausdrucks, von den zahlreichen eigenständigen Kulturen und den sich daraus ergebenden Abweichungen. Die präkolumbische Kunst zeigt uns, dass ein Werk aus unscheinbarem Material wie Ton in nichts jenen aus edlen Materialien nachsteht. Sie machte uns auch deutlich, dass eine Gesellschaft nicht in Wohlstand leben muss, um große Kunst hervorzubringen. Eigentlich müsste man sich fragen, ob nicht das genaue Gegenteil der Fall ist.[5]

Ob in der Kunst oder im Leben — für Anni Albers war ›das Andere‹ einerseits Vorbild und andererseits Warnung vor der Tyrannei strenger Linien und strenger Gedankengänge.

Brenda Danilowitz ist Chefkuratorin der *Josef & Anni Albers Foundation* in Bethany/Connecticut. Die Kunsthistorikerin hat unter anderem die Ausstellung *Anni und Josef Albers. Begegnung mit Lateinamerika* in Bottrop 2007 kuratiert und ist Mitherausgeberin des gleichnamigen Katalogs.

[5]   Anni Albers, *Vorwort in: Pre-Columbian Mexican Miniatures*. New York, London 1970.

Josef was invited to teach at the Catholic University in Santiago, Chile in 1953. Twenty years after first reaching America, Anni, who accompanied him, would at last see the Andes. Two months in Chile were followed by travels throughout Peru. Anni, who had studied Andean textiles, understood that their great diversity of structure and colour was a product of their use, not only as clothing and in practical everyday settings, but as texts. Through the 50s and 60s her weavings acquired ever more intricate structures. Floating wefts all but obscured the underlying grid in a distinctly scriptural way. Warp and weft threads twisted and crossed, their textures ranging from thick and rough to thin and smooth, as they overrode horizontals and verticals. Increasingly brilliant colours emerged in her palette. If one example can suffice to demonstrate the ways Albers absorbed the ideal of an exemplary ›other‹ into the canon of mid-century western modernism in these years, it is *South of the Border* (1958) a bare ten by thirty-eight centimeters in size. In it, Albers seemed to be emulating the makers of the tiny figures in her pre-Columbian collection, who showed, she concluded, that » … greatness is not a matter of volume, … the monumental can be imbedded in the minute«. Though she had complete faith in its universal value, it would be a mistake to interpret Anni Albers's passion for, and embrace of, art from Mexico and the Andean regions, her collecting, and the visible effects these had on her production, as a kind of romantic, neocolonial appropriation. Her clearheaded assessment of her contacts with the cultures of the subcontinent is contained in her preface to the publication of the miniature sculptures from her collection in 1969:

Perhaps it was this timeless quality in pre-Columbian art that first spoke to us, regardless of our ignorance of the special significance it must have had to a contemporary community. We were struck by the astounding variety of its articulation, by the numerous distinct cultures and resultant differing formulations. It made clear to us anew that a humble material, such as clay, can be turned into images equal to those made of precious material. It also taught us that a society need not be prosperous to produce great art. In fact, one wonders if the reverse is not true.[5]

For Anni Albers ›otherness‹ was an example, and also a caution, against the tyranny of rigid lines and rigid thought processes, whether in art or in life.

Brenda Danilowitz is chief curator of the *Josef & Anni Albers Foundation* in Bethany, Connecticut. The art historian has curated, among others, the exhibition *Anni und Josef Albers. Begegnung mit Lateinamerika* in Bottrop 2007 and is co-editor of the eponymous catalogue.

[5]   Anni Albers. Preface to *Pre-Columbian Mexican Miniatures*.

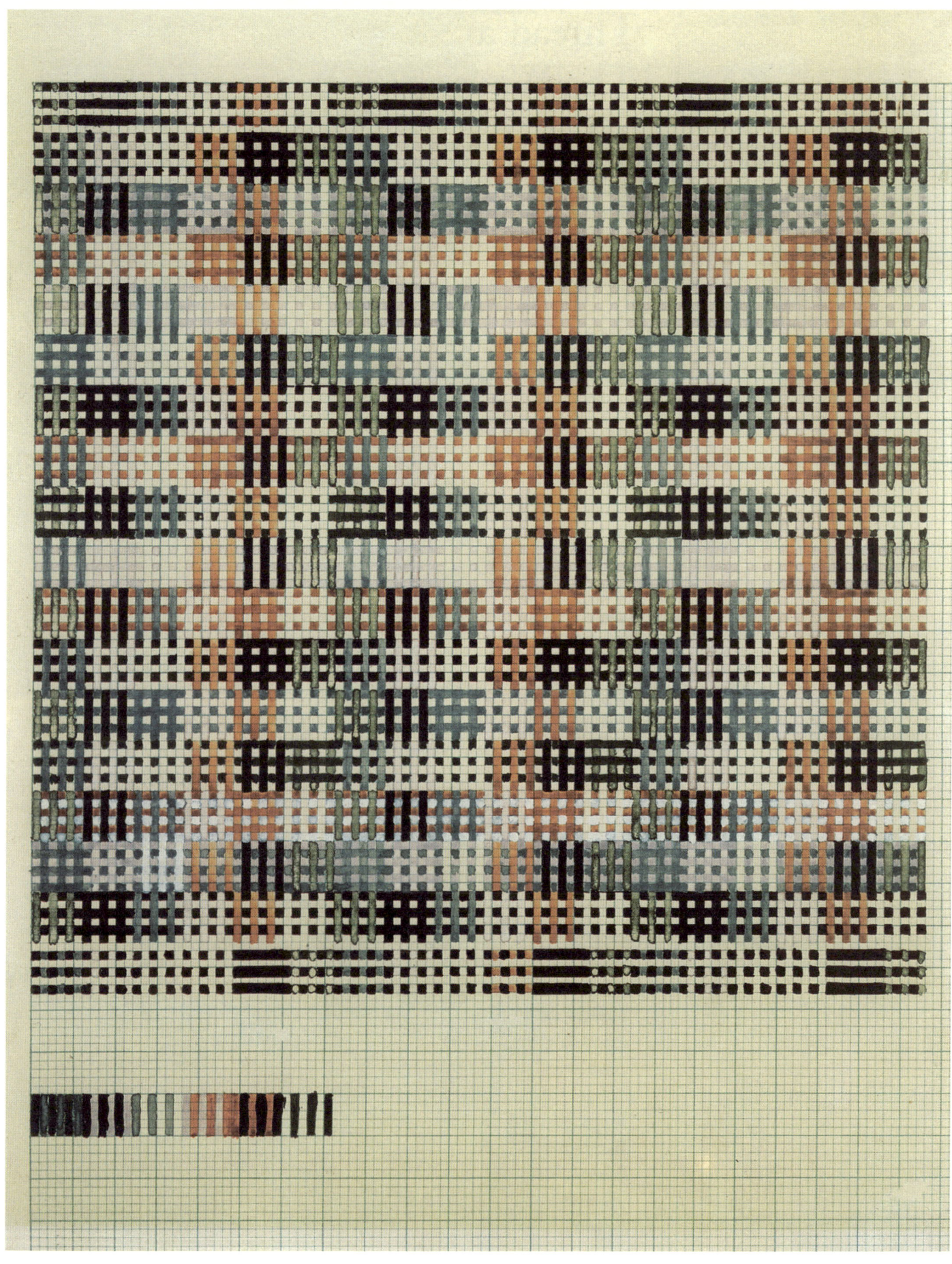

Entwurf für eine Tischdecke, 1930 / Design for a tablecloth, 1930

87

Der Bau der Ost-Berliner Stalinallee brauchte viele Hände, aber nicht die von Hannes Meyer / The construction of Stalinallee in East Berlin required many hands, but not those of Hannes Meyer

»Ich bin kein Russe«

Hannes Meyer hoffte nach dem Krieg darauf, in Ostdeutschland seine Erfahrungen vom ›Tropischen Städtebau‹ weitergeben zu können — doch die SED ließ ihn diffamieren

Von Peter Müller

[1]   Institut für Regionalentwicklung und Struktur-
      planung (Hg.): *Reise nach Moskau. Dokumente zur
      Erklärung von Motiven, Entstehungsstrukturen und
      Umsetzungskonflikten für den ersten städtebaulichen
      Paradigmenwechsel in der DDR und zum Umfeld des
      »Aufbaugesetzes« von* 1950, S. 112
[2]   Protokoll der Tagung des Ministeriums für Auf-
      bau am 2.06.1950, in: *Reise nach Moskau,* a.a.O.,
      S. 143—153, hier S. 146

Während am 25. April 1950 über Mitteleuropa eine Kältewelle hereinbricht, wird in Moskau ein Berufsverbot verhängt: »Johannes Meyer als Vertreter des Konstruktivismus leugnet die Architektur als Kunst. Er sagt: Die Aufgabe des Architekten ist, den Grundriß zu schaffen, die Wände macht dann der Maurermeister. Künstlerische Aufgaben stellen sich solche Architekten nicht. Ihre Auffassung beruht auf einer pessimistischen Philosophie vom Untergang der Kunst. Technik und Vernunft seien das einzige, was übrig bliebe. Diese Auffassung hat nichts mit unserer marxistischen Auffassung gemein.«[1] Als Ankläger und Richter fungiert Arkady Grigorjewitsch Mordvinov, der vom Modernisten zum Stalinisten gewandelte und nun mächtige Präsident der sowjetischen Akademie für Architektur. Zu seinen Vollstreckern hat er die Mitglieder einer ostdeutschen Regierungsdelegation bestimmt, die sich unter Leitung ihres Aufbauministers auf einer sechswöchigen Studienreise durch die UdSSR befinden. Die Politiker, Architekten und Städtplaner haben den Auftrag, den sowjetischen Planungs- und Gestaltungskanon auf die DDR zu übertragen. Unter ihnen befinden sich mit Waldemar Alder und Edmund Collein auch zwei Bauhäusler, die bei Hannes Meyer studiert haben und nun den Wiederaufbau Ost-Berlins prägen sollen.

Mordvinov kannte Meyer seit den Zwanzigerjahren. Zu dieser Zeit hatte er in Deutschland Architekten für das sowjetische Aufbauprogramm angeworben und dabei auch Dessau besucht. Die seinerzeit von Mordvinov genährte und von Meyer adaptierte Hoffnung, dass sich einige Errungenschaften des Bauhauses nach ideologischer Reinigung auch auf die Sowjetunion übertragen lassen würden, hatte sich zwei Jahrzehnte später indes erledigt. Der Akademiepräsident, der mit der Moskauer Gorkistraße die Blaupause für repräsentative Aufmarschstraßen in ganz Osteuropa geschaffen hatte, plädierte nun für eine Architektur der Größe und Erhabenheit. Das Bauhaus dürfe nur als Etappe in der Entwicklung des Imperialismus verstanden werden, ohne Ideal und künstlerischen Wert.

Hannes Meyer ahnt in jenem wechselhaften Frühling nicht, dass die sowjetischen Genossen ihn, Walter Gropius und Ernst May zu persönlich haftenden Gesellschaftern des kapitalistischen Werteverfalls erhoben haben, deren Gebäude man »lieber heute als morgen durch andere Bauten ersetzen«[2] würde. Erst wenige Wochen zuvor ist er aus dem mexikanischen Exil in die Schweiz zurückgekehrt und erträumt sich eine Zukunft in der DDR als tropisch fernem und gleichwohl zum Greifen nahem Paradies. Trotz seines

89

Fortsetzung auf Seite 92

»I am not a Russian«

After the war, Hannes Meyer hoped to be able to pass on his experiences of ›tropical urban planning‹ in East Germany — but he was vilified by the SED [Socialist Unity Party of the German Democratic Republic]

By Peter Müller

[1] Institut für Regionalentwicklung und Strukturplanung (Ed.): *Reise nach Moskau. Dokumente zur Erklärung von Motiven, Entstehungsstrukturen und Umsetzungskonflikten für den ersten städtebaulichen Paradigmenwechsel in der DDR und zum Umfeld des ›Aufbaugesetzes‹ von 1950*, p. 112.
[2] Minutes of the conference of the Minister for Development on 2.06.1950, in: *Reise nach Moskau*, loc. cit., pp. 143—153, here p. 146.

While a cold spell descends on Central Europe on 25 April 1950 an occupational ban was imposed in Moscow: »Johannes Meyer as an exponent of Constructivism renounces architecture as an art form. He states: The architect's job is to create the ground plan; the master bricklayer then builds the walls. Architects such as these have no artistic responsibilities. Their approach rests on a pessimistic philosophy of the decline of art. Technique and rationality are all that remain. This approach has nothing in common with our Marxist rationale.«[1] Acting as both prosecutor and judge is Arkady Grigoryevich Mordvinov, modernist turned Stalinist and now powerful President of the Soviet Academy of Architecture. He had appointed as his enforcers the members of a GDR government delegation who, under the leadership of their Minister for Reconstruction, were on a six-week study tour of the USSR. The politicians, architects and urban planners are tasked with transferring the Soviet planning and design canon to the GDR. Among them are also, with Waldemar Alder and Edmund Collein, two Bauhauslers who had studied under Hannes Meyer and who were now to leave an imprint on the reconstruction of East Berlin.

Mordvinov had known Meyer since the Twenties. At that time in Germany he had enlisted architects for the Soviet urban development programme, and in the process also visited Dessau. Two decades later the hope nurtured by Mordvinov at the time and later

adapted by Meyer that some of the achievements of the Bauhaus — purged of their ideological content — might also be transferred to the Soviet Union had meanwhile been taken care of. The President of the Academy, who with Gorky Street in Moscow had created the blueprint for representative processional routes throughout Eastern Europe, now called for an architecture of grandeur and majesty. The Bauhaus was to be understood merely as a stage in the development of Imperialism, without ideals and artistic value.

Hannes Meyer does not suspect during this mercurial spring that the Soviet comrades have extolled him, Walter Gropius and Ernst May as partners personally responsible for the capitalist decline in values, whose buildings one would prefer to »replace with others sooner rather than later«.[2] Just a few weeks earlier he had returned to Switzerland from exile in Mexico and now dreams of a future in the GDR which he perceives as a tropically distant yet equally tangible paradise. Despite his stylistic failure in the Soviet Union and his personal failure on the fringes of the Mexican-Trotskyite cabals, he still adheres to the leftist vision of collective living and working, which he now aims to enjoy without exile status and language barriers. War-ravaged East Germany is his terra incognita, blossoming under Stalin's patronage. The possibilities of planning and building, free of the limitations of private ownership, seem almost opulent. In the USSR he had seen for himself the uninterrupted development from pre-modern to post-capitalist society and had exer-

Moskau zu Beginn der Dreißigerjahre: Hannes Meyer (links) mit Arkady Grigorjewitsch Mordvinov (2. v. l.), der sich vom Modernisten zum Stalinisten wandeln
sollte / Moscow in the early Thirties: Hannes Meyer (left) with Arkady Grigoryevich Mordvinov (2nd from left), a modernist who was to become a Stalinist

stilistischen Scheiterns in der Sowjetunion, trotz seines persönlichen Scheiterns am Rande der mexikanisch-trotzkistischen Kabalen hängt er ungebrochen der linken Vision kollektiven Lebens und Arbeitens nach, die er nun jedoch ohne Exilantenstatus und Sprachbarriere genießen will. Das kriegszerstörte Ostdeutschland ist seine Terra incognita, ein unter Stalins Gunst erstrahlendes Land. Die Möglichkeiten, befreit von den Beschränkungen des Privateigentums an Grund und Boden zu planen und zu bauen, scheinen schier opulent. In der UdSSR hatte er mit eigenen Augen den etappenlosen Aufstieg von der vormodernen zur nachkapitalistischen Gesellschaft beobachten können und die Fähigkeit trainiert, die Schattenseiten des Systems auszublenden, die letztlich das persönliche Schicksal lenken. Die unerschöpflichen Ressourcen, die ihm der Sozialismus à la DDR verspricht, deren Symbolik — die aufgehende Sonne, der üppige Ährenkranz, das Fahnenmeer oder das floral überwucherte Säulenkapitell, das er noch aus der Moskauer Metro kennt — lösen in Meyer bereits in Mexiko die Sehnsucht nach dem ostelbischen Arkadien aus, wo er sein in der Ferne gereiftes Architekturverständnis endlich umsetzen, wo er endlich bauen möchte. Fieberhaft versucht er daher nach 1945, sein durch Krieg und Emigration geschwächtes Briefnetzwerk neu zu knüpfen.[3] Im Osten Deutschlands hält er unter anderem Kontakt zu Waldemar Alder und Heinrich Starck, dem amtierenden Magistratsbaudirektor Ost-Berlins. Besonders verbunden fühlt er sich der 1905 in Łódz geborenen Architektin Karola Bloch, die mit ihrem Mann Ernst 1949 aus

cised the ability to block out the dark side of the system that ultimately governs one's personal destiny. The inexhaustible resources that Socialism à la GDR promises him, the symbolism of which — the rising sun, the sumptuous garland of corn, the sea of red flags or the column capital wreathed in flowers that Meyer knows from the Moscow Metro — provoke in Meyer, even in Mexico, a longing for the Arcadia east of the Elbe where he can finally articulate his understanding of architecture developed in distant lands, where he can finally build. After 1945 he therefore feverishly attempts to reconnect with his network of correspondents, which is weakened by war and emigration.[3] In East Germany he maintains contact among others with Waldemar Alder and Heinrich Starck, the acting municipal building director of East Berlin. He is particularly devoted to the architect Karola Bloch, born 1905 in Łódz, who moved from the USA to Leipzig with her husband Ernst in 1949 and now designs mainly kindergartens. With their often unexpected combination of professional exchange and personal affirmation, it is these letters in particular that give the impression of a person on a quest, hoping for an opportunity in socialist Germany after the privations of exile. Some of the accounts must have had a special appeal for him, for Bloch reported: »We have no financial worries and live a full and satisfying life.«[4]

[3]   Hain, Simone: *ABC und DDR. Drei Versuche, Avantgarde mit Sozialismus in Deutschland zu verbinden*, in: Feist, Günter/Gillen, Eckhart/Vierneisel, Beatrice (Hg.): *Kunstdokumentation SBZ/DDR 1945—1990.* Berlin 1996, S. 430—443, insbes. S. 432—435. Winkler, a.a.O., S. 220 ff.

[3]   Hain, Simone: *ABC und DDR. Drei Versuche, Avantgarde mit Sozialismus in Deutschland zu verbinden*, in: Feist, Günter/Gillen, Eckhart/Vierneisel, Beatrice (Ed.): *Kunstdokumentation SBZ/DDR 1945—1990.* Berlin 1996, pp. 430—443, esp. pp. 432—435. Winkler, loc.cit., p. 220 ff.
[4]   Letter from Karola Bloch to Hannes Meyer dated 21.10.1951, loc.cit.

Auf der Suche nach dem »Schönen im Sinne des Volksempfindens«: Walter Ulbricht mit dem Ost-Berliner Bürgermeister Friedrich Ebert (links) und Hermann Henselmann (rechts), 1957 / On the search for »beauty in the sense of the popular instinct«: Walter Ulbricht with the mayor of East Berlin, Ebert (left) and Henselmann (right), 1957

◄ Hermann Henselmann und Genossen blieben bei der Ost-Berliner Zentrumsplanung lieber unter sich, 1954 / Hermann Henselmann and his comrades kept the planning of the centre of East Berlin amongst themselves, 1954

den Vereinigten Staaten nach Leipzig gekommen ist und nun vor allem Kindergärten entwirft. In ihrem oft unvermittelten Nebeneinander von fachlichem Austausch und persönlichem Bekenntnis sind es gerade diese Briefe, die das Bild eines Suchenden zeichnen, der nach den Entbehrungen des Exils auf eine Chance im sozialistischen Deutschland hofft. Von einigen Berichten aus Leipzig muss er sich dabei besonders angezogen fühlen, denn Bloch vermeldet: »Wir haben keinerlei materielle Sorgen und leben ein volles und schönes Leben.«[4]

Arbeit und Anerkennung, das waren die Träume, die Meyer mit seiner Rückkehr nach Europa verband. Bereits 1947 hatte er von Mexiko aus versucht, sich durch einen Gesinnungsaufsatz bei den Genossen in Ost-Berlin in Erinnerung zu bringen. Immer wieder machte er klar, wo er »anno 1941 hinsichtlich der Sov.Arch. stand«,[5] nämlich an der Seite Mordvinovs: »ich bin, wie sie sicher wissen, völlig einverstanden mit der ›nationalen schwenkung‹, welche die architektur (mit anderen kulturgebieten) drüben nehmen muss«, schrieb er bereits 1937 an Bloch. »Das ist einfach eine politische notwendigkeit in einer welt, in der die ›nationalen belange‹ zum rüstzeug der kulturellen verteidigung geworden sind.«[6] Eine offizielle Reaktion auf seine Vorstöße erhielt er aus der DDR nie, im Gegenteil: Dem spätheimkehrenden Westemigranten hing die ›mexikanische Krankheit‹ an, jenes aus Neid und Misstrauen gezeugte Stigma, das in der DDR eine Karriere bestenfalls in zweiter Reihe zuließ. Fieberhaft suchte Meyer daher nach einem Weg, sich in die von der SED forcierte Kunstdebatte einzubringen — vergeblich. An die Partei müsse er sich wenden, riet ihm die sensible Bloch, insbesondere nachdem Meyer persönlich ins Fadenkreuz geraten war: »Sie müssen an Collein oder Partei, oder Neues Deutschland, das ist egal, Ihre Stellungnahme zu den heutigen Dingen der Architektur herantragen. Bestimmt ist das nicht leicht und bestimmt wollen Sie sich dafür Zeit lassen. Aber bevor das nicht geschehen ist, besteht keinerlei Möglichkeit, eine Verbindung mit hier zu bekommen.«[7]

Die ›heutigen Dinge der Architektur‹, das sind 1951 vor allem die Gestaltung der Ost-Berliner Stalinallee und die Haltung der DDR zum Bauhaus. Während Meyer das aus Moskau importierte Paradigma einer Architektur ›national in der Form und demokratisch im Inhalt‹ als gesamtgesellschaftlichen Gestaltungsauftrag versteht, suchen die Architekten in Ost-Berlin fieberhaft nach einem Baustil, der ›schön im Sinne des Volksempfindens‹ ist und sich nachträglich mit ein wenig Schinkel-Exegese auch noch ideologisieren ließe. Meyer misst die Stilsuche nach Jahrzehnten, die SED hingegen agiert mit Wochenfrist: Im Sommer 1951 fingiert sie einen Wettstreit zwischen den künftigen Meistern der Deutschen Bauakademie — Hermann Henselmann, Richard Paulick und Hanns Hopp — zur Gestaltung eines Hochhauses an der Ost-Berliner Weberwiese. Alle zuvor erarbeiteten Entwürfe werden kurzerhand als formalistische »Eierkisten« diffamiert und das Triumvirat aufgerufen, in nur acht Tagen Werke von »Schönheit und Kraft« vorzulegen, die der neuen Zeit ein bauliches Gesicht geben können. Eine ganze Seite widmet das Parteiorgan Neues Deutschland diesem Entwurfsringen, wobei der Beitrag »Über den Baustil, den politischen Stil und den Genossen Henselmann« die Gestaltung von Arbeiterwohnungen zu einer Frage von Krieg und Frieden erklärt.[8] Übergangslos wird aus der Stilkritik ein persönlicher Angriff gegen den ideo-

Work and recognition: these were the ambitions that Meyer associated with his return to Europe. As early as 1947 in Mexico, he had attempted in an essay to remind his comrades in East Berlin of his views. He repeatedly pointed out his »position in the year 1941 with regard to Soviet architecture,«[5] that is, firmly on Mordvinov's side: »I am, as I am sure you know, completely sympathetic to the ›national deviation‹, which architecture (and other cultural disciplines) must accept over there«, he wrote to Bloch as early as 1937. »That is simply a political necessity in a world where the ›national interests‹ have become the tools of cultural defence.«[6] He never received an official response to his efforts from the GDR; to the contrary: the late returnee from exile in the West was tarnished with the ›Mexican sickness‹, that stigma born of envy and mistrust that in the GDR permitted a second-rate career at best. Meyer therefore frantically sought a way to introduce himself into the art debate, which was forced by the SED — in vain. Bloch advised him to address the party, sensitive especially when Meyer personally was caught in the firing line: »You must bring your views on the current concerns of architecture to Collein or the party, or to Neues Deutschland, never mind which. That will not be easy and you will certainly want to take your time. But until t h a t is done, there is no way of building an alliance here.«[7]

The current concerns of architecture in 1951 are, primarily, the design of the Stalinallee in East Berlin and the GDR's attitude towards the Bauhaus. While Meyer understands architecture as a task for society as a whole, as a paradigm imported from Moscow of an architecture that is »national in form and democratic in content«, the architects in East Berlin search feverishly for an architectural style that is ›in accordance with the wishes of the people‹ and which could also be subsequently ideologised with a touch of Schinkel-exegesis. Meyer measures the search for a style in decades; the SED however acts within weeks: In summer 1951 it simulates a competition between the future masters of the Bauakademie — Hermann Henselmann, Richard Paulick and Hanns Hopp — for the design of a high-rise building on the Weberwiese in East Berlin. All earlier designs are abruptly dismissed as formalistic »egg boxes« and the triumvirate are called upon to present, within eight days, works of »beauty and power« that can give the new age an architectural identity. The party newspaper Neues Deutschland dedicates a whole page to this design competition, whereby the article On architectural style, political style and comrade Henselmann declares the design of workers' housing to be a matter of war and peace.[8] The critique of style turns seamlessly into a personal attack on the ideologically and creatively vacillating Henselmann, who promptly reacts: After just five days he presents sketches for the Weberwiese that are »beautiful, humanistic and show a departure from Functionalism«, which the SED immediately decides to realise.[9] Neues Deutschland is so taken by its own motivational power that it compares Henselmann with the young Napoleon, from whom one expects so much more in future. Meyer is however concerned: »I am not a Russian and believe myself incapable of creating or co-creating a national Russian form in architecture. [...] However, I would venture to continue the Stalinallee for our time in the sense of the architecture and painting of Schinkel, that is, to approach the mutual, rigorously propor-

[4]   Brief von Karola Bloch an Hannes Meyer vom 21.10.1951, a.a.O.
[5]   Brief von Hannes Meyer an Karola Bloch vom 1.11.1951 und so nochmals im Brief von Hannes Meyer an Karola Bloch vom 19.12.1951, a.a.O
[6]   Brief von Hannes Meyer an Karola Bloch vom 18.3.1937, a.a.O.
[7]   Brief von Karola Bloch an Hannes Meyer vom 28.4.1952, a.a.O.
[8]   Rudolf Herrnstadt: Über den Baustil, den politischen Stil und den Genossen Henselmann, in: Neues Deutschland vom 31. Juli 1951

[5]   Letter from Hannes Meyer to Karola Bloch dated 1.11.1951, also again in letter from Hannes Meyer to Karola Bloch dated 19.12.1951, loc.cit.
[6]   Letter from Hannes Meyer to Karola Bloch dated 18.3.1937, loc.cit.
[7]   Letter from Karola Bloch to Hannes Meyer dated 28.4.1952, loc.cit.
[8]   Rudolf Herrnstadt: Über den Baustil, den politischen Stil und den Genossen Henselmann, in: Neues Deutschland, 31 July 1951.
[9]   Rudolf Herrnstadt: Unsere Architekten antworten, in: Neues Deutschland 3 August 1951.

Immer schön russisch: Walter Ulbricht bei der Grundsteinlegung der Stalinallee.
Hannes Meyer dagegen hatte vorgeschlagen, die Baukunst Schinkels »auf unsere
Zeit« fortzuführen / Always the Russian way: Walter Ulbricht laying the foundation stone for Stalinallee. Hannes Meyer on the other hand had proposed to ad-
vance Schinkel's architecture »for our time«

95

logisch wie gestalterisch schwankenden Henselmann, der prompt reagiert: Nach nur fünf Tagen legt er »schöne, humanistische, mit dem Funktionalismus brechende« Skizzen für die Weberwiese vor, die die SED postwendend zur Ausführung bestimmt.[9] Das *Neue Deutschland* ist von der eigenen Motivationsleistung so begeistert, dass sie Henselmann mit dem jungen Napoleon vergleicht, von dem man noch Größeres erwarte. Meyer hingegen ist konsterniert: »Ich bin kein Russe und halte mich für unfähig, eine national-russische Form in der Architektur zu schaffen oder mitzuschaffen. […] Dagegen würde ich mich getrauen, die St.-Allee im Sinne der Bau-Kunst und Malerei Schinkels auf unsere Zeit fortzuführen, d.h. die gegenseitigen Durchdringungen der Aussen- und Innenräume in strenger Proportionierung, nach einheitlicher Regel, einem musikalischen Gehäuse von Bau vergleichbar, als Ausdruck d e u t s c h e n Wesens anzupacken. […] All das hat nichts mit Epigonentum (fin de siècle) 19. Jahrhundert zu tun. Noch weniger mit dem jetzigen ›Schöpferprozess‹, der innert 8 (ACHT) Tagen die ›funktionellen‹ Fassaden der St.-Allee mit klassischem ›Geist‹ bekleckert.«[10]

Man darf heute davon ausgehen, dass Henselmanns Sonderrolle in der Posse um die Neugestaltung der Weberwiese, die ihn an die Spitze des Ost-Berliner Wiederaufbaus katapultierte, mit Kalkül gewählt war.[11] Er revanchierte sich bei den Genossen unter anderem mit dem wortgewaltigen Artikel »Der reaktionäre Charakter des Konstruktivismus«, der am 4. Dezember 1951 im *Neuen Deutschland* einen letzten Höhepunkt der Formalismusdebatte einleitete. Zugleich vollstreckte erst dieser Aufsatz Mordvinovs Urteil über Hannes Meyer öffentlich. Im Ton eines Schauprozesses rechnete Henselmann in den für ihn typisch pointierten, holzschnittartigen Argumenten mit allen Strömungen der Moderne ab und bescheinigte insbesondere dem sauber nach Gropius und Meyer geteilten Bauhaus zugleich eine ultralinke wie ultrarechte Position, die Nähe zum Kleinbürgertum wie zum Faschismus.[12] In Meyers zusammenhanglos zitiertem Manifest *Bauen*[13] von 1928 erkannte er einen »mystisch-verworrenen Grundzug«, eine »programmatische Kampfansage gegen die Architektur als Baukunst und gegen die Kunst schlechthin«. Nach den Regularien der Zeit war dies eine von höchster Stelle gebilligte Abrechnung mit Meyer, der Edmund Collein noch auf derselben Zeitungsseite beipflichtete. Vier Tage später wurde bei der Gründung der Deutschen Bauakademie dann endgültig der Stab über Meyer gebrochen, als ihn auch Walter Ulbricht als kunstverächtenden Vertreter des Formalismus brandmarkte.

Meyers jahrzehntelange Erfahrung mit dem stalinistischen System von Kritik und Selbstkritik, Verrat und Unterwerfung mag ihm geholfen haben, diese Tropengewitter zunächst zu parieren. Die Freundin Bloch möge nicht um ihn besorgt sein, schreibt er nach Leipzig, »ich fühle mich gar nicht in der Defensive diesen Dialektikern gegenüber«.[14] Wie tief ihn die Methode des Prangers, die Fixierung seiner Kritiker auf Aussagen aus dem Jahr 1928, die er selbst als überwunden ansah, wirklich traf, bekennt er wenig später: »Ich weiß gar nicht, wie man es den Herren bei Ihnen recht machen soll. Oder können Sie es mir sagen, was ein armer Schweizer tun soll, der nach hiesigen Begriffen eine eindeutig-klare Linie in seinen Fachpublikationen innehält, (und dafür hierzulande geächtet wird) und der dafür dortseits höchsten Tadel einstecken darf […] Können Sie es mir erklären, warum die aus einer gänzlich verschiedenen Situation […] entwickelten Zitate überhaupt in die heutigen Auseinander-

tional, interpenetration of exterior and interior spaces according to consistent rules, comparable with a musical shell of building, as an expression of the *German* character. […] None of this has anything to do with epigonism of the (fin de siècle) 19th century. Even less with the current ›creative process‹, which within 8 (EIGHT) days covers the ›functional‹ facades of the Stalinallee with classical ›spirit‹«.[10]

One may today proceed from the assumption that Henselmann's special role in the farce surrounding the new design of the Weberwiese, which catapulted him to the forefront of the reconstruction of East Berlin, was the result of calculated decision-making.[11] He exacted his revenge on the comrades *inter alia* with the powerfully eloquent article »The reactionary character of Constructivism« which, published on 4 December 1951 in *Neues Deutschland*, triggered a final highpoint in the debate on Formalism. At the same time, this article was the first make Mordvinov's judgement of Hannes Meyer public. Adopting the tone of a show trial Henselmann, with his typically pointed and cutting arguments, gave a balanced account of all the trends in modernism and notably testified to the fact that the Bauhaus, cleanly divided according to Gropius and Meyer, had both an ultra-left and ultra-right position, a proximity to both petite bourgeoisie and fascism.[12] In Meyer's manifesto *Bauen*[13] of 1928, quoted out of context, he acknowledged a »mystical-abstruse trait«, a »programmatic declaration of war against architecture as an art of construction and against art in general«.

According to the rules of the day, this was a payoff for Meyer approved by the highest authority, which was endorsed by Edmund Collein on the same page of the newspaper. Four days later with the foundation of the German Bauakademie Meyer was finally condemned when Walter Ulbricht denounced him as an advocate of Formalism with only contempt for art.

Meyer's decades of experience with the Stalinist system of criticism and self-criticism, perfidiousness and subjugation may have initially helped him to weather this tropical storm. His friend Bloch in Leipzig need not worry about him, he writes: »I do not feel defensive when faced with these dialecticians.«[14] The depth to which he was affected by the methods of public abuse, his critics' fixation on statements from 1928 to which he no longer held fast, is something which he later acknowledges: »I do not know how one might please the gentlemen among you. Or can you tell me what a poor Swiss man should do, who, according to local notions stands by a definitively clear line in his professional publications (and is ostracised here for doing so) and who must accept great blame for it there […] Can you tell me why quotations arising from a totally different context […] must be dragged into the current debate, and all later ones ignored?«[15] He must approach the party, advises Bloch, the party…

Meyer did not approach the party; it would not, after all, have made much sense. In the debate on Formalism the GDR elite were focused on establishing their own position above all through dissociation, rather than enlightenment. Meyer always appreciated that he was still »handled with kid gloves« during his time in the Soviet Union.[16] He could no longer rely on this leniency on the front line of the Cold War. Compared with pragmatists such as Henselmann or Paulick, who initially castigated the Soviet design canon as »kitsch«

[9] Rudolf Herrnstadt: *Unsere Architekten antworten*, in: *Neues Deutschland* vom 3. August 1951
[10] Brief von Hannes Meyer an Karola Bloch vom 1.11.1951, a.a.O.
[11] Jörn Düwel: *Baukunst voran! Architektur und Städtebau in der SBZ/DDR*. Berlin 1995, S. 148
[12] Hermann Henselmann: *Der reaktionäre Charakter des Konstruktivismus*, in: *Neues Deutschland* vom 4. Dezember 1951
[13] Hannes Meyer: *Bauen*, in: *Bauhaus* 2/1928, S. 12—13
[14] Brief von Hannes Meyer an Karola Bloch vom 19.12.1951, a.a.O.

[10] Letter from Hannes Meyer to Karola Bloch dated 1.11.1951, loc.cit.
[11] Jörn Düwel: *Baukunst voran! Architektur und Städtebau in der SBZ/DDR*. Berlin 1995, p. 148.
[12] Hermann Henselmann: *Der reaktionäre Charakter des Konstruktivismus*, in: *Neues Deutschland*, 4 December 1951.
[13] Hannes Meyer: *Bauen*, in: *Bauhaus* 2/1928, pp. 12–13.
[14] Letter from Hannes Meyer to Karola Bloch dated 19.12.1951, loc.cit.
[15] Letter from Hannes Meyer to Karola Bloch dated 25.2.1952, loc.cit.
[16] Letter from Hannes Meyer to Karola Bloch dated 18.3.1937, loc.cit.

zungen gezerrt werden müssen, und alle späteren ignoriert werden?«[15] Er müsse sich an die Partei wenden, rät Bloch, an die Partei …

Meyer hat sich nicht an die Partei gewandt, es hätte wohl auch wenig Sinn gehabt. In der Formalismusdebatte ging es der DDR-Elite um die Etablierung der eigenen Position vor allem durch Abgrenzung, nicht durch Aufklärung. Meyer wusste stets zu schätzen, dass man ihn seinerzeit in der Sowjetunion »noch mit glacé-handschuhen« angefasst hatte.[16] Auf diese Nachsicht durfte er an der Front des Kalten Krieges nicht mehr hoffen. Verglichen mit Pragmatikern wie Henselmann oder Paulick, der den sowjetischen Gestaltungskanon erst als »Kitsch« und »feudalistische Narrenkappe« geißelte, bevor er ihn gekonnt umsetzte, bleibt Meyer tatsächlich ein Dogmatiker.[17] An seiner Beteiligung am Wiederaufbau, an einer gestalterischen Konkurrenz gar, war der DDR nicht gelegen. Auch sein größter Wunsch, dort einen Lehrstuhl für Stadt- und Regionalplanung zu erhalten, auf dem er seine Erfahrungen im »Tropischen Staedtebau« weitergeben könne, blieb unerfüllt.[18] Meyer starb im Juli 1954, ein halbes Jahr bevor in Moskau mit der Kritik am verschwenderischen Stil eines Mordvinov die »Wende im Bauwesen« eingeläutet wurde, die letztlich auch zur Rehabilitierung des Bauhauses führen sollte. Karola Bloch wurde 1957 aus der SED ausgeschlossen. Sie verließ die DDR 1961.

Peter Müller ist Kunsthistoriker und Publizist. Geboren 1967 in Roßlau/Elbe, Studium der Kunstgeschichte, Publizistik und Informatik an der Freien Universität Berlin und der Universität Rostock. 1997 Magister Artium mit einer Arbeit zur Planungs- und Baugeschichte des Berliner Fernsehturms (*Symbol mit Aussicht*). Zwischen 1998 und 2001 Mitglied des Graduiertenkollegs *Politische Ikonografie* an der Universität Hamburg und Stipendiat der Deutschen Forschungsgemeinschaft. 2002 Promotion mit einer Arbeit zur Geschichte der Ost-Berliner Repräsentationsarchitektur im deutsch-deutschen Kontext (*Symbolsuche*). Er forscht zur Verbindung von Politik und Stil in Kunst und Architektur nach dem Zweiten Weltkrieg.

and a »feudalistic dunce's hat« before masterfully implementing it, Meyer indeed remained a dogmatist.[17] His participation in the reconstruction programme, even in competitive design, was of no interest to the GDR. His greatest wish of gaining a professorship in urban and regional planning there, where he could pass on his experiences of »tropical urban planning«, remained unfulfilled.[18] Meyer died in July 1954, six months before the critique in Moscow of the extravagant style of one Mordvinov heralded the start of the »architectural transition« that would ultimately lead to the rehabilitation of the Bauhaus. Karola Bloch was expelled from the SED in 1957. She left the GDR in 1961.

Peter Müller is an art historian and publicist. Born 1967 in Roßlau/Elbe he studied art history, journalism and computer science at the Freie Universität Berlin and the University of Rostock. 1997 M.A. with a thesis on the planning and construction history of the Berlin TV tower (*Symbol mit Aussicht*). From 1998 to 2001 member of the postgraduate programme *Politische Ikonografie* at the Universität Hamburg and beneficiary of the German Research Foundation DFG. 2002 Doctorate on the history of the representational architecture of East Berlin in the German-German context (*Symbolsuche*). Research into the link between politics and style in art and architecture after WWII.

[17]   Peter Müller: *Symbolsuche. Die Ost-Berliner Zentrumsplanung zwischen Repräsentation und Agitation.* Berlin 2005.
[18]   Letter from Hannes Meyer to Karola Bloch dated 1.11.1951, loc.cit.

[15]   Brief von Hannes Meyer an Karola Bloch vom 25.2.1952, a.a.O.
[16]   Brief von Hannes Meyer an Karola Bloch vom 18.3.1937, a.a.O.
[17]   Peter Müller: *Symbolsuche. Die Ost-Berliner Zentrumsplanung zwischen Repräsentation und Agitation.* Berlin 2005.
[18]   Brief von Hannes Meyer an Karola Bloch vom 1.11.1951, a.a.O.

Die Briefe von Karola Bloch sind auch in folgender Publikation zu finden: Irene Scherer, Welf Schröter (Hg.): *Karola Bloch — Architektin, Sozialistin, Freundin. Eine Neuentdeckung des Wirkens der Bauhaus-Schülerin.* 392 Seiten, Talheimer Verlag 2010, 44 Euro / The letters of Karola Bloch are also published in: Irene Scherer, Welf Schröter (ed.): *Karola Bloch — Architektin, Sozialistin, Freundin. Eine Neuentdeckung des Wirkens der Bauhaus-Schülerin.* 392 pages, Talheimer Verlag 2010, 44 Euro

Hannes Meyer um 1948 / Hannes Meyer ca. 1948 ▲
Die Briefpartnerin Karola Bloch / The correspondent: Karola Bloch

Ein kontaminiertes Museum?

Im wiederaufgebauten Berliner Stadtschloss soll ein Zentrum der Weltkulturen entstehen. In welchen Dialog werden die Kulturen hier treten? Und vor welchen Herausforderungen steht dieses Projekt? Ein Gespräch mit dem Schweizer Kulturmanager Martin Heller [MH] über ein deutsches Museum an einem politischen Ort

Noch in diesem Jahr soll der Grundstein für den Wiederaufbau des Berliner Stadtschlosses gelegt werden. Das darin untergebrachte Humboldt-Forum möchte ein Kulturzentrum besonderer Güte werden. Dafür werden die derzeit in Berlin-Dahlem beheimateten außereuropäischen Sammlungen des Ethnologischen Museums und des Museums für Asiatische Kunst nach Berlin-Mitte umziehen und eine neue Präsentationsform finden. Rings um den Eosanderhof ist ein Veranstaltungsbereich mit einer besonderen Programmatik vorgesehen: die Agora. Aber was genau soll hier passieren? Erste Antworten soll das Humboldt-Lab geben. Diese ›Probebühne‹ wurde von Martin Heller, seit 2011 Projektleiter für die Inhaltsplanung der Agora, ins Leben gerufen. Der 1952 in Basel geborene Kulturmanager war von 1990 bis 1998 Direktor des Museums für Gestaltung Zürich, von 1999 bis 2003 künstlerischer Direktor der Schweizer Landesausstellung *Expo.02* und von 2005 bis 2010 Intendant für *Linz 2009 — Kulturhauptstadt Europas*. Regina Bittner [RB] und Philipp Oswalt [PO] sprachen mit ihm über seine Pläne.

[PO] Das Humboldt-Forum im wiedererrichteten Berliner Stadtschloss soll 2019 eröffnet werden — dem Jahr, in dem das Bauhaus 100-jähriges Jubiläum feiert: Wie viel Bauhaus, wie viel Moderne steckt im Humboldt-Forum?

[MH] Wenig. In meiner Vorstellung vom Humboldt-Forum artikuliert sich eher — und das meine ich positiv! — eine postmoderne Denkweise. Weit weg von Purismus und Heilslehren und missionarischer Weltverbesserung und damit weit weg von dem, was meine ambivalenten Gefühle gerade dem Bauhaus gegenüber ausmacht. Das Humboldt-Forum in der Mitte Berlins muss mit Zwiespältigkeiten klarkommen

und Spannungen produktiv machen in einer Welt, die nicht auf diese neue Einrichtung gewartet hat. Diese Bescheidenheit unterscheidet viele, die für das Humboldt-Forum arbeiten, von der Selbstsicherheit und Selbstgerechtigkeit der Bauhäusler.

[PO] Aber neben dem heroischen Impetus der Moderne gibt es doch auch die Alltagskulturen des 20. Jahrhunderts — eine vernakuläre Moderne. Wird die im Humboldt-Forum einen Platz haben?

[MH] Natürlich machen Museumsbestände in ihrer ganzen historischen Vielschichtigkeit einen Teil der Moderne aus. Diese Sammlungen und die Verpflichtung, damit etwas Zukunftsweisendes anzufangen, setzen auch im Falle des Humboldt-Forums bei allen Beteiligten viel Energie frei. Zugleich muss damit auch ein Stück Moderne bewältigt werden. Schauen Sie sich in Dahlem den Mesoamerika-Saal von Fritz Bornemann an: Da zeigt sich eine Freundlichkeit, Sensibilität und Spielfreude den Museumsobjekten gegenüber, die mich ungemein rührt. Solche Zuwendung muss auch das Humboldt-Forum vermitteln, wenn es wirksam sein will. Aber sie reicht nicht aus. Und da bin ich eben bei der Postmoderne und ihrer Denkfreiheit des *anything goes*, die keine Beliebigkeit, sondern eine hohe Verpflichtung zu ständiger Ungewissheit und Suche bedeutet. Da betritt man Neuland, und daher gibt es für einen Ort wie das Humboldt-Forum auch kaum Referenzbeispiele.

[RB] In der Debatte um das Humboldt-Forum spielt die Idee des Welt- oder Universalmuseums eine große Rolle. Dahinter steckt auch eine Reverenz an den Humboldtschen Geist. Aber inzwischen wird ja das dahinterstehende Modell der Organisation von Wissen, das Klassifi-

Fortsetzung auf Seite 102

◄ Humboldt Lab-Dahlem, Probebühne 1, Projekt *Springer* »Purnakumbha« / Humboldt Lab Dahlem, »Probebühne 1« (Rehearsal Stage 1), *Springer* Project »Purnakumbha«

A contaminated museum?

A Meeting Place of World Cultures is to be created in the reconstructed Berlin City Palace. What kind of dialogue between the cultures will this present? What kind of challenges does this project entail? A conversation about a German museum in a political location with the Swiss cultural communications manager Martin Heller MH

The foundation stone for the reconstruction of Berlin City Palace is to be laid this year. The Humboldt-Forum that will be housed here aspires to become a cultural centre of excellence. To this end, the non-European collections of the Ethnological Museum and the Museum of Asian Art will be moved from their current location in Berlin-Dahlem to Berlin-Mitte, where they will be given a new presentation format. The large enclosed courtyard, the Eosanderhof, is scheduled to be redesigned as an events area known as the Agora, which pursues unique objectives. But what exactly will take place here? The Humboldt-Lab should be able to answer key questions. Martin Heller, head of content planning for the Agora since 2011, initiated this ›experimental platform‹. Born 1952 in Basel, the cultural communications manager was Director of the Museum für Gestaltung Zürich from 1990 to 1998, Artistic Director of the Swiss Landesausstellung *Expo.02* from 1999 to 2003 and Director of *Linz 2009 European Capital of Culture* from 2005 to 2010. Regina Bittner and Philipp Oswalt spoke to him about his plans. RB

PO

PO The Humboldt-Forum in the reconstructed City Palace is scheduled to open in 2019 — the year in which the Bauhaus celebrates its 100th anniversary: How modern is the Humboldt-Forum?

MH Not very. To my mind the Humboldt-Forum articulates more of a post-modern way of thinking — and I mean that in a positive way! It has little to do with purism, doctrines of salvation and missionary ideas of world improvement, and therefore little to do with the things on which my ambivalent feelings about the Bauhaus especially are based. The Humboldt-Forum in Berlin-Mitte must deal with ambivalence and make tensions productive in a world that wasn't anticipating this new institution. This humility is what distinguishes many of those who work for the Humboldt-Forum from the self-assuredness and self-righteousness of the Bauhauslers.

PO But aside from the heroic impulses of modernism, we have the everyday cultures of the 20th century — a vernacular modernism. Will this have a place in the Humboldt-Forum?

MH Naturally museum collections, in all their historic diversity, make up part of modernism. These collections and the obligation to do something pioneering with them unleashes a vast amount of energy in all those involved, also in the case of the Humboldt-Forum. At the same time, a piece of modern history has to be negotiated. Take Fritz Bornemann's Mesoamerican room in Dahlem, which has a friendly, sensitive and playful approach to the exhibited objects that I find endearing. If it wants to be effective, the Humboldt-Forum must also convey this kind of devotion. But that alone is not enough. This brings me to postmodernism, its freedom of thought, its attitude of ›anything goes‹, which does not mean arbitrariness, but a commitment to ongoing uncertainty and inquiry. This is uncharted territory, and reference examples for a place like the Humboldt-Forum are few and far between.

RB The idea of a world or universal museum plays a significant role in the debate about the Humboldt-Forum. This also harbours a reference to Humboldt's ideals. But by now the underlying model for the organisation of knowledge, which followed the classifications and order systems of Western knowledge, is being heavily criticised. The Agora that you are planning should help clear up this dilemma; but doesn't it need a new museum concept?

MH The museum concept already has more than enough interpretations. Like every museum, the Ethnological Museum and the Museum of Asian Art also aim to impart primary knowledge and to do so through their objects. To this end they are however seeking a new approach to their objects, which is based in the present. Traditional classification systems have long since lost their relevance in this respect. We must work with differences and departures, rather than

▲ Der Schweizer Kulturmanager Martin Heller / Swiss culture manager Martin Heller

Maya-Ausstellung im Mesoamerika-Saal von Fritz Bornemann im Ethnologischen Museum Berlin-Dahlem, 2007 / Maya exhibition at Fritz Bornemann's Mesoamerican room in the Ethnological Museum Berlin-Dahlem, 2007

kationen und Ordnungsmustern westlichen Wissens folgte, heftig kritisiert. Die Agora, die Sie planen, soll Sie ein wenig aus der Erklärungsnot befreien. Braucht es nicht aber doch einen neuen Museumsbegriff?

MH Der Museumsbegriff ist doch längst durchdekliniert. Wie jedes Museum wollen auch das Ethnologische Museum und das Museum für Asiatische Kunst im Humboldt-Forum primär Wissen vermitteln und dieses Wissen über ihre Gegenstände erzählen. Dazu suchen sie jedoch einen neuen, aus der Gegenwart heraus entwickelten Umgang mit ihren Objekten. Tradierte Klassifikationssysteme bieten da längst keine Sicherheit mehr. Wir müssen mit Differenzen und Brüchen arbeiten, statt universale Homogenität anzustreben. Und mit dem Schloss soll ein Ort entstehen, der weit mehr ist als ein Museum.

RB Kontaminiert sind explizit die ethnologischen Völkerkundemuseen, deren Sammlungen im Kontext des Kolonialismus aufgebaut wurden. Inzwischen bemühen sich ja in Europa Museen diesen Ursprungs, ihre Ausstellungen neu zu konzipieren. Im Falle des Quai Branly in Paris wurde dann der Vorwurf erhoben, die Artefakte außereuropäischer Kulturen nun zu ästhetisieren, um sich der tief in die Objekte eingeschriebenen Frage von Ausbeutung und Plünderung zu entziehen. Das gilt ja sicherlich auch für die Dahlemer Sammlung. Wie weit prägen postkoloniale Debatten Ihre Überlegungen und sind Sie auch mit Forderungen konfrontiert worden, Dinge zurückzugeben?

MH Die Kontamination des Museumsbegriffs ist doch nicht nur auf ethnologische Museen beschränkt! Das ethnologische Museum muss als Ersatzobjekt herhalten, auch wenn wir ihm unglaublich viel verdanken. Denn es gibt andere Museen, die genauso diskussionswürdig wären, an die man sich aber nicht herantraut — jene zum Beispiel, die mit High-End-Architektur und der ewig gleichen, global verträglichen Kunst nur auf Quote hin angelegt sind. Da kapitulieren dann viele Kritiker vor der autoritären Erlebniswalze einer Allianz aus Kulturtourismus, Marktwirtschaft und Stadtentwicklung. Aber zurück zu den Museen, die ins Humboldt-Forum ziehen werden: Man muss unterscheiden zwischen dem, was Dahlem in seinen aktuellen, teilweise in ihrer Entstehungszeit gefangenen Dauerausstellungen zeigt, und dem, was Dahlem alles beinhaltet. Was daraus im Humboldt-Forum zum Tragen kommen wird und welche Rolle die Kolonialgeschichte spielt, wird von meinen Kolleginnen und Kollegen selbstverständlich diskutiert, steht aber noch nicht fest. Mich selbst interessiert dabei jede Theorie um ihrer selbst willen überhaupt nicht mehr. Es ist eine Jahrhundertchance, diese hochkarätigen Sammlungen im Humboldt-Forum neu einrichten zu können. Da reicht es nicht, die Rätsel der Welt und des Fremden theoretisch gelöst zu haben — es gibt praxisnähere und damit entscheidende Probleme.

PO Aber Sie können doch nicht einer Entpolitisierung der Situation das Wort reden. Die Auswahl der Objekte ist untrennbar mit der Weise, wie sie in den Besitz des Museums gekommen sind, verbunden. Es wird versucht, eine positive Utopie des Preußischen zu formulieren und wesentliche imperiale und koloniale Dimensionen einfach auszublenden. Zudem gibt es doch keine kulturelle Begegnung auf Augenhöhe, weil im Humboldt-Forum nur die außereuropäischen ethnologischen Sammlungen ausgestellt werden, die europäischen Bestände aber in Dahlem verbleiben.

MH Da wollen Sie mich völlig falsch verstehen. Ich habe nicht gesagt, dass die Sammlungsgeschichte oder die damit verbundenen kulturellen und politischen Implikationen keine Rolle spielen — von Ausblenden kann ebenso wenig die Rede sein wie von Sack und Asche. Zu suchen ist nach dem Stellenwert und der Umsetzbarkeit solcher Anliegen. Es ist weder sinnvoll noch leistbar, das Publikum auf Schritt und Tritt mit der Sammlungsgeschichte zu konfrontie-

aspire to universal homogeneity. Moreover, the City Palace should become a place, which is so much more than a museum.

RB Ethnological museums are particularly contaminated in that their collections were built up in the colonial context. In the meantime, European museums of this ilk are attempting to find new concepts for their exhibitions. Musée de quai Branly in Paris, for instance, is now being accused of aestheticising the artefacts of non-European cultures in order to avoid the question of exploitation and plundering, which is inherent to them. This no doubt applies equally to the Dahlem collection. To what extent do postcolonial debates affect your considerations, and are you also facing demands to return certain objects?

MH The contamination of the museum concept is by no means restricted to ethnological museums! The ethnological museum can only ever serve as a substitute, even if we do have an unbelievable amount to thank it for. But there are other museums that would be just as worthy of discussion, but which nobody dares to tackle — for example those with high-end architecture and art that is invariably the same and universally palatable, designed just to meet a quota. Here, countless critics capitulate in the face of the authoritarian weight of experience of an alliance of cultural tourism, market economy and urban development. But to return to the museums, which are going to move into the Humboldt-Forum: One has to differentiate between what Dahlem shows in its current permanent exhibition, which is to some extent still trapped in the time in which it was set up, and everything that Dahlem has in its collection. How much of this will be shown in the Humboldt-Forum and what role colonial history will play is of course something that my colleagues are discussing, but no decisions have been made so far. In this respect, I'm no longer interested in any theory for its own sake. Creating a new exhibition in the Humboldt-Forum, based on these excellent collections, is the opportunity of a century. It's not enough to have theoretically solved the mysteries of the world and other cultures — there are more practical and therefore critical problems to deal with.

PO But surely you cannot put a case for the de-politicisation of the situation. The choice of objects is inextricably linked with the way in which they became the property of the museum. Attempts are being made to formulate a positive utopia of what is Prussian, and to simply edit out important imperial and colonial dimensions. Further, there is no cultural encounter on an equal footing, because only the non-European ethnological collections will be exhibited at the Humboldt-Forum, while the European objects will stay in Dahlem.

MH You're taking it the wrong way. I didn't say that the collection's history or the associated cultural and political implications are of no consequence — there's no question of ignoring anything, and no question of sackcloth and ashes either. What we should be looking at is the status and practicability of such concerns. To confront the public with the history of the collection at every turn is neither reasonable nor affordable. Instead, we have to find the right forms and formats to interpret this historic material, and to communicate it. Regarding the European question: In a project at the Humboldt-Lab Dahlem we are currently looking at what a specific inclusion of European objects in the Humboldt-Forum might achieve. Unlike you, we don't proceed from certainties and pathos formulas, but from possibilities.

PO The point of my question was that transcultural exchange processes have existed for thousands of years and have had a decisive effect on the cultures of Europe and other continents. It should be possible to experience especially these relationships and exchanges in a Humboldt-Forum.

MH Of course, and many of these processes have nothing at all to do with Europe in the first place. But all the more or — in your case —

ren. Stattdessen müssen wir geeignete Formen und Formate finden, um diese historische Aufbereitung anzugehen und sie auch transportieren zu können. Und zu Europa: Wir prüfen gerade in einem Projekt des Humboldt-Lab Dahlem, was der pointierte Einbezug europäischer Objekte im Humboldt-Forum leisten könnte. Denn anders als Sie gehen wir nicht von Gewissheiten und Pathosformeln aus, sondern von Möglichkeiten.

PO Darauf zielte meine Frage nicht. Transkulturelle Austauschprozesse gibt es seit Tausenden von Jahren und diese haben die Kulturen Europas wie anderer Kontinente entscheidend geprägt. Gerade diese Beziehungen und Korrespondenzen müssten doch in einem Humboldt-Forum zu erleben sein.

MH Selbstverständlich, und viele dieser Prozesse haben erst einmal mit Europa gar nichts zu tun. Aber uns bringen all die mehr oder — in Ihrem Fall — weniger gut gemeinten Forderungen von außen, was im Humboldt-Forum zu sehen und erlebbar sein müsste, nicht weiter. Uns muss die Veranschaulichung von Inhalten interessieren: auf der Basis dessen, dass die Museumsgegenstände würdig behandelt werden und ihre Attraktivität entfalten können. Das ist eine ganz besondere Herausforderung. Bloße politische oder ideologische oder wissenschaftliche Korrektheit ist mutlos und langweilig. Wir alle gehen doch in Museen und Ausstellungen, um gültige und persönlich wertvolle Erfahrungen zu machen — mittels Bildern und anderer Artefakte sowie deren Inszenierung. Denn Museen stellen nie die Welt aus, sondern Gegenstände, die mit der Welt zu tun haben. Außerdem sind auch die Museen durch die Digitalisierung und insbesondere das Internet fundamentalen Veränderungen unterworfen. Bildungshunger wird je länger, je weniger in Museen gestillt. Darauf haben wir zu reagieren.

PO Sie geben also ein Bild auf die Welt. Aber aus welcher Perspektive? Ist das eine universelle oder eine deutsche?

MH Das Humboldt-Forum, das — und daran kann man offenbar nicht genug erinnern! — weit mehr ist als ein Museum, liegt in Deutschland, und es ist ein politisch begründeter Ort. Diese Setzungen kann man nicht hintergehen. Wir blicken also von hier aus im Bewusstsein auf die Welt, dass sich die Rolle von Nationen und die Rolle Europas drastisch verändert haben. Universelle Herangehensweisen sind derzeit durchaus ein Trend — etwa in Kunstausstellungen, deren globaler Fundus mitunter jede reflektierte Haltung vermissen lässt. Das wollen wir nicht. Universalismus dieser Art ist uns zu billig.

PO Aber geht es wirklich um die eigene Rolle? In der Broschüre der Stiftung Berliner Schloss — Humboldt-Forum aus dem Jahr 2011 heißt es unter der Überschrift: »Das Kulturerbe Preußens eröffnet neue Perspektiven im interkulturellen Dialog« im Text: »Wenn auch Besucher aus Asien oder die Nachfahren indigener indianischer oder afrikanischer Gesellschaften eines Tages mit dem gleichen Gefühl das Humboldt-Forum besuchen wie wir Europäer die Berliner Museumsinsel, den Louvre oder den Prado, dann hätte das Humboldt-Forum eines seiner vornehmsten Ziele erreicht.« Daraus spricht die Anmaßung, dass wir die kulturelle Selbstdefinition für Dritte leisten können mit den Sammlungen, die wir ihnen nicht zurückgeben wollen. Das ist für mich eine ganz schräge Vorstellung.

MH Ich umgekehrt halte Ihre Unterstellungen für reichlich unqualifiziert — vielleicht müssten Sie sich von den Kolleginnen und Kollegen in Dahlem gelegentlich aus erster Hand informieren lassen, welche vielfältigen Kontakte zu indigenen Gemeinschaften bestehen, welche Anliegen von beiden Seiten damit verknüpft sind und wie in einem exzellenten internationalen Advisory-Board unterschiedliche Perspektiven und Meinungen zum Humboldt-Forum entwickelt und ausgetauscht werden, weitab von dummen Pauschalisierungen. Und falls Sie tatsächlich der Meinung wären, die Dahlemer Museen

less well meant external demands about what should be seen or experienced in the Humboldt-Forum don't bring us any further. We must take an interest in the visualisation of content: on the basis that the museum's objects are treated with respect and can develop their appeal. This is a huge challenge. Purely political, ideological or scientific propriety is both fainthearted and dull. We all go to museums and exhibitions in order to gain valid and personally valuable experiences — through images and other artefacts and the way in which they are presented. After all, museums never show us the world; they just show us objects that have something to do with it. Furthermore, museums are also being subjected to fundamental changes brought about by digitalisation and the Internet in particular. Over the passage of time, the desire for education is being satisfied less and less by museums. We have to respond to this.

PO You are therefore presenting an image to the world. But from what perspective? Is it a universal one, or a German one?

MH The Humboldt-Forum, which — and evidently people have to be reminded of this over and over — is far more than just a museum, is situated in Germany, on a politically historic site. There's no way around this. We're therefore looking at the world from here, aware that the roles of nations and of Europe have dramatically changed. Universal approaches are definitely a trend these days — for example in art exhibitions with global collections that sometimes lack any sort of reflection. That's not what we want. This kind of universalism is too crass for us.

PO But is it really about one's own role? In the brochure of the Berlin Palace Humboldt-Forum Foundation of 2011, under the heading »The cultural heritage of Prussia opens up new perspectives for intercultural dialogue«, it says: »If people from Asia or the descendants of indigenous Indian or African societies one day visit the Humboldt-Forum with the same feeling that we Europeans have when we visit the Museum island in Berlin, the Louvre or the Prado, then the Humboldt-Forum will have achieved one of its main objectives.« This articulates the assumption that we can define the cultures of others on their behalf with the collections that we don't want to give back to them. To my mind, that's a pretty odd idea.

MH To mine, your insinuation is clumsy, and perhaps you should get your information at first hand from our colleagues in Dahlem from time to time, so that you know which diverse contacts there are in place with indigenous societies, which concerns are associated with these on both sides, and how, in an excellent international Advisory Board, different perspectives and opinions on the Humboldt-Forum are being developed and exchanged, which transcend wholesale judgements. And if you were to genuinely believe that the Dahlem Museums should return their collections to where they came from, then I don't understand why you would want to talk to me in the first place. But such provocation is beneath us, so let's move on: If I had to reconcile the overview of the activities and research approaches presented on the Bauhaus Dessau Foundation's website with the ideological rigour of your historic legacy, I would have problems too — but I have to concede your right to professional development and emancipation.

RB The museum as we know it is a child of the 19th century. It was a privileged locus of knowledge that could dictate the modus of the (often national) historiography. In the 21st century, this has completely changed. History becomes the material of multiple narratives and formats; at the same time, the collected objects are also increasingly complex and their sheer materiality limits this multiple perspective. Even so, has the museum lost its dominance?

MH I agree — with the one difference that the museums of today are exceptionally popular and successful, not despite the fact they are not politically dominant institutions, but precisely because of it.

sollten ihre Bestände sofort in alle Welt zurückgeben, dann verstehe ich nicht, warum Sie überhaupt mir mit sprechen wollten. Aber lassen wir doch solch unnötige Sticheleien. Wenn ich den Überblick der Aktivitäten und Forschungsansätze, den mir die Website der Stiftung Bauhaus Dessau vermittelt, mit dem ideologischen Rigorismus Ihrer historischen Erbschaft in Einklang bringen müsste, hätte ich auch beträchtliche Probleme — aber ich gestehe Ihnen durchaus professionelle Reife und Emanzipation zu.

RB Das Museum, wie wir es kennen, ist ja eine Geburt des 19. Jahrhunderts. Es war ein privilegierter Ort des Wissens, das den Modus der (oft nationalen) Geschichtsschreibung bestimmen konnte. Das hat sich im 21. Jahrhundert vollkommen verändert. Geschichte wird zum Material multipler Erzählungen und Formate, zugleich sind die gesammelten Objekte eben immer auch komplexer und ihre schiere Materialität setzt dieser Multiperspektivität Grenzen. Aber dennoch, hat das Museum seine Dominanz verloren?

MH Völlig einverstanden — mit dem einzigen Unterschied, dass die heutigen Museen nicht ›dennoch‹, sondern gerade deswegen zwar äußerst populäre und erfolgreiche, aber eben nicht politisch dominierende Einrichtungen sind. Nur: Waren sie das je? Ich bin mir da keineswegs so sicher wie Sie. Und ein letztes Mal: Das Humboldt-Forum ist eine Institution, die ihre Einzigartigkeit aus der Kooperation unterschiedlicher Partner und aus dem Zusammenspiel der Museumsausstellungen mit einem zwar noch nicht (sechs Jahre vor der Eröffnung!) elaborierten, aber mit Sicherheit engagierten und aus gegenwärtigen Fragestellungen motivierten Veranstaltungsprogramm bezieht. Wobei sich dieses Zusammenspiel an gemeinsamen Leitgrößen ausrichtet: dem zukünftigen Publikum, einer Vorstellung von Gegenwärtigkeit und dem Versuch, Multiperspektivität nicht nur zuzulassen, sondern gezielt zu suchen.

PO Man hat die preußische Setzung des Schlossbaus möglich gemacht, indem man sie mit dem Programm des Außereuropäischen verbunden hat. Der Inhalt war eigentlich erst mal egal, man brauchte eine Legitimation für die nationale Setzung. Das Verhältnis zu den außereuropäischen Kulturen war dabei instrumentell und daher auch nicht sonderlich reflektiert. Sie haben jetzt die schwierige Aufgabe, aus dieser Situation eine produktive zu machen — was ja nicht ausgeschlossen ist. Können Sie zum Abschluss etwas konkreter beschreiben, welche Aufgabe dabei dem Humboldt-Lab zukommt?

MH Das tue ich gerne. Nicht zuletzt deshalb, weil unsere Verständigungsschwierigkeiten unter anderem da begründet liegen, wo auch die Arbeit des Lab ansetzt: bei den Problemen unterschiedlicher Sozialisierungen und den Grenzen der sprachlichen Verständigung zwischen — pauschal gesagt — Wissenschaft und Gestaltung. Das Humboldt-Lab Dahlem ist ein Instrument, das diese Grenzen durch experimentelle praktische Arbeit zu überwinden sucht, und ich bin der Kulturstiftung des Bundes unendlich dankbar, dass sie diese Arbeit finanziell ermöglicht und daran auch mit großem Interesse teilnimmt. Die Projekte des Lab, die wir regelmäßig auch öffentlich zur Diskussion stellen, nehmen die Herausforderung all der Innovationen ernst, die dem Humboldt-Forum auf der Ebene der musealen Repräsentation zugemutet werden. Was bedeutet, dass wir mithilfe zahlreicher Expertinnen und Experten über vier Jahre hinweg rasche und anwendungsorientierte Lösungen für spezifische Fragestellungen erarbeiten können, die dem Planungsprozess des Humboldt-Forums zugutekommen. Das ist das Abenteuer der Suche, die ich eingangs ansprach, bei der auch einmal etwas schiefgehen darf. Mit dieser Suche sind wir weit ehrlicher und zugleich avancierter unterwegs als alle, die noch immer das Humboldt-Forum prügeln, weil sie mit der Schlossarchitektur ihre Ideale verraten wähnen und blind sind für die Chancen, die sich mit der Schaffung dieser neuen Institution eröffnen.

Now: Have they ever been that? I am not as sure of that as you are. And finally: The Humboldt-Forum is an institution that gains its singularity from the cooperation of diverse partners and from the interaction of the museum exhibitions with a programme of events that is not yet (six years before the opening!) set out in detail, but which is certainly committed to and motivated by contemporary concerns. This interplay however targets common determining factors: the future public, an overall picture of contemporaneity, and the attempt to not only permit, but also consciously seek, multiple perspectives.

PO The Prussian positioning of the City Palace became possible because of its association with the non-European programme. The content was initially irrelevant: legitimacy for the national positioning was required. The relationship to non-European cultures was instrumental to this and therefore not especially reflected on. You now face the difficult task of turning this situation to the positive — which is not impossible. Finally, could you describe in more detail what this entails for the Humbold-Lab?

MH Of course. Not least because our communication problems also stem from the question of where the Lab's work starts: With the problems of different socialisations and the limitations of the language barriers between — broadly speaking — science and design. The Humboldt-Lab Dahlem is an instrument that tries to overcome these barriers through experimental practice projects, and I am eternally grateful to the German Federal Cultural Foundation for funding this work and taking an interest in it. The Lab's projects, which we regularly present also for public discussion, take seriously the challenges of all the innovations that the Humboldt-Forum is presented with on the level of museum representation. This means that, with the assistance of numerous experts over four years, we can develop timely and application-orientated solutions for specific problems, which benefit the planning process of the Humboldt-Forum. This is the adventure of inquiry that I mentioned earlier, which must also be allowed to sometimes take a step in the wrong direction. This inquiry means that we are far more honest and further along the way than all those who still attack the Humboldt-Forum because they imagine that the architecture of the building betrays their ideals, and are blind to the opportunities that the creation of this new institution presents.

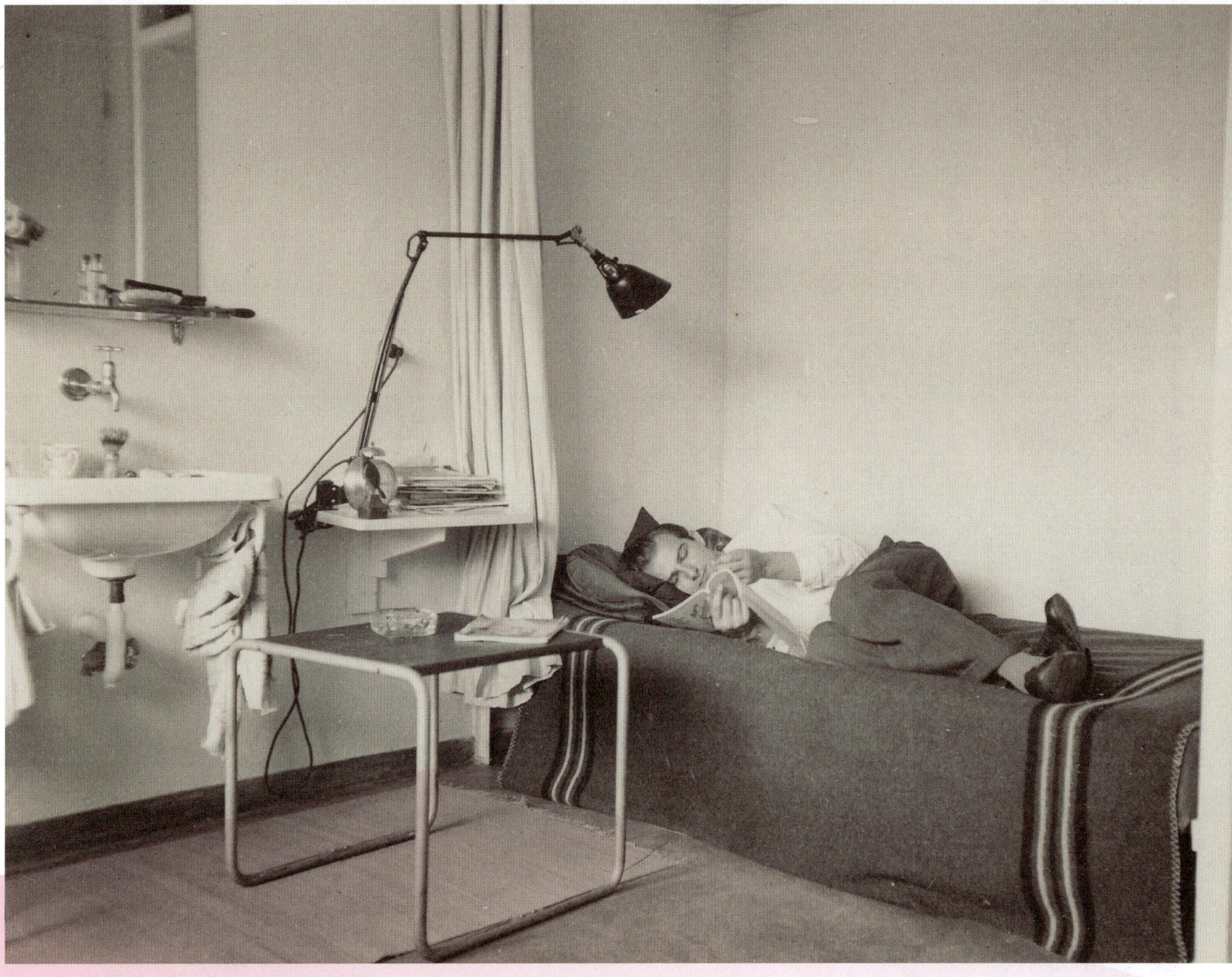

Die Zimmer des Prellerhauses werden originalgetreu restauriert und viele weitere Nachrichten aus der Bauhauswelt

Damals der pure Luxus: Der Bauhäusler Siegfried Gie-
senschlag in seinem Atelier im Prellerhaus, o. Dat.

Kabale, auch wegen Liebe auf 28 mal 24 Quadratmetern

2013 gibt es umfassende Baumaßnahmen am Atelierhaus des Bauhauses Dessau, um den Besuchern neue Bereiche zu öffnen und in wichtigen Bereichen Innenraumgestaltung und Nutzung gemäß dem Originalzustand wiederherzustellen. Für die dafür nötige wissenschaftliche Untermauerung begab sich der Kunsthistoriker Frank Werner auf eine minutiöse Spurensuche in den Archiven. Hier berichtet Werner von den Ergebnissen seiner Recherche zum sozialen Zentrum des Bauhauses.

Die Geschichte des legendären Bauhaussoziotops beginnt in Weimar: Bereits hier gab es ein Atelierhaus für ausgewählte Studenten — das Prellerhaus, benannt nach dem Hofmaler Friedrich Preller. Ursprünglich als reines Atelierhaus gedacht, wurden die zwölf Arbeitsateliers ab 1919 wegen der steigenden Wohnungsnot auch als Wohn- und Schlafstätten genutzt. Obwohl nur männlichen Atelierhaltern ein Wohnrecht gewährt wurde, bot das Bauhaus mit seinem Prellerhaus einen fruchtbaren Boden für Gerüchte und moralische Anfeindungen seitens der konservativen Weimarer Bevölkerung. Nicht nur, dass hier ungezwungene Feste gefeiert wurden und man sich gewiss auch nächtlich zusammenfand, viele der Bauhäusler lebten im überschaubaren Weimar in ›wilder‹ oder offizieller Ehe miteinander, gelegentlich auch mit Nachwuchs.

Den Bauhäuslern gefiel das gemeinschaftliche Wohnen und Arbeiten und als es darum ging, das neue Schulgebäude in Dessau zu planen, setzte sich die Studentenschaft für die Errichtung eines Atelierhauses ein. Dieses ›Kollektivwohnhaus‹ mit Gymnastikraum, Dusch- und Baderaum im Keller und den gemeinschaftlichen Etagenküchen machte etwa ein Zehntel der Gesamtkosten des Bauhauses aus. Um diese Zusatzkosten von 100.000 Reichsmark musste mit dem Dessauer Magistrat langwierig verhandelt werden. Letztendlich kam die Zusage und im September 1926 konnte das Atelierhaus bezogen werden, um von hier aus die Fertigstellung des restlichen Bauhausgebäudes auszuführen. Von nun an lebten Jungmeister und leistungsstarke Studenten in den auf 28 angewachsenen Wohn- und Arbeitsateliers des in Reverenz an Weimar wieder Prellerhaus bezeichneten Gebäudes. So kam es, dass auf den fünf Etagen plus Souterrain und nutzbarer Dachterrasse eine Reihe berühmter Bauhäusler lebte und arbeitete: Josef Albers, Erich Consemüller, Herbert Bayer, Franz Ehrlich, Walter Peterhans, Hannes Meyer, Joost Schmidt oder Marcel Breuer. Nicht zu vergessen die Bewohnerinnen der ersten, sogenannten ›Damenetage‹: Gertrud Arndt, Marianne Brandt, Gunta Stölzl oder Anni Albers. Natürlich ging der Kollektivcharakter des Hauses über die gegenseitige Inspiration bei der Arbeit hinaus, auch privat gab es einen regen Austausch, sodass es nicht weiter wundert, dass sich in Dessau wieder zahlreiche Paare fanden, Ehen entstanden und sogar zwei Kinder ihre ersten Lebensmonate in den Mauern des Bauhausgebäudes verbrachten.

Das hochgeschossige Prellerhaus war im Dessauer Stadtbild weithin sichtbar — und vielen Dessauern ein Dorn im Auge, wie in zahlreichen historischen Zeitungsartikeln nachzulesen ist. Von Anfang an stand das freigeistige Atelierhaus unter folgenreicher Beobachtung. Die mit den Jahren zunehmende Internationalisierung der Studentenschaft entwickelte sich gegenläufig zum Nationalisierungsbestreben der politischen Entscheidungsträger. Der Druck auf das Prellerhaus war enorm und so kam es, dass bereits 1930 — zwei Jahre vor der endgültigen Bauhausschließung — dem gemeinschaftlichen Wohnen im Kollektivhaus ein Ende gesetzt wurde. Die als Brutstätten für ›Lotterleben‹, ›Rassenschande‹, ›Kulturbolschewismus‹[1] usw. erachteten Ateliers mussten sich einer ersten Umbauphase fügen und wurden fortan als — vermeintlich weniger provozierende — Klassenzimmer und Werkstätten des Hochschulunterrichts genutzt. Besonders stark bekam Gunta Stölzl, Leiterin der Weberei und Atelierbewohnerin der ersten Stunde, die städtischen und hausinternen Anfeindungen zu spüren, war sie doch mit einem Juden, dem Bauhäusler Arieh Sharon, verheiratet und hatte ein Kind von ihm bekommen. Sie sah sich 1931 gezwungen, ihre Lehrtätigkeit am Bauhaus aufzugeben und in die neutrale Schweiz auszuwandern.

83 Jahre nach der Schließung soll das kollektive Wohnen des Prellerhauses nun wieder aufleben, zwei Zimmer — soweit wissenschaftlich nachweisbar — originalgetreu eingerichtet werden und auch die übrigen mit ihrer Ausstattung einzelnen Bauhausschülern gewidmet werden, jene allerdings ohne weiteres Rekonstruieren. Dazu mussten zunächst die damaligen ›Wohnverhältnisse‹ recherchiert werden: Wer wohnte wann wo und war wie eingerichtet? Nach einer halbjährigen Recherche können nun 37 Bauhäusler in den begehrten Atelierräumen nachgewiesen werden. Glücklicherweise erlebte nach 1924 dank der Entwicklung von Kleinbildapparaten und lichtempfindlicherem Fotomaterial die Fotografie eine große Verbreitung — denn so findet sich die Dessauer Zeit heute weitaus reichhaltiger dokumentiert, als es noch um die frühen Zwanzigerjahre des Weimarer Bauhauses möglich war. Die Bauhaus-Forschung kennt heute etwa 100 Innenaufnahmen, die präzise Aussagen zur damaligen Ausstattung und Nutzung der Ateliers ermöglichen. Auch konnten im Zuge der Bearbeitung zahlreiche Korrespondenzen, Berichte und Unterlagen zusammengetragen werden, die aufschlussreiche Daten und Anekdoten zum Leben im Prellerhaus vermitteln. Hier werden unter anderem die vernehmbare Sprachvielfalt, die alle Kontinente umfasste, und die dazugehörigen Gerüche der vielen — in den kleinen Etagenküchen angefertigten — fremdländischen Speisen beschrieben. Allerdings waren die Studenten eher mit einem kleinen Finanzetat ausgestattet, darum reichte es meist nur zu einem der beiden gängigen Prellerhaus-Menüs: a) Brötchen mit Buttermilch am Morgen und b) ausgelassene Zwiebeln mit Brot am Abend, die man sich dann gerne in kleineren Runden teilte. Beschrieben und fotografisch festgehalten wurden besonders die Feste und Treffen in den etwa 24 qm großen Ateliers. Einen besonderen Platz nahmen die damals noch raren, aber äußerst beliebten Grammofone ein. Sie bilden den stolzen Mittelpunkt vieler der erhaltenen Abbildungen. Überhaupt war Musik ein fester Bestandteil des Prellerhauslebens: Fast alle Mitglieder der Bauhauskapelle wohnten im Prellerhaus. Musiziert wurde von Balkon zu Balkon, in den Zimmern oder bei größeren Zusammenkünften auf der Dachterrasse. Das Prellerhaus mit seiner angeschlossenen Kantine und den Dusch- und Baderäumen entwickelte sich, wie vermutet und durch viele Briefe und Berichte bestätigt, schnell zum sozialen Zentrum der Bauhaus-Gemeinde.

Die meisten Informationen zum Atelierleben liefert der Nachlass Marianne Brandts. Mit seinen zahlreichen Fotodokumenten ermöglicht er auch einen einzigartigen 360°-Blick ihres Ateliers. Selbst das wenig beschriebene Kellergeschoss mit dem darin befindlichen Gymnastik- und Bühnenraum wurde von der langjährigen Leiterin der Metallwerkstatt kommentiert. So schreibt sie über einen von den Studenten ausgerichteten Gropius-Geburtstag, zu dem man den Bauhausdirektor auf einem »rosenbekränzten Thronsessel, einem Mitropa-Schlaraffiasitz, der ziemlich hoch hing«[2] Platz nehmen ließ und zu dem er — wie üblich ruhig Zigarre rauchend — alle weiteren Prozeduren über sich ergehen lassen musste. Über den Gymnastikraum weiß sie zu erzählen, dass er mit einem »großen weichen Teppich« ausgelegt war, »und obgleich streng untersagt, nächtigten dort einige, die gar nichts ausgeben konnten«.[3] Über ihr persönliches Prellerhausleben enthüllt Brandt ebenfalls spannende Details: wie beispielsweise gelegentlich der Hausmeister in Begleitung seiner »schönen Schäferhündin«[4] aus seiner Kellerwohnung zu ihr ins Atelier hinaufkam, um ihr einen nächtlichen Besuch abzustatten. Mit einem Augenzwinkern fügte sie hinzu, das solle geheim bleiben — schließlich gab es eine Hausordnung, die nächtliche Besuche untersagte. Ob sich daran immer korrekt gehalten wurde und was des Nachts sonst im Keller, im Atelier Brandt oder auch in denen von Bredendieck, Vogler, Schawinsky, Monastirskaya, Breuer etc. geschah, fand nirgendwo eine klare Beschreibung und bleibt deswegen im Dunkeln. Doch es führt uns zurück zu den durchschnittlichen Moralvorstellungen der Bewohner einer durchschnittlichen Provinzstadt, die sich durch die Freizügigkeit einer motivierten Studentenschaft provoziert fühlte, sich ihr entgegenstellte und dem Prellerhaus zwei Jahre vor der Bauhausschließung durch die Nationalsozialisten das Aus bescherte.

[1]   Gängige Schmähbegriffe der nationalsozialistischen Presse für das Prellerhaus
[2]   zit. nach Neumann, Eckhard (Hrsg.): *Bauhaus und Bauhäusler — Erinnerungen und Bekenntnisse*, Köln 1985, S. 160.
[3]   ebd. S. 160.
[4]   ebd. S. 160.

Das neugestaltete Prellerhaus — inklusive wieder zugänglicher Dachterrasse und Gymnastikraum — zeigt sich erstmals während der *Triennale der Moderne* im Oktober 2013 seinen Gästen.

Zur Geschichte des Weimarer Prellerhauses erscheint im Herbst/Winter 2013 die Publikation:
Wo die Kunst entstand. Die Atelierbauten der Weimarer Kunstschule im Verlag der Bauhaus-Universität Weimar. Hardcover, ca. 200 Seiten, ca. 34 Euro, ISBN: 978—3—86068—491—7

Die zerstörte Vielfalt

Berlin, Dessau und Weimar verbindet seit diesem Jahr eine *Triennale der Moderne*

Im Juli 1933 löste sich das Bauhaus endgültig auf. Was in Weimar hoffnungsvoll begann, in Dessau zur vollen Entfaltung gelangte, wurde in Berlin zu Grabe getragen. Es war nicht nur die weltbedeutende Hochschule für Gestaltung, die dem Druck der Nationalsozialisten nicht länger standhielt, es waren eine avantgardistische Idee und eine gesellschaftliche Haltung, die, als links und ›kulturbolschewistisch‹ diffamiert, im Hitlerstaat keine Rolle mehr spielen sollten. Viele intellektuelle Vordenker und Vertreter der Moderne emigrierten, wenige nur arrangierten sich mit den neuen Machthabern. Was blieb, war eine gedankliche Leere vor den Hinterlassenschaften einer gebauten, aber abgebrochenen Moderne. Die einst gepriesene Vielfalt war zerstört. Genau unter diesem Motto blickt nun 80 Jahre später eine Initiative auf das weltberühmte Erbe der Architekturmoderne, die vom Berliner Bauhausarchiv, der Stiftung Bauhaus Dessau und der Klassik Stiftung Weimar sowie den jeweiligen Städten getragen wird. An drei Herbstwochenenden zwischen dem 27. September und dem 13. Oktober sollen in den beteiligten Städten die Türen der UNESCO-Welterbestätten weit offen stehen. Während in Berlin die berühmten Wohnsiedlungen von Bruno Taut oder Hans Scharoun im Fokus des Interesses stehen, präsentiert sich Weimar anlässlich des 150. Geburtstages von Henry van de Velde als ›Wiege der Moderne‹.

Dessau hingegen verfügt mit den Bauten von Walter Gropius, Hannes Meyer, Carl Fieger und Richard Paulick nicht nur über Bauhausarchitektur in ihrer ganzen Vielfalt, die Stadt erwarb sich zudem einen Ruf als Laboratorium des 20. Jahrhunderts. Zum Beispiel stellte sich die Frage nach dem Wohnen der Zukunft nicht nur Gropius in der Siedlung Törten, sondern auch Leberecht Migge und der Loos-Schüler Leopold Fischer. Und auch mit den abgründigen, furchtbaren Seiten der Moderne ist Dessau verbunden. Als die Hakenkreuzfahnen wehten, wurde die Stadt zur wichtigen Adresse der Rüstungsproduktion und auch ein zentraler Ort für die Herstellung des Giftgases Zyklon B, mit dem der Völkermord an den europäischen Juden fabrikmäßig praktiziert wurde. Das Dessauer Triennale-Wochenende vom 11. bis 13. Oktober wird deshalb mit einer Gedenkrede des amerikanischen Architekten Daniel Libeskind eröffnet. Es folgen Stadtführungen, Rundfahrten und Vorträge, die die Spuren der geteilten Moderne lebendig werden lassen und die Erinnerung an eine dunkle, monströse Zeit offenbaren, die mit der Schließung des Bauhauses begann und in Auschwitz ihren grauenvollen Höhepunkt erfahren sollte. Ingolf Kern

Mehr über die Triennale unter www.triennale-der-moderne.de

Das Bauhaus unterm Hakenkreuz in den Dreißigerjahren

Zwischen Utopie und Verlust

Eine Ausstellung im Meisterhaus Muche-Schlemmer widmet sich den Bauhäuslern Chanan Frenkel, Ricarda und Heinz Schwerin, deren Weg von Dessau nach Palästina führte

In dem Triennale-Jahr des Erinnerns und des Innehaltens will die Stiftung auch noch einmal Bauhausschüler vorstellen, denen es gelang, in den Dreißigerjahren nach Palästina zu emigrieren. Zu ihnen zählte der aus Halle gebürtige Chanan Frenkel, der nach seinem Studium am Bauhaus 1933 als begeisterter Zionist ins britische Mandatsgebiet zurückkehrte. Demgegenüber emigrierten der aus Kattowitz gebürtige Heinz Schwerin und seine spätere Frau, Ricarda Meltzer, die aus Göttingen stammte, 1935 über Prag und Ungarn aus Mangel an Alternativen nach Palästina. Beide waren nicht zionistisch und Ricarda Meltzer zudem keine Jüdin.
Den Spuren dieses Trios folgt eine Ausstellung im Dessauer Meisterhaus Muche/Schlemmer, die vom 27. Juni bis 13. November zu sehen sein wird. Wie viele andere junge Menschen zog es die drei einst an das Bauhaus, weil es sich — jenseits seiner Utopien der Weimarer Zeit — in Dessau als führende Hochschule für moderne Gestaltung weltweit einen Namen gemacht hatte. Durch die politisch mo-

tivierte fristlose Entlassung von Hannes Meyer als zweitem Bauhaus-direktor befand sich das Bauhaus zur Zeit ihrer Ankunft jedoch in einer existenziellen Krise, die auch den Alltag und die Perspektiven der Studierenden prägte. Während 1932 Chanan Frenkel noch sein Diplom unter Mies van der Rohe machen konnte, wurden Ricarda Meltzer und Heinz Schwerin nach dem Eklat um die Kommunistische Studentenfraktion (Kostufra) ohne Abschlüsse der Schule verwiesen.
Auf verschiedenen Migrationswegen kamen sie nach Palästina und versuchten unter schwierigsten Bedingungen ein neues Leben und Arbeitsumfeld aufzubauen. Chanan Frenkel konnte seinen Berufs-weg in Tel Aviv fortsetzen und nahm seinen Idealen folgend als Architekt aktiv am Aufbau seines Landes teil. Als Nichtzionisten suchten Ricarda und Heinz Schwerin einen anderen Neuanfang: Um ihre Unabhängigkeit zu wahren, gründeten sie eine Werkstatt für Holzspielzeug und Kunstgewerbe in Jerusalem. Nach dem Tod von Heinz Schwerin während des israelischen Unabhängigkeitskriegs widmete sich Ricarda Schwerin ab Mitte der Fünfzigerjahre erfolg-reich ihrer Profession als Fotografin.
Die Dessauer Ausstellung berichtet nun erstmals von ihren Erfahrungen und personellen Verflechtungen am Bauhaus, von ihren unterschiedlichen Migrationspfaden zwischen Utopie und Verlust sowie ihren künstlerischen und beruflichen Entfaltungsmöglichkeiten und Tätigkeiten in Palästina unter den schwierigen politischen Umständen der britischen Mandatszeit bis zur Gründung des jüdischen Staates. Anhand von Dokumenten, Fotografien, Zeichnungen, Möbeln, Spielzeug und Architekturmodellen zeigt die Ausstellung den breit gefächerten Wirkungskreis dieser ehemaligen Bauhausschüler in Palästina und in Israel — von der Architektur über Möbel- und Spielzeugdesign bis zur Fotografie. Werner Möller

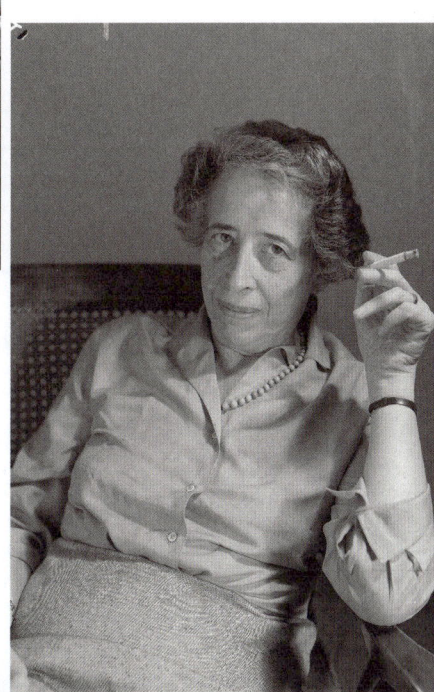

▲
Spielzeug, made by Schwerin in Jerusalem, 1942
Eine Ikone: Ricarda Schwerins Porträt von Hannah Arendt, 1961 ▶

DER WEG ZU DEINEM ZAUN BEGINNT GENAU HIER.

DU WILLST DEINE GRENZE SICHERN?

NEIN — mein Nachbar ist doch bei mir willkommen

JA!

MACHT ER DIR ANGST?

DU HAST ALSO KEIN PROBLEM DAMIT, DASS DROGEN, TERRORISTEN UND SCHNORRER ÜBER DEINE GRENZEN KOMMEN?

NEIN

DOCH

JA! wir sind so verschieden

JA! weil er neidisch ist

DENKST DU AUCH AN DEINE FAMILIE?

JA!

WAS IST SEIN HEILIGER TAG?

KEINE AHNUNG

EIN ANDERER ALS MEINER

AUF DEIN GELD?

DEIN LAND?

DEIN AUTO?

IST ER GEKOMMEN UM ZU BLEIBEN?

WUNDERST DU DICH MANCHMAL WOHIN DAS TASCHENGELD DEINER KINDER SO SCHNELL VERSCHWINDET?

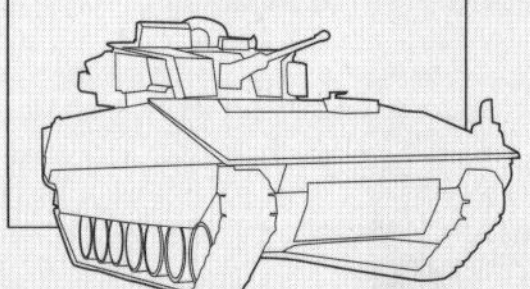

NEIN

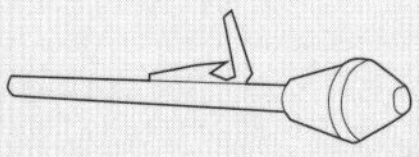

JA!

NEIN

JA!

WIE IST ER BEWAFFNET?

ER KOMMT MIT ...?

PANZER

PANZERFAUST

ARMEE

FAMILIE

UNSCHÖNER NACHBAR

Ihr passt einfach nicht zusammen und Freundschaften kann man nicht erzwingen. Deshalb ist eine Grenze in eurem gemeinsamen Interesse. So schützt du deine Nachbarschaft vor komischen Gestalten und ihre Nachbarschaft vor Gentrifizierung! Eine Win-Win Situation!
Tipp: Hohe Mauern sind nicht nur eine Durchgangsbarriere sondern bieten auch Sichtschutz.

SCHMUGGLER

Drogen sind schlecht, Menschenhandel ist unverantwortbar und die illegale Versorgung des feindlichen Gebietes unterwandert deine Pläne im wörtlichen Sinne. Wenn das Problem schon nicht an der Wurzel behandelt werden kann, dann wenigstens an der Grenze!
Tipp: Unterbinde ihre Tunnel mit unterirdischen Mauern!

FEIND

Wie hat dieser Streit eigentlich angefangen? Unwichtig! Dein Feind spart keine Kosten und Mühen deine Grenzen zu verrücken. Du darfst also keine Kosten und Mühen scheuen dich zu verteidigen. Greife die tief in die Trickkiste moderner Unabhängigkeitstechnologie um auf Nummer sicher zu gehen.
Tipp: Gruben helfen auch gegen Panzer!

TERRORIST

Ein komplizierter Kandidat. Nichts ist ihm heilig. Oder die falschen Dinge sind im heilig. Keine Taktik wird er unversucht lassen in deinem Garten alles durcheinander zu bringen. Bombardiere ihn an der Grenze bevor er es selbst in deinem Stadtzentrum tut!
Tipp: Selbstschussanlagen und strenge Kontrollen filtern das Übel schon bei Eintritt aus!

FLÜCHTLING

Du teilst was du hast auch gerne mit anderen? Vorbildlich! Aber wie weit muss die Großzügigkeit gehen? Wenn man alles teilt ist bald nicht mehr für die eigenen Kinder da. Du hast schließlich hart für dein Hab und Gut gearbeitet.
Tipp: Die Ärmsten der Ärmsten auf dem Weg in das eigene Land lassen sich gut mit teuerster Satelliten Technologie aufspüren!

Isotype 2.0

Der Wettbewerb zum <u>Informationsdesign nach Otto Neurath</u> ist entschieden

Wie können komplexe gegenwärtige Probleme wie zunehmende sozialräumliche oder ökologische Ungleichgewichte visualisiert werden — und im gleichen Zug deren Zusammenhänge offengelegt werden? Diese Frage stellten im Sommer 2012 die Zeitschrift *Arch+* und die Stiftung Bauhaus Dessau mit dem Wettbewerb *Out of Balance. Kritik der Gegenwart* zum Informationsdesign nach Otto Neurath. *Out of Balance* ist eine Hommage für den Volkswirtschaftler Neurath und den Grafiker Gert Arntz. Ersterer entwickelte in den Zwanziger- und Dreißigerjahren des letzten Jahrhunderts die Methode der Bildstatistik und Arntz entwarf dazu die Bildsprache, die sogenannte ISOTYPE. Menschen sollten durch die bildliche Visualisierung von Statistiken in die Lage versetzt werden, ihre Lebensumstände und sozialen Verhältnisse zu verstehen, und so die Möglichkeit bekommen, sie zu verbessern. *Out of Balance* stellte also eine weitere Frage: Was bedeutet Otto Neurath heute?

180 Teams aus 18 Ländern, darunter aus China, Großbritannien, Korea oder Südafrika, gaben in ihren Beiträgen Antworten. Mit sechs ersten und zweiten Preisen sowie fünf Anerkennungen prämierte die Jury am 28. Februar 2013 die Entwürfe. Insbesondere für die ersten Preise gilt, dass hier eine fundierte inhaltliche Recherche in eine gut verständliche visuelle Form umgesetzt wurde. Beispielsweise im Beitrag *Das ist der Gipfel* von einem Team des *Visual Business Atelier YAAY*, Basel. Hier wurde die Einkommensschere in 20 Städten der Welt verglichen: Wie viel verdient ein Finanzanalyst, Ingenieur, ein Lehrer im Vergleich mit einem Automechaniker oder einem Arbeiter in den verschiedenen Metropolen der Welt? Wie viel können sie sich davon leisten? Heraus kam beispielsweise, dass Arbeiter, Automechaniker und Lehrer sich in New York keine unmöblierte Dreiraumwohnung leisten können, da die Mieten höher sind als ihre Löhne, in Jakarta können das sogar die Ingenieure und Finanzanalysten nicht. Elektronik- und Haushaltsgeräte sind in der indonesischen Metropole ebenfalls unbezahlbar für alle. Die Basler bedienten sich bei ihrem Beitrag einer einfachen und gleichzeitig raffinierten Formensprache, die die Aussagen augenfällig macht. Und auch für die Visualisierung schlugen sie zeitgemäße Wege der Darstellung vor: Auf einer Kletterwand (passend zur Bergsteig-Metapher des Titels) müssen die Einkommensdifferenzen überwunden werden, um nach oben zu gelangen, was natürlich dem Finanzanalysten am besten gelingt. Oder mittels einer App, mit der das ungleiche Lohn-Leistungs-Verhältnis für verschiedene Berufsgruppen in den jeweiligen Städten der Welt abgerufen werden kann.

Die ungleiche Ausstattung mit Bildung und Einkommen gefährdet die *Demokratie*. Diese Aussage setzt die Stop-and-Motion-Animation eines Teams der Universität der Künste in Berlin mit spielerischen Mitteln in Szene, sozusagen Otto Neuraths Ansatz der Bildstatistik in moderner Form. Das Team macht es mit den aufgeschichteten Kreisen, Würfeln und Mensch-ärgere-Dich-nicht-Figuren für alle leicht verständlich, dass Bildung und Einkommen ein wichtiges Kapital oder eben eine Barriere sind, um die eigenen Interessen wahrnehmen zu können oder auch nicht, sei es in der Netzwelt oder im Parlament.

Die Hintergründe und die Situation von *Chinas Wanderarbeiter* zeigt eine Animation im Retrodesign früherer Videospiele. China wandelt sich vom Agrar- zum Industrieland. Millionen von Menschen verlassen den ländlichen Raum und ziehen nach Shanghai oder Peking auf der Suche nach ihrem Glück. Die Animation erzählt, wie sie dort schrittweise in genormte Arbeitskräfte transformiert werden. In Kontrast zu den statistischen Diagrammen werden auf Fotoporträts die Wanderarbeiter zu Menschen mit Gesichtern. Eine Frau hält ein Schild vor sich hin, das sagt: »Ich habe in meinem Alter keinen anderen Wunsch, als dass meine Tochter einmal zur Universität gehen kann.«

Vielleicht haben die Menschen, die in den Fünfzigerjahren auf der Suche nach Arbeit nach Eisenhüttenstadt zogen, sich auch gewünscht, dass es ihren Kindern einmal besser geht. Der fett gedruckte, schwarz aufsteigende und rot absteigende Graph des Beitrags *Eisenhüttenstadt Out of Balance* macht sofort klar, worum es geht: Eine Stadt schrumpft. Den Graphen unterlegten Martin Maleschka und Konstanze Jonientz aus Cottbus mit einer Excel-Tabelle, die alle Wohnungen auflistet, die seit 1950 in Eisenhüttenstadt in der DDR gebaut und ab der Wiedervereinigung 1990 wieder abgerissen wurden.

Der Amerikaner Seth Denizen von der University of Hong Kong beschäftigt sich in seinem prämierten Entwurf *Urban Soil in the Antropecene* mit den menschlichen Spuren im städtischen Erdreich. Der Boden einer Stadt ist ein Informationsspeicher, der entziffert werden kann. Die Bildersprache folgt dem Duktus der Architekturzeichnung — für die Darstellung werden verschiedene Maßstabsebenen und verschiedene Blickwinkel, nämlich Plan, Schnitt, Isometrie, genutzt, um die komplexen Zusammenhänge der anthropogenen Einwirkungen sichtbar zu machen.

»Dort wo die Ungleichheiten zu groß sind, werden seit einigen Jahren die Grenzen mit Zäunen und Mauern verstärkt.« Das ist die Beobachtung einer Architektengruppe von der RWTH Aachen. In der Bildersprache eines Ikea-Katalogs präsentieren sie eine vielfältige Auswahl von Zäunen und Waffen, die zur Verteidigung gegen Nachbarn, Schmuggler, Terroristen und Flüchtlinge dienen sollen. »Fühl dich zu Hause in deinem Zuhause«, nämlich in der Festung Europa, in der bereits 25 Länder ihre Grenzen zugemauert haben. Eine Ironie, die verstört und stören soll.

Werden die eingesandten Beiträge zum Wettbewerb insgesamt betrachtet, fallen einige neuere Tendenzen ins Auge. Das Informationsdesign ist spielerischer geworden, es werden Geschichten erzählt und es wird auch Unterhaltung geboten. Infotainment ist das Schlagwort — die Animation der UdK Berlin verdeutlicht diese Tendenz am besten. Eine weitere Entwicklung kündigt sich an: Es werden zunehmend verschiedene Medien und Formate sowie unterschiedliche Räume in die Visualisierung von Informationen integriert. Die Kletterwand als Info-Installation zum Alltagsgebrauch, die mit einer App für Smartphones kombiniert werden kann — davon wird es zukünftig mehr geben. <u>Elisabeth Kremer</u>

◄ + ►►
Fühl dich zu Hause in deinem Zuhause, eingereicht von Eleonore Harmel und Mathias Burke
Ein Blick über den Tellerrand, eingereicht von Indre Grumbinaite, Darjan Hil, Safak Korkut, Nicole Lachenmeier und Kurosch Hadinia
►► ►►

FINDE DEINEN TRAUMZAUN

Willkommen in der Zaungalerie! Hier kannst
du dir unzählige Zäune in verschiedenen
Stilen und Größen zu tollen Preisen ansehen.

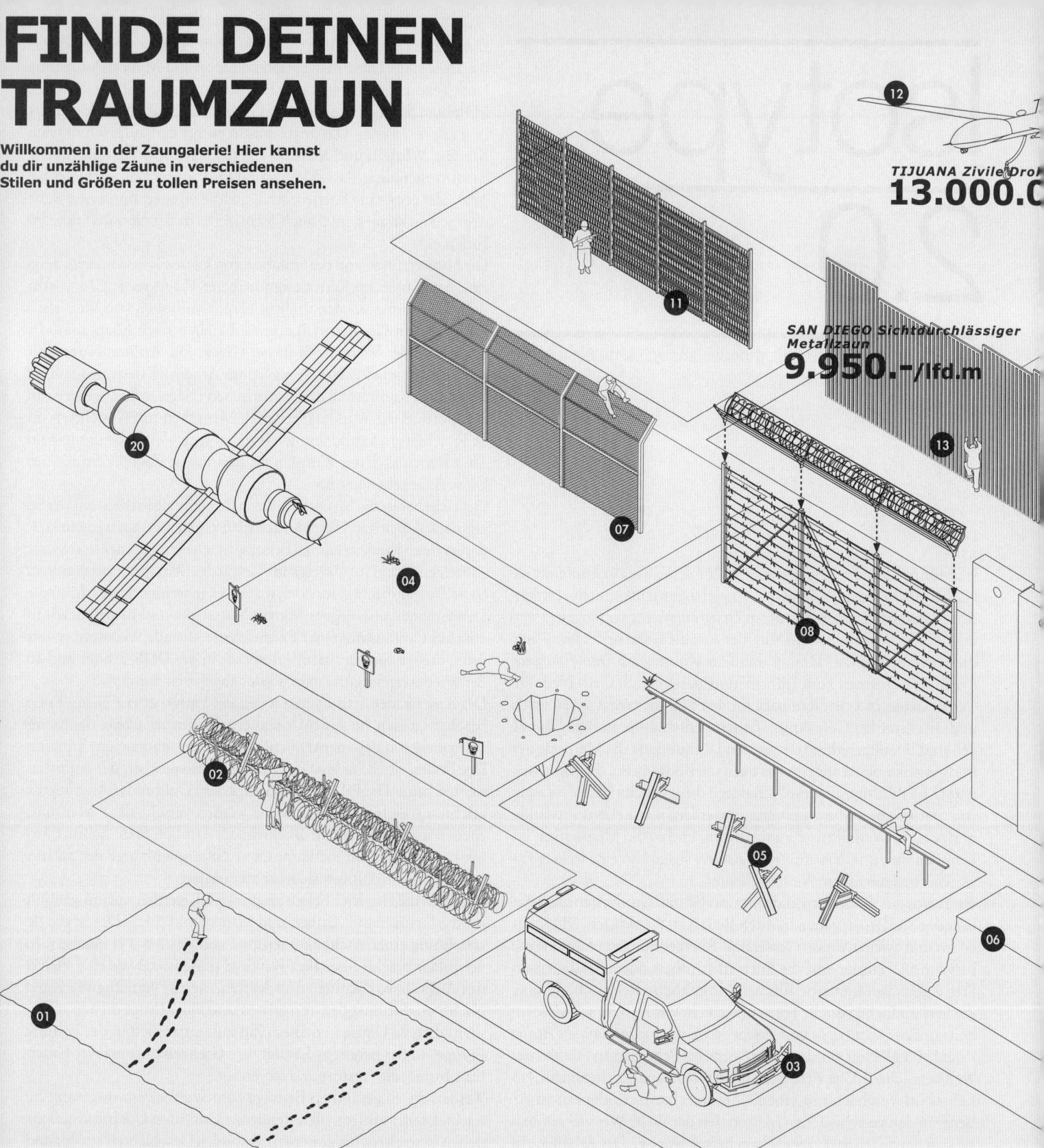

TIJUANA Zivile Dro...
13.000.0

*SAN DIEGO Sichtdurchlässiger
Metallzaun*
9.950.–/lfd.m

01 NIRAM Sandstreifen
Geharkter Sandstreifen zur Verfolgung von
Fußabdrücken.

02 AL WAFRA NATO-Draht
Zur Verstärkung für Zäune mit einem erhöhten Sicherheitsbedürfnis oder als frei
stehende 3-teilige Pyramide.

03 McALLEN Patrouillenfahrzeug
Wird zusammen mit asphaltiertem Patrouil-
lienweg und einer Besetzung von bis zu 6
Grenzschutz-Polizisten ausgeliefert. Für den
Einsatz an umkämpften Grenzen empfiehlt
sich eine gepanzerte und bewaffnete Vari-
ante.

04 KHOLM Minenfeld
Defensives Sperrmittel in den Kategorien
Antipersonenmine, Antifahrzeugmine und
Antipanzermine erhältlich. Je nach Typ sehr
günstig und in großen Stückzahlen verleg-
bar. Alle Ideen finden sich im gesonderten
Minenkatalog.

05 PYONGYANG Fahrzeugsperren
Als Bauwerk oder mobile Vorrichtung.

06 UM QUASR Graben
Fahrzeugsperre

07 SOUFU Maschendrahtzaun
Einfachste Zaunvariante mit begrenzter
Wirksamkeit. Empfohlen ist eine Kombinati-
on mit Stacheldraht und weiteren Zäunen.

08 DANDONG Stacheldrahtzaun
Stacheldraht im Abstand von ca. 10cm, in
Höhen von 3m bis 6m erhältlich. Die Zaun-
pfosten können einfach, als T- oder Y-Modul
ausgeprägt sein. Optional auch Elektrifiziert.

09 BAGDAD Stahlbetonmauer
Ähnliche Eigenschaften wie das Modell Rafah
jedoch mit zusätzlichem Schutz gegen Heck-
enschützen, Selbstmordattentäter und
Granaten.

10 JAMMU Grenzhochspannungshindernis
Zur Abschreckung mit bis zu 380 V. Je nach
Ladung reicht der Effekt von Verbrennungen
bis zu tödlichen Schocks.

16

17

19

14

09

15

18

10

RAFAH Spundwand

Bis zu 30m tief gegen
Schmugglertunnel.

NEU!

*JAMMU Grenzhochspan-
nungshindernis*

Jetzt besonders wirksam.

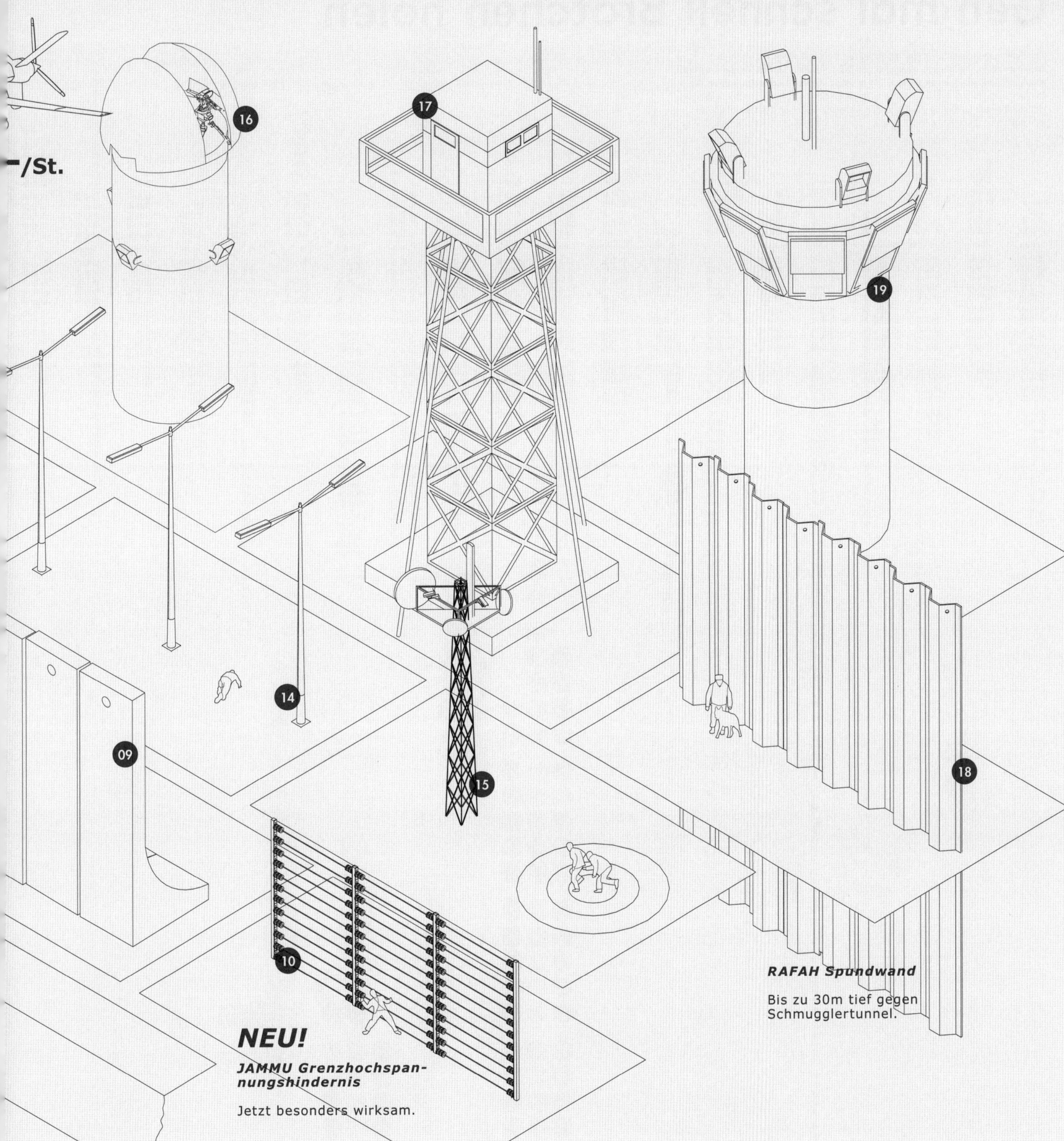

1 FARKHANA Rasiermesser-Stachelzaun
In glatter oder gerollter Ausführung aus
rostfreiem Stahl, Klingenlänge 10 – 60 mm.
Eine größere Schneidlänge verstärkt den
Abschreckungseffekt.

2 TIJUANA Zivile Drohnen
Ausgestattet mit Radar-Systemen und
High-Tech Elektronik ist eine umfassende
Überwachung von großen Gebieten ebenso
möglich, wie das Erkennen von Fußspuren.

**3 SAN DIEGO Sichtdurchlässiger
Metallzaun**
6m hoch ist dieser Zaun enorm stabil und
ermöglicht trotzdem Sichtkontakt. Ohne
horizontale Streben, um Klettern zu unter-
binden.

14 KARGIL Flutlicht
Zur besseren Überwachung der Aktivitäten
im Grenzgebiet.

15 YUMA Virtueller Zaun
Ausgestattet mit Tag- und Nachtsichtkame-
ras, Wärmebildkameras und Bewegungssen-
soren können Grenzen auch ohne physische
Barriere überwacht werden.

16 HEBRON Bewaffneter Wachturm
Wachturm mit ferngesteuertem Maschinen-
gewehr. Schießradius von 1,5 km, kugelsi-
cheres Verdeck. Zusätzlich mit präzisionsge-
lenkten Raketen ausgestattet.

17 SINAI Wachturm
Leichte Bauweise, noch höher als Modell
Ramallah. Kann mit zusätzlichen Überwa-
chungs-Technologien ausgestattet werden.

18 RAFAH Spundwand
8m hoch, mit Löchern zum schnellen Aufbau
mit einem Kran.

19 RAMALLAH Wachturm
Erhöhte Position erlaubt optimalen Überblick, hohe Sicherheit – passend zur Beton-
mauer Bagdad.

20 BRÜSSEL Satellitenüberwachung
SAR-Satelliten ("Synthetic Aperture Radar")
ermöglichen eine wetter- und tageszeitun-
abhängige Umwelt- und Sicherheitsüberwa-
chung.

Geh mal schnell Brötchen holen

Die Punkte repräsentieren die monatliche Kaufkraft eines Arbeiters in Lebensmitteln. Die Punkte oberhalb der Städtenamen stehen für die Kaufkraft eines lokalen Arbeiters in seiner Heimatstadt. Im Vergleich dazu stehen die Punkte unterhalb des Städtenamens für die Kaufkraft eines Zürcher Arbeiters, der mit seinem Lohn aus Zürich in den unterschiedlichen Städten der Welt einkauft.

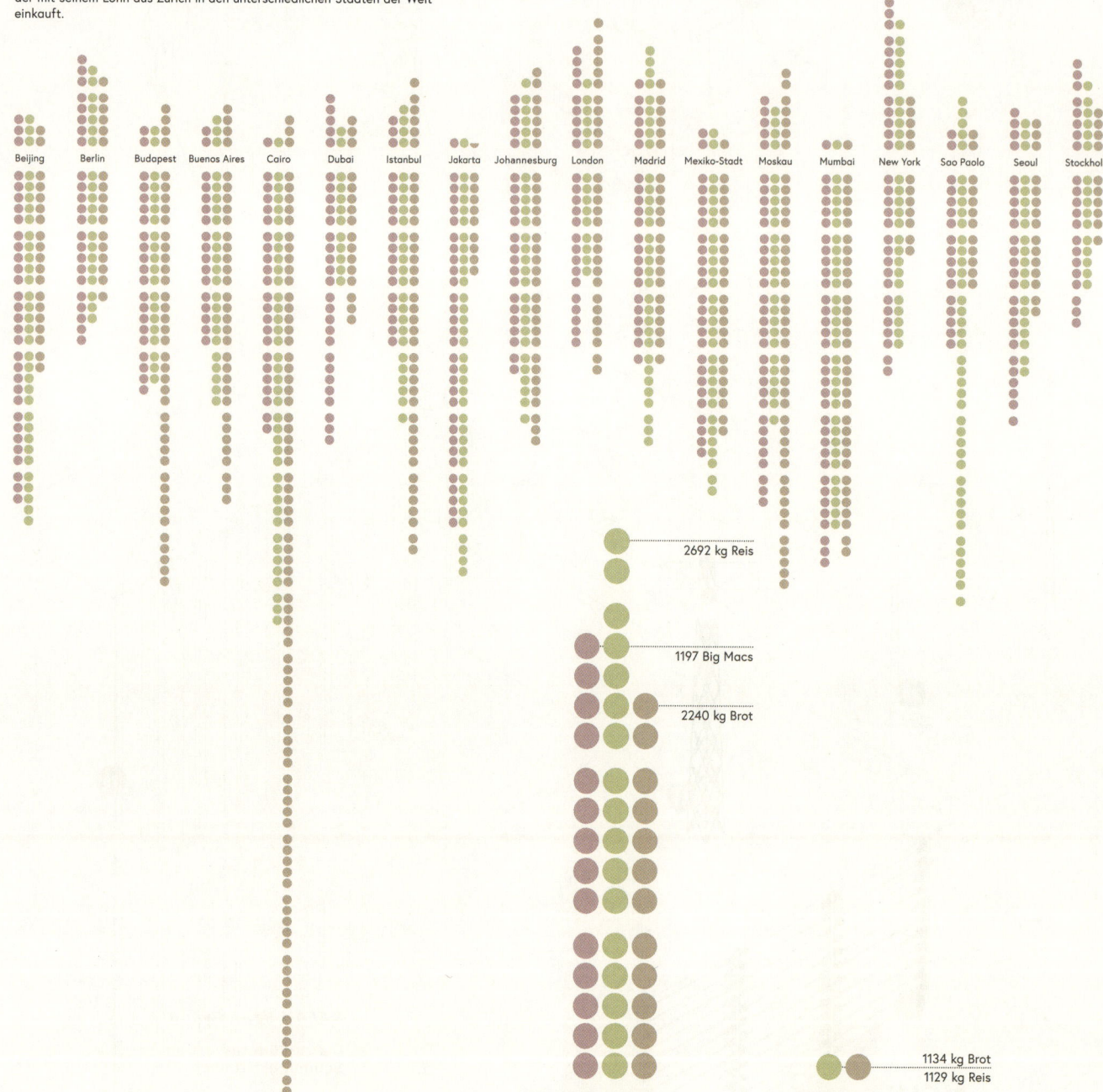

2692 kg Reis

1197 Big Macs

2240 kg Brot

1134 kg Brot
1129 kg Reis

517 Big Macs

176 kg Reis
78 Big Macs
147 kg Brot

Kaufkraft Arbeiter Mexiko-Stadt

Kaufkraft Zürcher Arbeiter Mexiko-Stadt

Kaufkraft Arbeiter Zürich

Kaufkraft der Lokalen Arbeiter im Inland

Kaufkraft der Zürcher Arbeiter im Ausland

Beijing · Berlin · Budapest · Buenos Aires · Cairo · Dubai · Istanbul · Jakarta · Johannesburg · London · Madrid · Mexiko-Stadt · Moskau · Mumbai · New York · Sao Paolo · Seoul · Stockholm · Tokio · Zürich

Legende
- 50 Big Macs
- 100 kg Reis
- 100 kg Brot
- weniger als 100 kg Brot

Big Mac
Ein Big Mac kostet in Mexiko-Stadt 2.34 Euro. Ein Arbeiter kann sich mit seinem Monatslohn von 183.33 Euro 78 Big Macs leisten. In Zürich kostet der Big Mac 5.42 Euro. Ein Arbeiter kann sich mit seinem Monatslohn von 2800 Euro 517 Big Macs leisten. Fährt der Zürcher Arbeiter nach Mexiko-Stadt kann er sich mit dem gleichen Lohn 1197 Big Macs leisten.

Reis
Ein 1 kg Reis kostet in Mexiko-Stadt 1.04 Euro. Ein Arbeiter kann sich mit seinem Monatslohn von 183.33 Euro 176 kg Reis leisten. In Zürich kostet das Kilogramm Reis 2.48 Euro. Ein Arbeiter kann sich mit seinem Monatslohn von 2800 Euro 1129 kg Reis leisten. Fährt der Zürcher Arbeiter nach Mexiko-Stadt kann er sich mit dem gleichen Lohn 2692 kg Reis leisten.

Brot
Ein 1 kg Brot kostet in Mexiko-Stadt 1.25 Euro. Ein Arbeiter kann sich mit seinem Monatslohn von 183.33 Euro 147 kg Brot leisten. In Zürich kostet das Kilogramm Brot 2.47 Euro. Ein Arbeiter kann sich mit seinem Monatslohn von 2800 Euro 1134 kg Brot leisten. Fährt der Zürcher Arbeiter nach Mexiko-Stadt kann er sich mit dem gleichen Lohn 2240 kg Brot leisten.

Quelle: UBS AG, CIO WM Research (Herausgeber): Preise und Löhne, S. 10, 11, 26 ff., Zürich, 2012; Primärquelle: YA7447_20130131_Data.pdf (Name durch Wettbewerbsbezeichnung ersetzt), CIO Wealth Management Research, erhalten am 23. Oktober 2012. Berechnungsgrundlage: Monatslohn = Jahresnettolöhne durch 12 geteilt. Preis der Produkte = Minuten Arbeitszeit rückgerechnet durch die Multiplikation des gewichteten Nettostundenlohn aus 15 Berufen (siehe ebd. S. 11). Die Angaben sind gerundet auf 100 kg (Brot und Reis) und 50 (Big Macs) Einheiten.

Das ist der Gipfel

Die Einkommensschere repräsentiert das Gefälle zwischen den monatlichen
Gehältern in den unterschiedlichen Städten der Welt von fünf ausgewählten
Berufen. Die Öffnung der Schere wird durch die beiden Extremwerte
bestimmt, zumeist Arbeiter und Finanzanalyst.

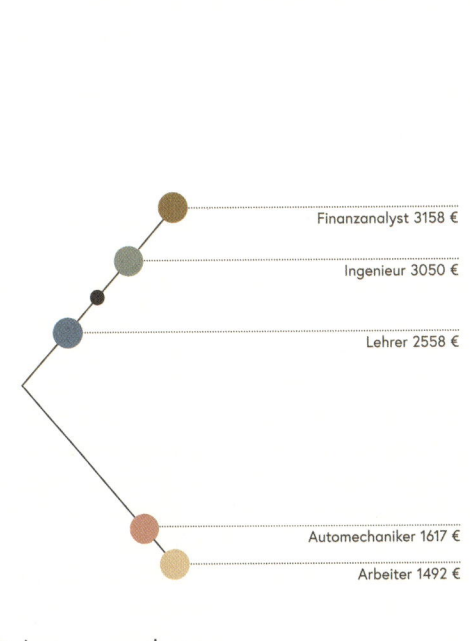

Finanzanalyst 3158 €

Ingenieur 3050 €

Lehrer 2558 €

Automechaniker 1617 €

Arbeiter 1492 €

Einkommensschere
in Berlin

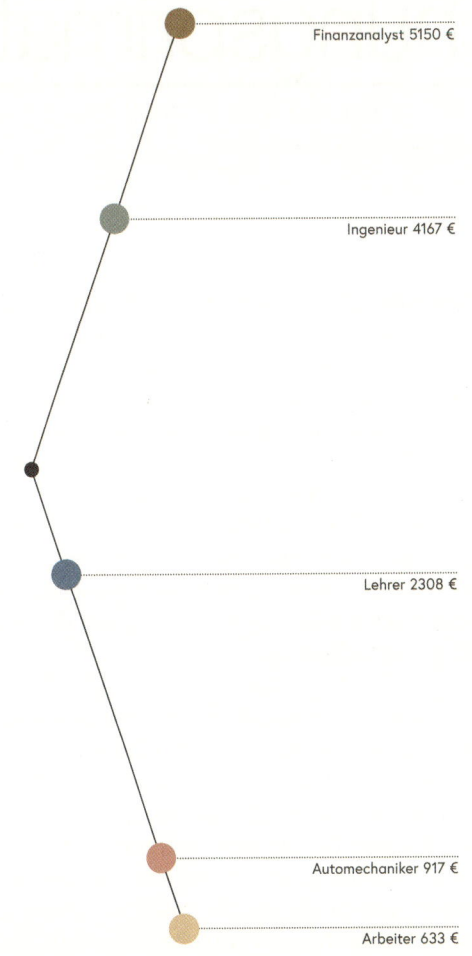

Finanzanalyst 5150 €

Ingenieur 4167 €

Lehrer 2308 €

Automechaniker 917 €

Arbeiter 633 €

Einkommmensschere
in Dubai

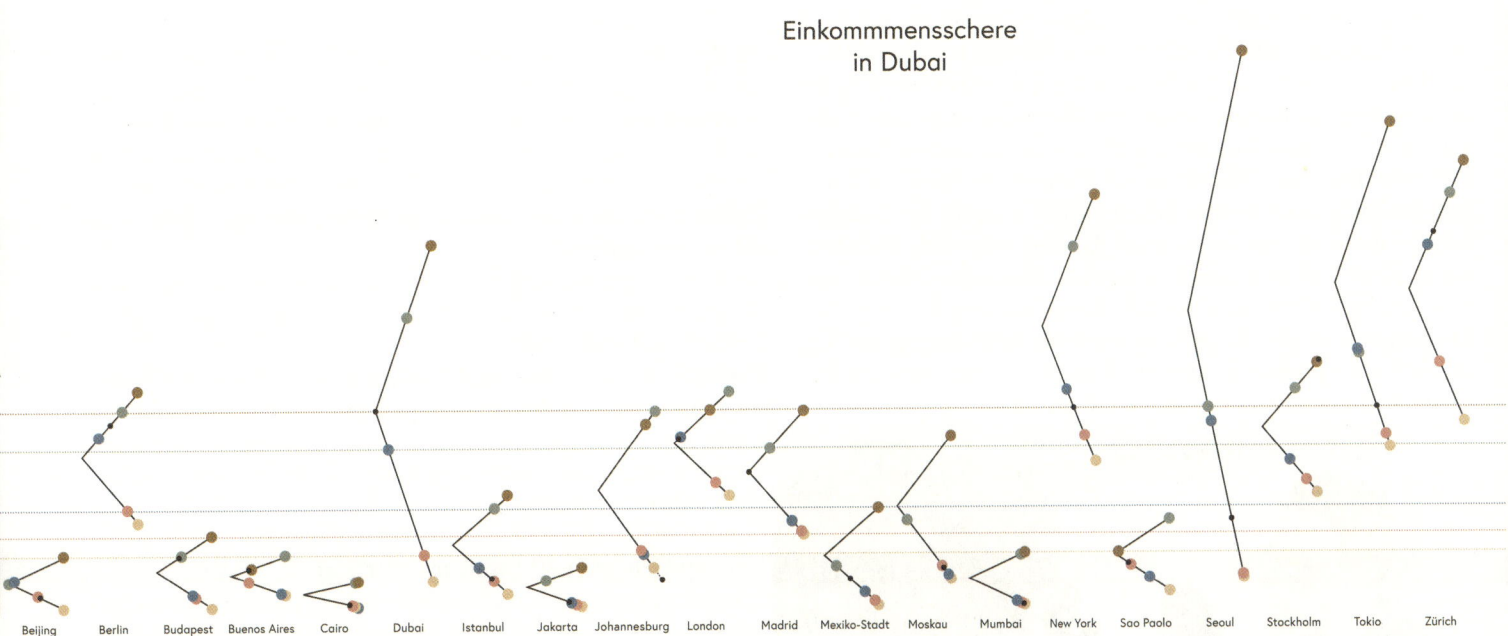

Beijing Berlin Budapest Buenos Aires Cairo Dubai Istanbul Jakarta Johannesburg London Madrid Mexiko-Stadt Moskau Mumbai New York Sao Paolo Seoul Stockholm Tokio Zürich

Legende

● Finanzanalyst
● Ingenieur
● Lehrer
● Automechaniker
● Arbeiter
▦ 20 Städte Mittelwert
• BIP

● Finanzanalyst
30-35 Jahre alt, ledig, keine Kinder, tätig in einer Großbank, mit
abgeschlossenem Studium (Universität, Technische Hochschule,
evtl. auch Fachhochschule) und mindestens 5 Jahre praktischer
Tätigkeit.

● Ingenieur
35 Jahre alt, verheiratet, zwei Kinder, tätig in einem Industrieun-
ternehmen der elektrotechnischen Branche, mit abgeschlossenes
Hochschulstudium (Universität, Technische Hochschule, evtl. auch
Fachhochschule) und mindestens 5 Jahre praktischer Tätigkeit.

● Lehrer
35 Jahre alt, verheiratet, zwei Kinder, tätig im staatlichen Schul-
dienst (keine Privatschulen) seit rund 10 Jahren.

● Automechaniker
25 Jahre alt, ledig, keine Kinder, hat einen Lehrabschluss und
rund fünfjährige Berufspraxis.

● Arbeiter
25 Jahre alt, ledig, keine Kinder, tätig in einem mittelgroßen
Unternehmen (vorzugsweise der Textilindustrie) als An- bzw.
ungelernter Hilfsarbeiter.

• BIP (Bruttoinlandsprodukt pro Einwohner pro Monat)
Gibt den Gesamtwert aller Güter (Waren und Dienstleistungen)
an, die innerhalb eines Jahres innerhalb der Landesgrenzen einer
Volkswirtschaft hergestellt wurden und dem Endverbrauch
dienen.

Quellen: UBS AG, CIO WM Research (Herausgeber): Preise und Löhne, S. 26 ff., Zürich, 2012,
Primärquelle: YA7447_20130131_Data.pdf (Name durch Wettbewerbsbezeichnung ersetzt), CIO
Wealth Management Research, UBS AG, erhalten am 23. Oktober 2012. Berechnungsgrundlage:
Monatslohn = Jahresnettolöhne durch 12 geteilt. Worldbank Database / GDP 2011, Zugriff am 11.
Januar 2013: http://data.worldbank.org/indicator/NY.GDP.PCAP.CD

Copyright: YA7447, Out of Balance Competition 13, Poster 1

Der Primaten-
forscher als
Forschungsprimat

Der Künstler und Fotograf <u>Emanuel Mathias</u> untersucht am Bauhaus die Verhaltensweisen der Wissenschaftler

Unter dem Motto *Neue Modelle der Zusammenarbeit zwischen Kunst, Design, Wissenschaft* wurde der SYN Award 2013 vergeben. Der von der SYN Stiftung in Kooperation mit der Stiftung Bauhaus Dessau, Fraunhofer IWM Halle und der Volksbank Halle (Saale) eG ausgeschriebene Wettbewerb richtete sich an junge Künstler, Designer und Wissenschaftler aus Mitteldeutschland, die neue interdisziplinäre Wege beschreiten wollen. Gewonnen hat der 1981 in Halle geborene Künstler und Fotograf Emanuel Mathias, der im März 2013 einen dreimonatigen Forschungsaufenthalt im Bauhaus Dessau angetreten hat und über die Arbeitsweise von Verhaltensforschern in der Primatologie recherchieren will. Das Primat ist dabei der Forscher selbst. Wir haben mal nachgefragt.

Herr Mathias, nach Stationen in Leipzig, Bilbao, Odessa und Istanbul sind Sie nun am Bauhaus in Dessau gelandet. Gibt es bei Ihrer Arbeit Bezüge zum Bauhaus?

Zum einen die Interdisziplinarität des künstlerischen Forschens, der Arbeitsweise, die ich nutze. Da ich mich als Künstler in unterschiedlichen Disziplinen bewege, glaube ich, dass das Bauhaus ein geeigneter Treffpunkt ist, um darüber in Austausch zu kommen. Zum anderen die Frage der subjektiven Wahrnehmung, die in meiner Arbeit über die Primatenforscher eine wichtige Rolle spielt — wie weit der Forscher selbst seine Umgebung wahrnimmt, während er seine Forschung betreibt, und inwieweit der subjektive Blick dabei eine Bedeutung hat. Und das Dritte ist die Sicht, die ich als Künstler auf die Dinge und die Reflexion der Wahrnehmungsebene habe. Ich denke, dass diese Art der Selbstreflexion auch hier am Bauhaus ein großes Thema ist. Wenn man von Wahrnehmung spricht, kann man im Bauhaus sehr viel recherchieren: Was haben die Bauhauskünstler gemacht, was waren deren Ansätze, wie wurde Wahrnehmung gelehrt? Mich interessiert vor allem Paul Klee, der eine eigene Lehre entwickelt hat. Für mich ist das Bauhaus auch eine Art Rückzugsort. Es gibt die praktische Arbeit, die in Leipzig stattfindet, und in Liège, wo ich mich mit Forschern treffe. Hier erarbeite ich die künstlerische Praxis und reflektiere diese.

Wonach genau forschen die Wissenschaftler, mit denen Sie in Leipzig und Liège zusammenarbeiten?

Es sind vorwiegend Verhaltensforscher aus der Primatologie, die sich in verschiedenen Themenbereichen dieser Erforschung des Verhaltens nähern. Dies geht immer auch mit einer Art von Abgleich mit dem Menschen einher. So werden Themen wie Aggression oder Empathie erforscht oder das Verhalten von Affen mit dem von Kleinkindern verglichen.

Sie recherchieren über die Wahrnehmung von Forschern. Was kann man sich unter ›Arbeitsweisen von Verhaltensforschern in der Primatologie‹ generell vorstellen?

Es gibt zum einen die Forschung im Labor und zum anderen die Feldforschung. Im Labor ist alles eng abgesteckt, es gibt eine Versuchsanordnung, Variablen und die Abarbeitung bestimmter Schwerpunkte. In der Feldforschung sind die Variablen etwas breiter. Die hier benutzten *data sheets* haben auch immer ein weißes Feld, das für unvorhergesehene Situationen gedacht ist. Und diese Notizen interessieren mich: Was können bei diesem theoretischen Herangehen für unvorhergesehene Dinge passieren, die unter Umständen die Forschung beeinflussen?

Wie sieht denn Ihre Zusammenarbeit mit den Forschern konkret aus?

Generell nähere ich mich in Gesprächen dem Thema an. Und ich arbeite mit dem vorhandenen Material der Forscher und bin bei Forschungsversuchen im Labor oder Zoo dabei. Wichtig ist mir auch, zu bestimmten Themen Gruppengespräche zu initiieren, die dokumentiert werden. Dabei interessieren mich besonders die Themen, die in der Forschung selbst eine Rolle spielen, aber keinen eigenen Ort haben — zum Beispiel das Thema der Gewöhnung vom Primaten an den Forscher und die ›richtige‹ Distanz zwischen ihnen.

Und wie erfolgt die Arbeit mit den Künstlern?

Mein Hauptaugenmerk richte ich auf die Wissenschaftler. Ich bin ja selbst Künstler und meine Idee ist, meine eigene Herangehensweise in der Arbeit zu reflektieren und diese Reflexion auch sichtbar zu machen. Die Methoden, die ich anwende als Künstler, muss ich genauso auf den Prüfstand stellen wie die Methoden, die die Forscher verwenden.

Welche Materialien der Forscher und Künstler nutzen Sie für Ihre Arbeit am Projekt?

Bei den Materialien der Forscher sind es Text-, Audio- und Videoaufzeichnungen. Ich selbst werde filmen und die Gespräche dokumentieren und fotografieren. Mir ist wichtig, dass es medial vielseitig wird. Schließlich geht es mir auch um die Unterschiedlichkeit der Wahrnehmung und die Darstellung von denselben Momenten, die durch verschiedene mediale Perspektiven ganz verschieden wahrgenommen werden.

Sie haben Fotografie an der Hochschule für Grafik und Buchkunst in Leipzig studiert. Wie fließt das in Ihren Forschungsaufenthalt im Bauhaus Dessau mit ein?

Die Fotografie ist ein wichtiges Medium in dieser Arbeit, weil sie unter anderem auch ein Aufzeichnungsmedium der Forschung ist. Ich glaube, dass die Unterscheidung zwischen wissenschaftlichen, dokumentarischen und fiktionalen Bildern in der Wissenschaft ein großes Spannungsfeld birgt.

Geplant ist ja auch, die Ergebnisse Ihres Forschungsprojektes öffentlich zu präsentieren. Wie wird das aussehen?

Es soll ein interdisziplinäres Gespräch zur Kommunikation zwischen Künstlern und Wissenschaftlern im Bauhaus geben, die in einer Versuchsanordnung sprachliche und prozessuale Diskrepanzen zwischen den unterschiedlichen Disziplinen sichtbar machen will. Außerdem soll eine Ausstellungsinstallation entstehen, die die verschiedenen Facetten meiner Forschungsarbeit zeigt. Dabei soll sich der Betrachter einerseits in die Lage des Primatenforschers hineinversetzen können, aber auch gleichzeitig in meine Arbeit, die ich mit diesem Projekt reflektieren will. Die Fragen stellte <u>Stefanie Weiser</u>.

◀ Emanuel Mathias, fotografiert von Margret Hoppe

Gadgets

Stiftung Bauhaus-Test unterwegs im Leipziger Bekleidungsfachhandel

In der aktuellen Mode wird gern aufs Bauhaus verwiesen, wenn es um klare Silhouetten, strenge Linien und größte Funktionalität geht. Jedenfalls in der Sprache der PR-Agenturen. Der Modedesigner Jan Kleeberg (studierte an der _Burg Giebichenstein Kunsthochschule Halle_, dann arbeitete er für Hugo Boss, jetzt für Calvin Klein) hat sich für die _Stiftung Bauhaus-Test_ an einem Tag im Februar aufgemacht, im Leipziger Bekleidungsfachhandel nach dem unbewussten Bauhaus von der Stange zu suchen. Hier sein Bericht, aufgenommen nach dem Prinzip einer Webcam.

14.12 Uhr, Am Brühl, _DesignerForToday_
Dieses T-Shirt ist das Produkt einer Internetabstimmung. Wie beim Crowdsourcing hatten die Macher dieses Ladens — junge Designer aus Halle, Hamburg und Leipzig — verschiedene Designvorschläge ins Netz gestellt: Das Wolfsmotiv machte das Rennen. Überhaupt gehört _DesignerForToday_ für mich zu den spannendsten Entdeckungen. Hier wird nicht nur Mode verkauft, sondern kontinuierlich auch nach neuen Talenten gesucht. In der Gesamtheit der Idee und der Suche, dem modernen Lebensgefühl einen Ausdruck in der Gestaltung zu geben, liegt hier für mich der Bauhausbezug. Es geht ihnen darum, neue soziokulturelle Befindlichkeiten auszuloten und für die Gestaltung von Alltagsgegenständen zu nutzen. Und das Wolf-T-Shirt nimmt in seiner Collagenhaftigkeit, den geometrischen Formen und der unterschiedlichen Typografie deutlich Anleihen beim Bauhaus.

14.38 Uhr, Grimmaische Straße, _Scotch & Soda_
Der _Afrikanische Stuhl_ als Vorbild für diese Jacke? Uralte handwerkliche Techniken, einfache Muster, kraftvolle Ästhetik, indigene Einflüsse.

15.28 Uhr, Mädlerpassage, Capitale

Unter der Daunenjacke schaut ein Pullover von Dirk Bikkemberg hervor, auf dem ein grafisches Spiel mit sachlichen Zahlen zu erleben ist. Bemerkenswert ist die höchst aufwendige Stricktechnologie, die die Farben besonders stark zum Ausdruck bringt. Auch zu beachten ist der Strukturwechsel in den überlagernden Flächen — das könnte durchaus ein Entwurf von Oskar Schlemmer oder eines seiner Schüler aus der Wandmalerei-Klasse sein.

15.48 Uhr, Petersstraße, H&M

Das Bauhauskleid von Lis Vogler lässt bei diesem Modell grüßen. Hier werden Webtechnik und Garnauswahl zum Erlebnis. Die groben Strukturen korrespondieren mit gepaspelten Ausschnitten in Kontrastmaterial. Die bewusst gewählte Einfachheit des Kleides unterstreicht ein perfektes Design. Wirklich Volksbedarf statt Luxusbedarf!

15.36 Uhr Mädlerpassage, Basler

Mondrian als Inspiration oder Plagiat? Schon 1977 stellte sich Yves Saint Laurent diese Frage und fertigte ein Kleid, das heute Museumswürde besitzt. Die Mode hat oft genug bewiesen, dass die Theorie der Kunstaneignung gute Neuschöpfungen ermöglicht, ohne dass das Kunstwerk banalisiert wurde.

Der radikale Denker und sein Wasserkocher

Zum Tod des großen Berliner Architekten Ludwig Leo

Unter den deutschen Architekten nach 1945 ist Ludwig Leo der bedeutendste Unbekannte. Und zwar deshalb, weil er nur wenige Bauten realisieren konnte. Doch das, was er schuf, verrät einen radikalen Denker, der auch Selbstverständliches infrage stellte. Mit seinem Anspruch, Architektur stets auch mit einer sozialen Justierung zu verknüpfen, taugte er nicht zu einem bildverliebten Baukünstler. Wenn er die Vorgaben des Auftraggebers hinterfragte, dann überschritt er die üblichen Grenzen des Gestaltungsspielraums eines Architekten. So sind die gescheiterten Projekte Leos nicht weniger relevant als seine realisierten. Exemplarisch hierfür steht sein Papier gebliebenes Vorhaben für die Internationale Bauausstellung in West-Berlin 1987.

Der Direktor der IBA, Josef Paul Kleihues, beauftragte Ludwig Leo im September 1979 mit dem Entwurf für eine Phosphateliminierungsanlage in Berlin-Tegel. Die technische Anlagenplanung war fertig und ein erster Gestaltungsentwurf des Berliner Architekten Hans-Dieter-Bolle im Auftrag der Berliner Wasserwerke war unbefriedigend ausgefallen, weshalb Leo zum Zuge kam.

Als er sich nun der Aufgabe zuwandte, war die Entphosphatisierungstechnik einschließlich der ausführenden Ingenieurfirma Marks bereits ausgewählt. Für den Architekten blieb eigentlich nur noch das Gehäuse für die Technik übrig. Doch Ludwig Leo befasste sich auch mit der Funktionalität der Anlage und musste feststellen, dass die vorgesehene Technologie ökologisch fragwürdig war, weil das Verfahren eine große Menge Strom benötigte und große Mengen Abfall produzierte. Es gab längst bessere Alternativen, doch offenkundig schien daran niemand Interesse zu haben. Ohnehin war das ganze Problem der Phosphatbelastung des Wassers hausgemacht. West-Berlin verkaufte damals seine Abwässer ungeklärt in den Ostteil der Stadt, wo diese auf längst verbrauchten Rieselfeldern versickerten. Später konnten die überlasteten Böden keine Schmutzstoffe mehr aufnehmen, weshalb das Abwasser über ein Grabensystem wieder zurück nach West-Berlin gelangte. Dort sollte es nun mithilfe der neuen Anlage von Phosphaten gereinigt werden.

Da das Wasser bereits auf Jahre verseucht war, stand die Sinnhaftigkeit der Anlage außer Frage. Aber es kam ein städtebauliches Problem hinzu. Das Grundstück lag zwischen der Tegeler Altstadt, dem Naherholungsgebiet Tegeler Schlosspark und dem Forst. Die von der Ingenieurfirma vorgesehene Dreiecksanordnung der Klärbecken schob sich genau zwischen diese beiden öffentlichen Bereiche. Ludwig Leo suchte nun nach alternativen Lösungen und prüfte eine lineare Reihung der drei Klärbecken. Die Ingenieurfirma war jedoch nicht bereit, die schon fertiggestellte technische Planung zu modifizieren, zumal die Anlage als Prototyp für die weltweite Vermarktung dienen sollte. Zudem stand das Projekt unter hohem Zeitdruck. Als Leo mehr und mehr grundsätzliche Fragen stellte, statt Lösungen zu präsentieren, zog Josef Paul Kleihues als Chef der IBA die Reißleine und beauftragte anstelle Leos den österreichischen Architekt Gustav Peichl, der genau das machte, was von ihm erwartet wurde: eine schöne Hülle für die Technik. Der Erstentwurf Bolle ließ grüßen.

Nicht minder radikal verhielt sich Ludwig Leo auch in der Lehre, als er zwischen 1975 und 1982 an der West-Berliner Hochschule der Künste unterrichtete. So berichten ehemalige Studierende von einem Experiment zum Thema Querlüftung. Leo bat jeden Studierenden, einen Wasserkocher mitzubringen. Man flutete das Studio mit Wasserdampf und den Studierenden wurde so anschaulich vorgeführt, dass einseitige Lüftung kaum einen zufriedenstellenden Luftaustausch bewirken kann. Dann wurden provisorische Lüftungsrohre quer über den Flur zur anderen Fassadenseite eingebaut, um das Modell einer Querlüftung zu erproben. So eindrücklich die Erfahrung für die Studierenden war, so sehr führte sie zum Protest der Hochschulverwaltung.

Ludwig Leo war an der HdK kein Unbekannter. Zwischen 1951 und 1954 hatte er selbst hier studiert, unter anderem bei dem Bauhausschüler Georg Neidenberger. Ein weiterer Bauhäusler, Hubert Hoffmann, hatte als Delegierter des Congrès International d'Architecture Moderne (CIAM) den Studenten Leo und weitere Kommilitonen zum 9. Kongress 1953 in Aix-en-Provence mitgenommen. Doch die Berührungspunkte mit dem Bauhaus waren nicht nur zufälliger Natur. Ludwig Leos geistige Verwandtschaft zur Gedankenwelt des zweiten Bauhausdirektors Hannes Meyer ist offenkundig. Wie dieser war auch Leo von der analytischen Durchdringung der Bauaufgabe überzeugt, betonte er doch die Bedeutung funktionaler Fragen für die Architektur und sah im Konstruktivismus mehr als nur eine Referenz.

Am 1. November 2012 verstarb Ludwig Leo im Alter von 88 Jahren. Die Stiftung Bauhaus Dessau konnte die von ihm 1964 gestaltete Ausstattung seiner Charlottenburger Wohnung und seines Büros aus dem Nachlass übernehmen. Für die Dessauer Sammlung ist diese Schenkung besonders, handelt es sich doch um eines seiner wenigen realisierten Werke, das zudem manchen Bezug zu Hannes Meyers Coop-Zimmer aufweist. Demnächst wird es dazu in Dessau eine Ausstellung geben. Philipp Oswalt

Neu in der Sammlung: Ludwig Leos Ausstattung seiner Charlottenburger Wohnung

Die erlebbare Energiewende

Die Region Anhalt will mit einer Standort- und Innovationsoffensive ihre Vorreiterrolle bei der Produktion und beim Einsatz erneuerbarer Energie unterstreichen

Fiel vor 1989 der Name Bitterfeld, hatte man sofort riesige Chemiekombinate, Braunkohleabbau und rauchende Schornsteine vor Augen — und natürlich eine allgegenwärtige Umweltverschmutzung. »Bitterfeld ist die schmutzigste Stadt Europas«, schrieb Monika Maron 1981 in ihrem mutigen Roman *Flugasche*. Dann kam die Wiedervereinigung und Bitterfeld stand still: Die Fabriken schlossen, die Produktion wurde eingestellt und der anhaltische Chemiestandort schien ein Auslaufmodell zu sein. Doch es kam anders. Bitterfeld gesundete spürbar und dank der Energiewende schien es an der Schwelle zum neuen Jahrtausend plötzlich eine Perspektive für die Region zu geben. Mit der neuen Solarzellenproduktion sollte die aufkommende Nachfrage nach Technologien für umweltfreundliche Energiegewinnung befriedigt werden: 1999 wurde in Bitterfeld die Q-Cells AG gegründet, die wiederum das Solar Valley als Zentrum der Fotovoltaikindustrie aufbaute. Dabei kam den Solarmodulherstellern das Know-how für Dünnschichtverfahren der ehemaligen Filmindustrie in Wolfen zugute. Und auch wenn die Konkurrenz in Fernost keineswegs geschlafen hatte und dem Solarzellenhersteller das wirtschaftliche Leben schwer machte, die Region hat sich als Produktionsstandort neuer Umwelt-Technologien behauptet. Und nicht nur das. Der Windpark Zschornewitz steht ebenso für den industriellen Wandel wie das nahe gelegene Dessau heute nicht mehr nur mit Bauhaus und Junkers verbunden wird, sondern auch mit allem, was Windkraftanlagen so brauchen — von Stahltürmen und -fundamenten bis hin zu Rotorblättern. Hier wiederum kam die Maschinenbautradition des ehemaligen Magdeburger Kombinats SKET zum Tragen. Und in Zörbig entstand außerdem eine Anlage zur Biomassenutzung für die Ethanol-Herstellung.

In doppelter Weise hat der Umbruch nach dem Mauerfall dazu geführt, dass heute in der Region Anhalt zahlreiche Spitzenleistungen im Bereich postfossiler Energieerzeugung zu finden sind: Zum einen musste sich die Industrie der ehemaligen DDR neue Geschäftsfelder suchen und entschied sich vielfach dafür, auf erneuerbare Energien zu setzen. Zum anderen hatte ebenjene DDR-Industrie die Umwelt in einen derart katastrophalen Zustand gebracht, dass eine Gegenreaktion vonnöten war: 1992 beschloss die Föderalismuskommission den Umzug des Umweltbundesamtes nach Dessau. Damit kam nicht nur umfängliches Wissen im Bereich Umweltschutz in die Region, sondern auch der innovative Neubau von Sauerbruch Hutton, der Energieffizienz mit hohem gestalterischen Niveau vereint.

Aber auch aus der Region selbst kamen wesentliche Impulse für eine ökologisch-energetische Wende. In der Umbruchssituation 1989/1990 entwickelte das damalige Bauhaus Dessau die Idee eines industriellen Gartenreichs, um eine postindustrielle und postfossile Zukunft für die Region zu gestalten. Das eindrucksvolle Ergebnis lässt sich in *Ferropolis — Stadt aus Eisen* besichtigen, wo einerseits an die vergangene Welt des Kohleabbaus erinnert wird und gleichzeitig ambitionierte Projekte zur erneuerbaren Energieversorgung des Ortes entwickelt werden.

Das außerordentliche Natur- und Kulturerbe der Region ist ein weiteres Merkmal der Region. An Deutschlands meistbefahrenem Radfernwanderweg liegen mit dem Biosphärenreservat Mittelelbe und dem Gartenreich Wörlitz zwei UNESCO-Stätten, die das Rückgrat eines an Nachhaltigkeit und Naturverträglichkeit orientierten Tourismus sind. Das technische und kulturelle Erbe von Hugo Junkers und dem Bauhaus steht hingegen für technische Innovation und Revolutionierung des Alltags, wobei Hugo Junkers sich bemerkenswerterweise schon vor hundert Jahren mit Wärmetechnik, Energieffizienz oder Tageslichtlenkung intensiv auseinandergesetzt hat.

So ist es nicht weiter verwunderlich, dass vor einem Jahr im Bauhaus Dessau die Idee entstand, diese bislang nur vereinzelt und nicht im Zusammenhang wahrgenommenen Elemente zusammenzuführen und zu vernetzen. Ziel dabei ist, ein wichtiges Zukunftsthema für eine regionale Profilierungsstrategie zu nutzen. Schließlich schaut alle Welt neugierig nach Deutschland, um herauszubekommen, wie man eine ambitionierte Energie- und Klimapolitik technologisch wie gesellschaftlich umsetzen kann. Dies zu zeigen, dafür scheint keine Region so geeignet zu sein wie Anhalt.

Um diesen Weg der Innovation weiterzugehen und auszubauen, haben zahlreiche Akteure der Region — gefördert vom Ministerium für Landesentwicklung und Verkehr des Landes Sachsen-Anhalt — die *Energieavantgarde Region Anhalt* aus der Taufe gehoben. Damit sollen die Kräfte gebündelt und die reichlich vorhandenen Potenziale auf dem Gebiet erneuerbare Energien genutzt werden, um die im nahen Berlin politisch geformte Energiewende auch plastisch werden zu lassen. Die Region möchte die Energiewende erfahrbar machen. So sollen ›Energierouten‹ zu meist nicht öffentlich zugänglichen Orten der neuen Energieproduktion führen. Dies soll nicht zuletzt im Rahmen eines ›klimaneutralen und emissionsfreien Urlaubs‹ möglich sein, der sich nicht nur an die Fahrradtouristen richtet, die an der Elbe oder im Gartenreich Dessau-Wörlitz unterwegs sind, Aber nicht nur im Tourismus soll die Energiewende[1] erlebbar werden: Regionale Akteure sind dabei, eine neue Energiekultur zu etablieren. Unternehmer, Forscher und Nutzer sollen Unterstützung für Experimente finden, wenn es ihnen nur gelingt, sparsam, effizient und erneuerbar zu arbeiten. Ob Industrieentwicklung oder ›Marke Eigenbau‹ — die Erfindung neuer technischer Geräte, Verfahren oder Bauten soll so zum Charakteristikum der Region werden. *Ferropolis* beispielsweise hat sich das ehrgeizige Ziel gesetzt, die 80.000 kWh, die das dreitägige *Melt!*-Musikfestivals verbraucht, selbst zu produzieren.

An den wissenschaftlichen Nachwuchs richtet sich zudem der Wettbewerb *Energieavantgarde*, mit dem ab 2016 nach Ideen für ein energetisch nachhaltiges Bauen im Bestand gesucht wird.

Die Standort- und Innovationsoffensive *Energieavantgarde Region Anhalt* startete Ende April mit einem Treffen aller Akteure im Bauhausgebäude und soll in diesem Jahr mit runden Tischen, Colloquien und Workshops fortgesetzt werden. Zunächst geht es darum, sich zu vernetzen, um dann gemeinsame Projekte anzuschieben. Bearbeitet wird diese erste Projektphase von einem Projektteam, bestehend aus Thema1, 100 prozent erneuerbar stiftung und BTE Tourismus. bh

[1] Als regionale Partner wurden gewonnen: Ferropolis GmbH, Umweltbundesamt, Stadt Dessau-Roßlau, Landkreis Wittenberg, Landkreis Anhalt-Bitterfeld, DVV Stadtwerke Dessau, TourismusRegion Anhalt-Dessau-Wittenberg, Wirtschaftsförderungsgesellschaft Anhalt-Bitterfeld/Dessau/Wittenberg mbH und die Regionale Planungsgemeinschaft Anhalt-Bitterfeld-Wittenberg.

Ein deutscher Romantiker in Moskau

Der Bauhäusler Erich Borchert verbrachte in der Sowjetunion künstlerisch glückliche Jahre, bis er in die Fänge Stalins geriet — 70 Jahre nach seinem Tod in einem ›Besserungslager‹ würdigte ihn jetzt das Puschkin-Museum

Was von diesem tragisch abgerissenen Emigrantenkünstlerschicksal bleibt, ist eine Messerspitze Menschlichkeit in der russischen Avantgardeszene, die von deren Fronthelden eigentlich voll Spießerverachtung über Bord geworfen worden war. Der Deutsche Erich Willi Borchert (1907—1944), der als Sohn eines kleinbürgerlichen Schneiderehepaars im thüringischen Erfurt aufgewachsen war und am Bauhaus bei Wassily Kandinsky, Paul Klee und Lyonel Feininger studiert hatte, war Anfang 1930 nach Moskau gekommen. Auf Einladung des bolschewistischen Rates für Volkswirtschaft sollte Borchert, der schon während seiner Ausbildung Walter Gropius' berühmtes Arbeitsamt in Dessau ausgestaltet hatte und als Fachmann für räumliche und psychologische Wirkung von Farbe diplomiert war, in der Sowjetunion reüssieren. Als Assistent seines Mentors Hinnerk Scheper, der in Dessau die Wandmalereiabteilung geleitet hatte, war er gehalten, im Auftrag des sowjetischen Staatskonzerns *Maljarstroj* (zu Deutsch: Anstreich-und-Bau-Projekt) den neuen Avantgardebauten der Hauptstadt auch im Inneren ein Farbdesign zu verpassen, das auf der Höhe der Zeit war.

Die führenden deutschen und russischen Künstler pflegten in jener Aufbruchsepoche intensiven Austausch. In den Zwanzigerjahren tourte die Ausstellung *Revolutionäre Kunst des Westens* mit Arbeiten von George Grosz, Heinrich Vogeler, Käthe Kollwitz, Max Beckmann und Otto Dix von Moskau über Leningrad bis in die Wolgastadt Saratow. Im Gegenzug besuchten ihre sowjetischen Kollegen El Lissitzky und Juri Pimenow Deutschland. Borchert war ein Zögling des links-sozial ausgerichteten ›roten Bauhauses‹ unter dem Schweizer Urbanisten Hannes Meyer, der später ebenso in Moskau Zuflucht suchte. 1929 war der junge Künstler, der der kommunistischen Zelle seiner Hochschule angehörte, auch der Kommunistischen Partei beigetreten, was sein Leben und Arbeiten im Deutschland des aufkommenden Nationalsozialismus gefährlich gemacht hätte.

In Moskau lebte damals eine ganze Kolonie linker deutscher Fachleute. Dem nur 23 Jahre alten Farbdesigner wurde von der *Maljarstroj*-Korporation eine Arbeitsgruppe von zehn jungen Kunsthandwerkern zugeteilt, unter ihnen seine spätere Frau Sofja Matwejewa. Borchert war mit Arbeit überhäuft und ging darin auf. Er schulte die Kollegen in den Farblehren seiner Alma Mater, schrieb Fachaufsätze für die Konzernzeitschrift, hielt Spezialkurse für Anstreicher. Er besorgte das Farbdesign für Fabriken, Kulturhäuser, Ausstellungspavillons, Geschäfte. Daneben entstanden Zeichnungen und Aquarelle. Es müssen glückliche Jahre gewesen sein.

Der Maler Borchert hat als Student seine Gegenstände strahlenförmig-prismatisch aufgebrochen oder in geometrische Ornamente wie Feininger beziehungsweise Klee eingebunden. Jetzt lässt er sich von Modellstudien zu mehrfigurigen Strand- und Straßenszenen inspirieren, wobei er die menschliche Form neoklassizistisch monumentalisiert und zugleich ihre Fragilität herausarbeitet. Er umreißt sei-

Strand der Frauen, 1931, Japanpapier, Aquarelle, Pinsel ▲
▲ *Propaganda*. Aus der Reihe von *Arbeiter*, 1932, Japanpapier, Aquarelle, Pinsel, Feder

ne Badenden oder Demonstrierenden mit kurvigem Pinsel-strich und bringt sie mit transparenter, oft unvermischter Aquarell-farbe, die nass abschattiert wird, zum Leuchten. Das damals für diese Technik auch von Emil Nolde bevorzugte Japanpapier, das der Künstler sich aus Deutschland mitgebracht haben muss, verleiht den Lasurschichten nach ihrem Trocknen eine feine Äderung. Aus Augen und Mündern, die der Künstler als schwarze beziehungs-weise rote oder leere Scheiben abstrahiert, spricht die Panik der Herde. Selbst den im Geist Schlemmers aus muskulösen Ovalen zu-sammengesetzten Bauarbeiterinnen fehlt der utopische Schwung, das Siegespathos etwa der geometrischen Bauern von Kasimir Male-witsch oder der Proletarier von Alexander Deineka. Im Unterschied zu russischen Künstlern sei Borchert ehrlich geblieben und habe sich nie vom Zeitgeist korrumpieren lassen, findet die Moskauer Kunstkritikerin Anna Tolstowa, für die er ein deutscher Romanti-ker war (*Kommersant*, 13.12.2012).

Zunächst ließ ihn in Moskau wenig daran denken — außer vielleicht den Selbstmord Majakowskis im April 1930 —, dass auch hier die Tage der progressiven Kultur gezählt waren. Borchert, dessen Arbei-ten in den frühen Dreißigerjahren in Galerien in Deutschland, Ame-rika und in Wien zu sehen waren, beteiligte sich 1931 an der Bau-haus-Ausstellung im Moskauer Museum für neue westliche Kunst, der ehemaligen Villa des Kaufmanns und Kunstsammlers Iwan Mo-rosow, in der heute die russische Kunstakademie residiert. Im Fol-gejahr richtete ihm das Haus sogar eine eigene Werkschau aus und erwarb daraus sieben Blätter, von denen drei verloren gingen und vier sich heute im Besitz des Puschkin-Kunstmuseums befinden. Die Schwierigkeiten beginnen, als er 1936 die sowjetische Staatsbür-gerschaft beantragt und die Staatssicherheit das ablehnt. Erst nach Bittbriefen an den nominellen Staatschef Michail Kalinin, Staats-sicherheitchef Nikolai Jeschow und schließlich Stalin selbst be-kommt er 1939 einen sowjetischen Pass. Nach dem deutschen Über-fall auf die Sowjetunion meldet er sich als Freiwilliger an die Front. Die Armeeleitung zögert. Da beteiligt er sich an der ›Antifaschisti-schen Ausstellung‹ im Museum für neue westliche Kunst. Ende 1941 wird er, zusammen mit anderen Ausländern, der Arbeitsarmee zu-geteilt und zu Bauarbeiten in den Ural geschickt. Im für die Sowjet-union niederschmetternden Kriegsjahr 1942 verhaftet ihn die Staats-sicherheit. Borchert wird vorgeworfen, er habe Sabotageakte geplant

und habe zum Feind überlaufen wollen. Als Volksfeind verurteilt man ihn zu 20 Jahren Besserungslager und schickt ihn in den kasa-chischen Lagerkomplex Karaganda, wo er 1944 stirbt. Das erfuhren seine Angehörigen allerdings erst im Tauwetterjahr 1962. Nach Ein-gaben seiner Witwe wurde Borchert postum rehabilitiert. Doch es dauerte noch ein halbes Jahrhundert, bis, anlässlich des deutsch-russischen Kulturjahres, das Puschkin-Museum mit einer Schau von 100 Blättern aus dem Besitz von Borcherts Tochter und seinem Enkel Iwan Koltschenko mitsamt zugehörigem Katalog sein reifes Werk endlich der Kunstwelt zurückgab. Kerstin Holm

▲ *Demonstration 1*, 1932, Bleistift
◄ *Häuser mit braunem Dach*, 1931,
Japanpapier, Aquarelle, Pinsel

Dessau
Gropius' »zeichnende Hand« wird 120

Eigentlich stammte Carl Fieger aus einer bildungsbürgerlichen Familie in Mainz, doch schon mit 18 Jahren war er in Berlin angekommen und hatte in einem Architekturbüro, das als Geburtsklinik der frühen Moderne gelten darf, angeheuert: dem Atelier von Peter Behrens. Hier begegnete er dem ›Praktikanten‹ Le Corbusier, erwärmte sich aber vor allem für einen, der das eigene Größere im Sinn hatte: Walter Gropius. In Fieger fand der spätere Bauhausdirektor seine »zeichnende Hand« (*Bauwelt*), denn ihm selbst gelang die perspektivische Qualität in der Vorstellung, aber nicht immer auf dem Papier. 1921 kam Carl Fieger ans Bauhaus nach Weimar, wo er als nebenamtlicher Lehrer für Architekturzeichnen tätig war und später Fachzeichnen und darstellende Geometrie unterrichtete. Doch er wollte und er konnte mehr. Wenn im Juni Fiegers 120. Geburtstag gefeiert wird, dann darf ohne Übertreibung daran erinnert werden, dass er am Entwurf des Bauhauses und der Meisterhäuser mehr als nur beteiligt war. Seiner Präzision im Zeichnen stellte er eine durchdachte, aber auch heitere und elegant rhythmische Architektur gegenüber. Sein Dessauer Ausflugsrestaurant *Kornhaus*, das er 1930 an die Elbe setzen ließ, aber auch sein Wohnhaus für die *Siedlung Törten* leben vom Esprit der Rundungen und gut proportionierten Räumen. Hinzu kommt Fiegers Sinn für Farbe! Was sich von diesem Baumeister und -lehrer heute noch lernen lässt, wird Thema eines Carl-Fieger-Kolloquiums am 12. Juni sein, zu dem die Stiftung Bauhaus Dessau und der Bauhaus Dessau e.V. aus Anlass seines Geburtstages einladen. Uta Schmitt, Wolfgang Paul und Wolfgang Thöner werden Vorträge halten und danach gibt es die vom Verein gestifteten Fieger-Preise für Studierende der Hochschule Anhalt (FH). ike

Berlin
Von A bis Z durchbuchstabiert

Was bei Johannes Gutenberg mit der Erfindung des Buchdruckes begann, hat sich im Laufe der Jahrhunderte zu einer eigenen Wissenschaft entwickelt: die Lehre von der Schriftgestaltung, auch bekannt als Typografie. Ganz vorne mit dabei: das Bauhaus, wo schon früh erkannt wurde, wie die Gestaltung eines Textes Einfluss auf dessen Wirkung und Lesbarkeit nimmt. Weltbekanntes Beispiel ist der von Herbert Bayer entworfene vertikale Schriftzug am Dessauer Bauhausgebäude. Passenderweise widmet sich vom 8. Mai bis zum 5. August 2013 eine Ausstellung des Gutenbergs-Museum und der FH Mainz/Designlabor Gutenberg im Bauhaus-Archiv Berlin dieser Thematik.

Krefeld
Golfen mit Mies

Mit welch großer Zuneigung man sich in Krefeld dem (auch nicht gebauten) Erbe Ludwig Mies van der Rohes widmet, soll in diesem Sommer besonders deutlich werden. 1930 entwarf der dritte und letzte Bauhausdirektor für den frisch gegründeten Golfclub ein dazugehöriges Clubhaus, das »wie ein Stern auf der Kuppe des Engelsberges liegen sollte« (Projekt *Mies in Krefeld*, www.projektmik.com). Gar nicht zu reden von seinen fließenden Räumen mit großen Panoramafenstern und der oft erprobten Verbindung zwischen Architektur und Natur. Doch in Ermangelung von 150.000 Reichsmark, die die Golfer im Zuge der Weltwirtschaftskrise nicht aufzubringen imstande waren, blieb das Mies-Haus eine Idee auf Papier. Der schöne Traum, in die erste Architektur-Liga mit Barcelona oder Brünn aufsteigen zu können, war geplatzt. 80 Jahre später soll nun wenigstens mal mit Holz simuliert werden, wie es hätte werden können. Das ▶

belgische Architekturbüro Robbrecht en Daem wird am Original-schauplatz ein begehbares Eins-zu-eins-Modell bauen, das vom 26. Mai bis 27. Oktober zum Nachdenken darüber einlädt, ob aus der Sache nicht doch noch etwas werden könnte. Wie es allerdings um die Golfleidenschaft der Krefelder und deren Vermögen bestellt ist, wäre eine noch zu lösende Frage. ike

farth zeichnet in seinem Dokumentarfilm *Haus Tugendhat* ein viel-schichtiges Bild von einem Meisterwerk der klassisch modernen Architektur. Das Haus überstand die turbulente Zeitgeschichte des 20. Jahrhunderts, dementsprechend facettenreich ist seine Biografie: Sie beginnt während der Aufbruchsstimmung im prosperierenden Westmähren zwischen den Weltkriegen. Die Okkupation Nazi-Deutschlands führte zur Vertreibung und Emigration der Familie Tugendhat, in den Nachkriegsjahren wurde das Haus dann als Schule für Rhythmik und Ausdruckstanz genutzt. Im Film schildern Familienmitglieder, einstige Benutzer und Bewohner sowie Kunsthistoriker und Restauratoren ihre persönlichen Erfahrungen mit dem Gebäude. Diese Erzählungen werden mit historischen Foto- und Filmaufnahmen verwoben. 2010 wurde das im Jahr 2001 zum UNESCO-Weltkulturerbe ernannte Haus letztendlich restauriert und am 29. Februar 2012 der Weltöffentlichkeit übergeben. Kinostart des gut zweistündigen Films über Mies' Meistervilla ist der 30. Mai 2013. ma

Brno
Eine Villa als Filmstar

Es wird auch ›Kronjuwel der Moderne‹ genannt: das *Haus Tugendhat* im tschechischen Brno (Brünn). 1928 vom Architekten Mies van der Rohe für das Unternehmer-Ehepaar Grete und Fritz Tugendhat erbaut, ist das Bauwerk ein Solitär der modernen Architektur. Es vereint den weltoffenen, großbürgerlichen Lebensentwurf seiner Auftraggeber mit dem sozial-utopischen Anspruch Mies van der Rohes. Durch seine Ausstrahlung und Schönheit fasziniert die moderne Villa die Menschen bis heute. Regisseur und Produzent Dieter Rei-

Karlsruhe
Karl Hubbuch probt das Neue Sehen

Kinder sitzen auf dem Bordstein, Spaziergänger schauen sich Schaufensterauslagen an, ein Junge fährt Fahrrad, entspannte Freibadszenen an einem Sommernachmittag, später dann ein Aufmarsch der Hitlerjugend um 1933 — Karl Hubbuchs Schwarz-Weiß-Fotografien zeugen von einer scharfen Beobachtungsgabe. Es sind Momentaufnahmen, die einen Einblick ins Karlsruhe der Zwanziger- und Dreißigerjahre geben. Die badische Hauptstadt ist die Heimat des Malers Karl Hubbuch, dessen Gemälde und Zeichnungen in zahlreichen Galerien zu sehen sind. Kaum bekannt hingegen ist, dass sich

der Künstler zwischen 1925 und 1935 auch mit dem Medium Fotografie intensiv auseinandersetzte und dabei zu einer dem Bauhaus verwandten Formensprache fand. In der Städtischen Galerie Karlsruhe sind nun die Ergebnisse diese Prozesses zu sehen: Schnappschüsse und Porträts von Kollegen und Studierenden hängen neben Alltagsszenen aus Trier, Karlsruhe oder Paris. Wie in Hubbuchs Gemälden steht auch in seinem fotografischen Nachlass der Mensch im Mittelpunkt. Die Spontanität und Experimentierfreude in seinen Werken zählen zu den Charakteristika der Bauhausfotografien. Er selbst stand auch gerne vor der Kamera, wie auf den — oftmals selbstironischen — Sequenzen mit seiner Ehefrau Hilde, die er übrigens gern auch im Stahlrohrgestühl von Marcel Breuer zeichnete, wie wir in *bauhaus* 4 offenbarten. Die Ausstellung ist noch bis zum 9. Juni 2013 zu sehen. ma

◀ Ab 30. Mai im Kino: *Haus Tugendhat von Mies van der Rohe*
▲ *Karl und Hilde Hubbuch vor dem Spiegel*, nach 1927 ◀
Martha im Regenmantel, fotografiert von Karl Hubbuch um 1927

Tel Aviv/St. Petersburg
Die ›Weiße Stadt‹ feiert sich

Wo vor über 100 Jahren palästinensische Landwirte dem kargen Boden ein paar Früchte abrangen, heben sich nun weiß getünchte Fassaden vom blauen Himmel über Israel ab. Tel Aviv ist eine junge Stadt, die erst zu Beginn des 20. Jahrhunderts unweit der Hafenstadt Jaffa gegründet wurde. In nur wenigen Jahren mauserte sie sich zur Metropole. Nicht zuletzt durch die vielen jüdischen Architekten und Künstler, die unter anderem am Bauhaus in Dessau und Berlin studierten und infolge der Naziverfolgung in den Dreißigerjahren nach Palästina emigrierten. Sie gaben der »Weißen Stadt« ihr maßgebliches Aussehen. Im Laufe der Jahrzehnte geriet dieser Ursprung in Vergessenheit, bis in den Achtzigerjahren die Ausstellung *The White City* in New York die Aufmerksamkeit auf den architektonischen Schatz Tel Avivs lenkte. In den folgenden Jahren wurden viele ▶

der Gebäude aufwendig restauriert und ein Denkmalschutzprogramm ins Leben gerufen. 2003 wurde die »Weiße Stadt« zum UNESCO-Weltkulturerbe erklärt, dieses Jahr feiert sie zehnjähriges Jubiläum. Im *Hermitage Museum* Sankt Petersburg ist vom 12. Juni bis zum 15. September 2013 die Ausstellung *The White City. The Bauhaus architecture in Tel Aviv* zu sehen, die mit Plänen, Modellen sowie historischen und aktuellen Fotografien Einblicke in die Entstehungsgeschichte des ›größten Bauhaus-Freilichtmuseums‹ gibt. Das 21. Jahrhundert stellt die »Weiße Stadt« vor neue Herausforderungen. Explo-

dierende Grundstückspreise und Mieten sind deutlich spürbar. Die internationale Konferenz *Greening the White City* in Tel Aviv bot vom 1. bis 3. Mai 2013 mit Fachtagungen und Workshops eine Plattform für Ideen zum ›grünen‹ Stadtumbau. Auch energieeffizientes Modernisieren der Gebäude im Bauhausstil war Thema der von der Stadtverwaltung Tel Aviv-Jaffas und der Heinrich Böll Stiftung in Kooperation mit der Stiftung Bauhaus Dessau initiierten Veranstaltung, auf der sich Experten und Aktivisten aus Israel und Deutschland austauschten. ma

São Paulo
Die große Bauhausrolle

Mitte der Zwanzigerjahre avancierte die Fotografie zum alltäglichen Gebrauchsmedium. So entstanden auch am Bauhaus über 40.000 Fotografien, denn viele Studenten und Lehrer experimentierten mit Film- und Fotoapparaten. Nun präsentieren in Brasilien anlässlich des Themenjahres *Deutschland + Brasilien 2013–2014. Wo Ideen verbinden* das Bauhaus-Archiv/Museum für Gestaltung in Berlin und die Stiftung Bauhaus Dessau im Auftrag des Goethe-Instituts fotografische und filmische Arbeiten von Bauhäuslern. Die Ausstellung *bauhaus.foto.film* soll anhand einer Auswahl von 100 fotografischen Schlüsselwerken das Schaffen am Bauhaus sinnlich erlebbar machen und das Lernkonzept von der ›Wissenschaft des Sehens‹ vermitteln. Vertreten sind sowohl Aufnahmen von bekannten Bauhaus-

künstlern wie Lucia Moholy, László Moholy-Nagy und T. Lux Feininger als auch Bilder eher unbekannter Fotografen wie Katt Both, Irene Bayer oder Max Peiffer-Watenphul sowie nicht weniger anspruchsvolle Werke gänzlich unbekannter Autoren. Lebendige Eindrücke vom Bauhaus werden auch in laufenden Bildern geboten: Seltene Originalfilme werden in raumgreifenden Installationen durch großformatige Projektionen in Szene gesetzt. Darunter auch der rekonstruierte Prolog, den Walter Gropius zur Eröffnung des Bauhausgebäudes am 4. Dezember 1926 vorführen ließ. In weiteren Filmstreifen zu Kunst und Architektur von Bauhäuslern und Zeitgenossen werden auch spätere Filmadaptionen früherer Entwürfe von Werner Graeff, Kurt Schwerdtfeger oder Kurt Kranz sowie Interviews von Bauhaus-Zeitzeugen ausgestrahlt. Die Ausstellung ist bis zum 4. August im *Kulturzentrum Sesc Pinheiros* in São Paulo zu sehen. Danach tourt sie durch mehrere brasilianische Städte. ma

Weimar
Happy Birthday, van de Velde!

Leidenschaft, Funktion, Schönheit — dies sind Prinzipien eines Gestalters der Moderne. Mit Wort und Tat stieß der selbsternannte »Prophet des Übergangs« und »Apostel der ästhetischen Zukunft« Henry van de Velde um die Jahrhundertwende mit seiner Kunst das Tor zur Moderne auf. Weimar war zu Beginn des 20. Jahrhunderts das Zentrum der europaweiten Wirksamkeit van de Veldes, hier schuf er seine wichtigsten Werke. Zu Ehren des 150. Geburtstags Henry van de Veldes widmet sich die Region Erfurt-Weimar-Jena im Van-de-Velde-Jahr 2013 in zahlreichen Ausstellungen und Veranstaltungen den Verdiensten des ›Alleskünstlers‹ sowie denen seiner Mitstreiter und Schüler. Der belgisch-flämische Designer und Architekt orientierte sich an der Ästhetik der modernen Industrie und war sein Leben lang vom Prinzip der Zweckmäßigkeit der Gegenstände überzeugt: Die Gestaltung eines Gegenstandes sei desto vollkommener, je exakter sie dessen Zweck entspreche — damit gehört er zu den Vordenkern des Bauhauses. Seine Designs sind dabei nicht auf ein Gebiet beschränkt, sondern umfassen neben Alltagsgegenständen Lichtkörper, Möbel oder den Bau eines Hauses. Mehr unter www.vandevelde2013.de ma

Dessau
Büchner rockt die Bauhausbühne

Die schwarzen Bretter der Bauhausbühne kommen im Juni gleich zweimal ins Fernsehen. Der innovative Spartenkanal ZDFkultur möchte gern in einem Schüler- und Jugendmusiktheaterwettbewerb herausfinden, ob der radikale Schlingel Georg Büchner auch heute noch die Obrigkeit provozieren könnte, und außerdem wird am 18. Juni 2013 das 50. Konzert der Musikreihe *zdf@bauhaus* aufgezeichnet. After Show Lounge inklusive. Beim Büchner-Wettbewerb werden vom 2. bis 7. Juni ausgewählte ›Radikale‹ ein Stück auf die Beine und auf die Bühne stellen. Die Jury unter Vorsitz des Schauspielers Robert Stadlober (Foto) hat aus den Gewinnern drei Gruppen mit je elf Teammitgliedern gebildet. In Gruppe 1 begrüßen wir die Autoren Martin Piekar und Gerasimos Bekas, die Musiker von Leo hört Rauschen, die Darsteller Julian Leithoff und Amy Benkenstein sowie die dreiköpfige Theatergruppe um Paula Kober. Gruppe 2 bilden die Autoren Pia Kröll, Robert Stripling und Till Wiebel, die Schauspielerin Johanna Franke, die Musiker Leonard Ottolien und Georg Nathanael Schmitt und die Theatergruppe um Thilo Ruck. In Gruppe 3 versammeln sich die Musiker von Konglomerat, die Autoren David Holdowanski und Sebastian Meineck, Schauspielerin Shayel Klaßing sowie zwei Schauspielgruppen: zum einen Clara Liepsch und Kimberly Obst, außerdem das Team um Yasmin El Yassini. Die Ausgewählten werden gemeinsam mit Theaterleuten ein 30-Minuten-Stück zu Büchners Leben und Werk und Zorn erarbeiten, das dann zusammen mit Ausschnitten aus dem Probenprozess ins Fernsehen kommt. Bei zdf@bauhaus geht es in der Jubiläumsfolge nicht minder radikal zu. Näheres unter www.bauhaus-dessau. de ike

Dessau
Konkurrenz der Ideen

Dass man die Moderne auch in Dessau ideenreich und niveauvoll fortschreiben kann, bewies jetzt die ortsansässige Wohnungsgenossenschaft. Ausgerechnet in der Nähe des Bauhausgebäudes welkten zwei nicht mehr sanierungsfähige Immobilien vor sich hin. Die Genossenschaft lobte daraufhin ein beschränktes Architektur-Gutachterverfahren für zwei neue Mehrfamilienhäuser aus, zu dem elf Büros eingeladen wurden. Den Sieg trug schließlich ein Entwurf von *AMBRUS+CO* aus Berlin davon, aber auch die Architekten Heide & von Beckerath sowie Robert Neun machten Vorschläge, die Baukultur auf höchstem Niveau verkörperten. Baustart soll im November sein, im Dezember 2014 könnten die ersten Wohnungsnutzer einziehen. Der Nachbar in Gestalt des Direktors der Stiftung Bauhaus Dessau, Philipp Oswalt, lobte denn auch das innovative Engagement der Wohnungsgenossenschaft und sprach von einem Beispiel, das in der Bauhausstadt Schule machen sollte: »Hier wurde

mit Innovation zur Wohnkultur wirklich ernst gemacht und damit eine Bauhausidee mit neuem Leben gefüllt. In der Bauhausstadt muss Baukultur großgeschrieben werden. Gerade wenn die Anzahl der Neubauten begrenzt ist, sollten diese hohen Qualitätsmaßstäbe erfüllt werden. Genau dann ist eine Konkurrenz der Ideen das Richtige.« Und, so lässt sich anfügen, auch historisch korrekt. Denn viele Bauhausbauten entstanden im Wettbewerb. ike

Dessau
Meisterhaus, später

»Junge Menschen — kommt ans Bauhaus!« Diesem Aufruf wird auch 2013 immer wieder gern Folge geleistet. Beispielsweise von Studierenden der Kunsthochschule Berlin-Weißensee, die in Dessau eine Ausstellung konzipiert haben — wenn auch nicht am Bauhaus direkt, sondern im Meisterhaus Muche/Schlemmer. Denn um die Wohn- und Arbeitsstätten der legendären Bauhausmeister geht es schließlich. *Hello Goodbye* zeigt vom 17. Mai bis zum 9. Juni die künstlerische Auseinandersetzung von angehenden Bildhauern mit den berühmten Räumen, von denen allein das Doppelhaus Muche/Schlemmer mehr als 30 zu bespielen hat. Die 20 eigens angefertigten Arbeiten geben Antworten auf die Fragen, was die Gropius'sche Architektur jungen Künstlern heute noch zu sagen hat, wie die Ausstellungsgegenstände mit dem Exponat ›Gebäude‹ korrespondieren und wie sich die Geschichte einer der spannendsten Künstlerkolonien des 20. Jahrhunderts vermitteln lässt. Um auch der am Bauhaus hochgeschätzten Interdisziplinarität gerecht zu werden, werden Studierende des Fachbereichs Visuelle Kommunikation mitmischen: Sie gestalten den Katalog zur Ausstellung, und zwar so, dass auch hier die Tradition des Bauhauses im Design zeitgenössisch reflektiert wird. Unterstützt wird das Projekt von der *Mart Stam Gesellschaft — Förderverein der Kunsthochschule Berlin-Weißensee e.V.* gb

Von den Spekulationswindmühlen der Architektur Don Quijotes

Das *Bauhaus Kolleg* heißt jetzt *Bauhaus Lab* und wird sich ab August mit den Hinterlassenschaften der Finanzmarktkrise auf dem spanischen Immobilienmarkt auseinandersetzen

13 Jahre lang beschäftigten sich im *Bauhaus Kolleg* junge Architekten, Künstler, Designer und Geisteswissenschaftler mit der komplexen Realität unserer Städte und dem Erbe des modernen Urbanismus. In verschiedenen Projekten wandte der einjährige Postgraduiertenstudiengang Methoden des historischen Bauhauses auf die Gegenwart an und vernetzte verschiedene Disziplinen mit höchster Produktivität. Aus dem Kolleg ist nun das *Bauhaus Lab* geworden. Das neue, viermonatige Programm bietet jungen Professionellen mit abgeschlossener Ausbildung die Möglichkeit, gemeinsam an einem konkreten Gestaltungsprojekt zu arbeiten. Das erste Lab *Architecture after Speculation* beschäftigt sich mit den Folgen der Finanzmarktkrise für die Architektur in Spanien. Fragen an <u>Regina Bittner</u>, Leiterin der Akademie und stellvertretende Direktorin der Stiftung Bauhaus Dessau.

Das *Bauhaus Lab* versteht sich als eine Plattform für kollaboratives Lernen, Forschen und Gestalten. Was hat sich im Gegensatz zum *Kolleg* geändert?

Beim *Bauhaus Kolleg* hatte sich in den letzten Jahren die Teilnehmerstruktur aufgespalten: Auf der einen Seite hatten wir Leute, die sowohl ihren Ausbildungshintergrund als auch ihre professionelle Expertise betreffend wirklich für ein postgraduales Programm geeignet waren. Und natürlich ein starkes Interesse an einer forschenden und konzeptuellen Arbeit hatten. Auf der anderen Seite gab es aber auch Studierende, die eher noch in ein Masterprogramm gepasst hätten. So haben wir darüber nachgedacht, uns stärker auf ein Programm zu fokussieren, das sich wirklich an eine Klientel richtet, die schon eine eigene professionelle Praxiserfahrung mitbringt. Außerdem ist das *Lab* ein kürzeres Format als das *Kolleg*, weil wir merkten, dass es für unsere Professionellen immer schwieriger wurde, sich für ein ganzes Jahr aus dem Berufsleben zu verabschieden, um nach Dessau zu kommen. Jetzt ist unser Programm dichter und konzentrierter, es bleibt aber bei der Mischung aus Gestaltung, Forschung und kultureller Produktion.

Wie unterscheidet sich das *Bauhaus Lab* von universitären Angeboten?

Master- und PhD-Programme sind ja relativ verschult und es gibt Richtlinien für die Belegung von Modulen. Das wird beim *Lab* nicht so sein. Es wird offener in Bezug auf das, was man sich an Wissen aneignet, wie man es miteinander kommuniziert und verhandelt. Wichtig ist uns, dass Forschung und Gestaltung ineinandergreifen — was oft bei den universitären Angeboten nicht möglich ist.

Das nächste *Bauhaus Lab* findet von August bis November statt und soll Spaniens Spekulationslandschaften und die Finanzkrise thematisieren. Worum geht es genau?

Im Zuge des Neoliberalismus ist die Architekturproduktion von der international agierenden Immobilienwirtschaft besonders abhängig ▶

geworden, die Finanz- und Spekulationskrise hatte auch eine Krise der Bauwirtschaft zur Folge. In diesem Zusammenhang ist die spanische Situation nur ein Fallbeispiel. Es zeigt auch, dass Architektur immer sehr stark mit der Wirtschaft verkoppelt war, anders als andere gestalterische Disziplinen. In den Architekturdiskursen wird oft übersehen, wie weit Architekturproduktion und Immobilienwirtschaft miteinander zusammenhängen. Dass viele junge Architekten heute in Europa verzweifelt versuchen, einen Job zu finden, weil es beispielsweise in Spanien keine mehr gibt, zeigt auch, wie weit eine Finanzkrise auch Auswirkungen auf einen Berufsstand hat. So eignete sich gerade dieses Thema besonders, Fragen zur Zukunft dieses Berufsstandes aufzugreifen. Es ist insofern ein spannendes Thema, als dass man nicht nur Einsichten in den Zusammenhang von Immobilienwirtschaft und Architekturproduktion gewinnen kann, sondern auch die Frage nach der veränderten Rolle des Architekten und Gestalters in einer von Krisen geprägten Gegenwart thematisieren kann.

Was soll das Ergebnis des viermonatigen *Labs* sein?

Das Spektrum sollte reichen von interessanten kartografischen Darstellungen, die zeigen, wie tief die Finanzwirtschaft und Architekturproduktion gerade in Spanien miteinander verbunden sind, bis hin zu Modellen, Kommunikationsstrategien oder exemplarischen Fallbeispielen. Es geht darum, unsichtbare Zusammenhänge sichtbar zu machen und der ›Architektur‹ des Finanzmarktes ein Gesicht zu geben. Außerdem wollen wir uns fragen, wie man von einer Tauschwertorientierung, die zu einer solchen Krise geführt hat, wieder zu einer am Gebrauch ausgerichteten Architekturproduktion kommt. Und natürlich ist auch interessant, wie Architekten mit den unterschiedlichen Nutzerkonstellationen vor Ort umgehen und was aus den leer stehenden Ruinen werden könnte.

Welche Voraussetzungen müssen die Teilnehmer für das *Bauhaus Lab* mitbringen?

15 bis 20 Leute können teilnehmen und müssen sich mit einem Konzept bewerben. Wir erwarten, dass sich die potenziellen Teilneh-

mer also schon im Vorfeld mit dem Thema beschäftigen. Eine Jury wird dann die Arbeiten sichten. Sehr gern sind auch transdisziplinäre Teams zum Beispiel mit Designern, Architekten oder Forschern eingeladen, die bereits gemeinsame Projekterfahrungen gesammelt haben.

In den vergangenen Jahren unterstützten zahlreiche internationale Gäste und Kooperationspartner das *Bauhaus Kolleg*. Wird es diese auch im *Lab* 2013 geben?

Wie beim *Kolleg* wird es auch beim *Lab* wieder mehrere Workshops mit externen Gästen geben: interessante Büros oder auch Vortragende. Wir wollen eine akademische Kultur mit kreativem Austausch schaffen, die junge Kreative nutzen können, um Netzwerke zu bilden und Beziehungen herzustellen.

Es heißt, dass das *Lab* auch eine internationale Plattform der Kollaboration ist. Inwiefern können die Teilnehmer davon profitieren?

Wir bieten ihnen die Möglichkeit, intensiv an einem Thema zu arbeiten und es mit Unterstützung von etablierten Büros weiterzuentwickeln. Es entsteht, was wir ja auch im *Bauhaus Kolleg* erreichen konnten, so eine kleine, aber internationale Community, die weiterlebt, auch wenn die Teilnehmer nicht mehr in Dessau sind. Auch im Zusammenhang mit den eingeladenen Gästen kann sich eine professionelle Plattform ausbilden, die die Teilnehmer dann weiter in ihrer Praxis nutzen können. Zudem hoffen wir auf beispielhafte Projekte, Vorschläge und Konzepte, die dann eine Art Schneeballeffekt auslösen. Und die natürlich nachhaltig sind.

Das Gespräch führte Stefanie Weiser.

◄◄ Isla del Fraile Resort, 2010
◄ Residential Dominion Heights, 2011
◄ Urcamusa Norte, 2011
▼ Alba Marina Residential Complex, 2010
Fotografien von Julia Schulz-Dornburg

Die Fotografien zum Beitrag von Julia Schulz-Dornburg stammen aus der Publikation *Ruinas modernas. Una topografía de lucro*, die 2012 bei Ambit Serveis Editorials erschienen ist. ISBN 978—84—96645—14—1

Wer war Moksha Mula?

Von Dessau aus zog <u>Max Müller</u> in die Welt, wurde Sprach- und Religionswissenschaftler, vor allem aber einer der wichtigsten Indien-Forscher, der dem Subkontinent kulturelles Selbstbewusstsein brachte

Im Dessauer Stadtpark findet sich noch heute eine Spur der berühmten Müller-Familie: »Sänger der griechischen Freiheit«, so huldigt eine marmorne Inschrift Wilhelm Müller. Der Dichter der von Franz Schubert vertonten *Winterreise* tat sich auch als Schöpfer der *Griechenlieder* hervor, die Anfang des 19. Jahrhunderts den griechischen Unabhängigkeitskampf befeuerten. Genau darauf nimmt das Dessauer Denkmal Bezug. Als es 1891 enthüllt wurde, war auch Müllers Sohn Max dabei, der zu diesem Zeitpunkt schon den Beinamen »Moksha Mula — Retter der Wurzeln« trug, weil er sich dem Suchen, Erforschen und Übersetzen altindischer Texte und Lieder widmete. Als Max Müller 1823 in Dessau geboren wurde, hatte die Residenzstadt bereits die große Zeit der Aufklärung unter Fürst Franz hinter sich, und der alte, feudale Zopf wurde wieder länger. Doch das galt nicht für Müllers Familie. Ein Schulheft-Einband mit einer Zeichnung der nordindischen Stadt Varanasi war der Auslöser dafür, dass sich der Filius für den Subkontinent zu interessieren begann. 1841 schrieb er sich dann an der Leipziger Universität für Indologie ein. Diese neue Studienmöglichkeit verstärkte im späteren Indien-Forscher die Neugierde am Exotischen und vor allem befreite sie ihn vom Überdruss des Klassischen: »Ich wurde allmählich ein wenig müde von Griechisch und Latein und all dem aufgewärmten Kohl, dem *crambe repetita* von Homer und Horaz.«[1] Und so ging er gern zum Philosophieren in den Herwegh-Klub, wo er Theodor Fontane und Wilhelm Wolfsohn traf. Später erinnerte sich Fontane: »Die eigentliche große Nummer unseres Klubs, natürlich erst durch das, was aus ihm wurde, war Max Müller.«[2] In Leipzig verfolgte Müller kein geringeres Ziel, als mit der vergleichenden Sprach- und Religionswissenschaft die Entwicklung der menschlichen Zivilisation zu erforschen.

Bereits mit 20 Jahren schloss Müller sein Studium mit einem Doktordiplom ab. Kurz darauf zog es den jungen Forscher nach Berlin: Zum einen weil gerade der preußische König einige originale Sanskrit-Texte erworben hatte, vor allem aber, weil er an der Berliner Universität die Vorlesungen des Indogermanisten Franz Bopp besuchen wollte. Bopps sprachwissenschaftliche Vergleiche waren für diese Zeit neu und provokant. Was auch für den Salon Bettina von Arnims galt. Hier war es nahezu sakrosankt, sich für östliche Ideen, auch als Abgrenzung zum Gegenüber der eurozentrischen und rationalistischen Weltsicht, zu interessieren. Nach Leipzig und Berlin waren Müllers Themen umrissen: vergleichende Sprachwissenschaft, die Untersuchung von Religionen hinsichtlich ihrer Ursprünge und Gemeinsamkeiten sowie das Erforschen und Übersetzen alter außereuropäischer philosophischer und mythologischer Texte. Als er 1845 nach Paris ging, um altindische Texte im Original zu erforschen, traf er dort auf den bengalisch-liberalen Führer Dwarkanath Tagore.

Bald darauf verließ Müller Paris, da ihm die Sanskrit-Quellen versiegten. Er fand bei der East India Company nicht nur eine umfangreiche Bibliothek mit alten Schriften, sondern auch einen ambitionierten Auftraggeber für die Übersetzungen. Die Company, die im 17. Jahrhundert mit der Kolonialisierung Indiens begann und mittlerweile fast den gesamten Subkontinent kontrollierte, befand sich 1846 in einer schon seit Jahren andauernden Legitimationskrise gegenüber der englischen Krone. Deswegen versuchte man durch Wissenstransfer neue Wirkungsbereiche zu erschließen. So erhielt Müller den Auftrag, die Rigveda, den ältesten Textteil der altindischen Veden, zu übersetzen. Das brachte ihm 1854 eine Professur an der Universität Oxford ein. Mit der Ernennung Müllers für den 1868 eingerichteten Lehrstuhl für vergleichende Religionswissenschaften war er am Höhepunkt seiner akademischen Laufbahn — aber auch im Zentrum der Konflikte mit der christlichen Orthodoxie und der eurozentrischen Weltsicht in Politik und Wissenschaft. Das englische Empire war auf dem Höhepunkt seiner kolonialen Ausdehnung und Arroganz inklusive christlicher Missionierung. Und ausgerechnet ein eingewanderter deutscher Gelehrter, ausgestattet mit den Idealen der deutschen klassischen Philosophie und Spätromantik, wechselte die kulturelle Perspektive und trat öffentlich dafür ein. Es ist kaum zu ermessen, welche Provokation in dieser Zeit sein Vortrag »India — what can it teach us« (1883) war! Max Müller gehörte nun zu den großen Philosophen und Gelehrten des 19. Jahrhunderts.

Max Müller wollte durch das Erforschen der altindischen Kultur und das Finden des gemeinsamen Ursprungs der europäischen und asiatischen Kultur einer neuen Toleranz Vorschub leisten. Doch zunächst ging es um Indien selbst. Mit den legendären »Sacred Books« (1879) machte Müller teilweise verschüttetes asiatisches Wissen wieder und neu zugänglich. Generationen von indischen Intellektuellen und führenden Vertretern des entstehenden National- und Kulturbewusstseins wie Ramakrishna, Sri Aurobindo, Mahatma Gandhi etc. zogen aus diesen Büchern ihr kulturelles Selbstbewusstsein. Aus Dankbarkeit und Wertschätzung nennen sich die indischen Niederlassungen des Goethe-Instituts »Max Mueller Bhavan«. Während in seiner Heimatstadt die Lieder seines Vaters noch immer gesungen werden, ist es um seinen Sohn still geworden. <u>Burghard Duhm</u>

[1] Friedrich Max Müller, *Indien Friends* (Auld Lang Syne). Delhi 1982, S. 37.
[2] Theodor Fontane, *Von Zwanzig bis Dreissig*. Leipzig 1968, S. 10.

Immer und überall eine »große Nummer« (Fontane): Max Müller ▲

Wohnapparate jetzt!

Der *Dessauer Bauhaussommer* will die Meisterhäuser neu einrichten

Die Meisterhaussiedlung nahe dem Dessauer Bauhausgebäude wurde zum Inbegriff der Künstlerkolonie des 20. Jahrhunderts. Kandinsky und Klee, Muche und Schlemmer, Feininger und Moholy-Nagy lebten hier Tür an Tür, in den Wohnateliers entstand Wegweisendes. In einer dreiwöchigen Sommerwerkstatt, die die *Stiftung Bauhaus Dessau* gemeinsam mit der *IKEA-Stiftung* und *The Germans* als Medienpartner ins Werk setzt, geht es von Ende Juli bis Anfang August darum, diese Kolonie temporär zu reaktivieren. Zugleich stellt sich die Frage, ob und wie diese Häuser heute wieder kreativ bespielt, bewohnt und ›bearbeitet‹ werden können. Um das herauszufinden, sollen Eins-zu-eins-Modelle, Prototypen oder Beispielaktionen entstehen. In den drei von jungen Designern geleiteten Studios werden die Meisterhäuser als mögliche ›Wohnapparate‹ gesehen und entsprechend eingerichtet. Die unterschiedlichen Nutzungen sollen Erinnerungen wecken, Gäste und andere Zwischennutzer animieren und zugleich ein ressourcenschonendes Leben ermöglichen.

Für die Studios konnten renommierte Gestalter gewonnen werden. So wird beim Thema *Gestern-Jetzt: Time Machine* Tino Seubert arbeiten, der in seinen Projekten, vor allem in seiner Serie *forming history*, vielfach signifikante historische Momente in Designobjekte und Möbel übersetzt (www.tinoseubert.com). Aus den Niederlanden kommt Boris Duijneveld von MUD-Projekts für das Studio 2 *Jetzt-Jetzt: LivingMachine*. Gemeinsam mit der RE-FUNC-Gruppe pflegt er ein Prinzip, wonach stets die unmittelbar im jeweiligen Handlungsraum vorhandenen Materialien und Möglichkeiten genutzt werden. Diese werden dann zu radikal-fantastischen Ideen ›refunktionalisiert‹ (www.mud-projects.com; www.refunc.nl).

Das dritte Studio mit dem Titel *Jetzt-Morgen: FutureMachine* wird die Berliner Gestalterin Judith Seng leiten, die in ihrer Arbeit eine poetisch-analytische Material- und Gestaltforschung betreibt. Ihre Experimente öffnen dabei sowohl für den Gebrauch als auch für die Herstellung der Dinge neue, weitreichende und überraschende Perspektiven (www.judithseng.de).

Schließlich ist da noch das in Wien, Düsseldorf und Leipzig beheimatete Künstlerkollektiv c'mon c'mmons mit Stefan Gruber, Klaus Fischedick und Ursula Achternkamp, das gemeinsam mit den Gartenfreunden der Stadt eine besondere Tisch-Garten-Koch-Mensa betreiben wird. In den Essenspausen und an den Abenden wird also für ein anhaltendes Experimentierbewusstsein gesorgt sein.

Bewerben können sich Studierende und junge Absolventen gestalterischer und künstlerischer Berufe und anderer für das Thema geeigneter Disziplinen. Die Bewerber sollten bis zum 31. Mai ein einseitiges Motivationsschreiben und ein kurzes Portfolio an die Stiftung Bauhaus Dessau schicken. Die *IKEA-Stiftung* übernimmt für die 30 ausgewählten Teilnehmer die Gebühren, womit auch die Unterkunft in einer Jugendherberge finanziert ist.

Zur weitergehenden Bearbeitung des Themas werden drei Stipendiaten im Anschluss an die Sommerschule ans Bauhaus Dessau eingeladen. Hierfür können sich Absolventen des Designs, der Architektur und der Kunst bewerben. Das Bauhausstipendium ermöglicht drei Gestaltern ab September 2013 als *designers in residence* ihre Ideen zum Thema *Wohnapparate jetzt* drei Monate lang in Dessau auszuarbeiten. Sie erhalten Unterkunft, Arbeitsplatz und ein Stipendium von 1200 Euro monatlich. Interessierte senden bis zum 31. Mai 2013 eine zweiseitige Ideenskizze zu ihrem Projekt mit klarem Bezug zu einem der drei Themen und ein Portfolio an die Stiftung Bauhaus Dessau. bhd

Mehr Informationen unter www.bauhaus-dessau.de/bauhaussommer

Experimentierfreudig: *ActingThings* mit der Gestalterin Judith Seng

Buchtipps

Andreas Rossmann: *Der Rauch verbindet die Städte nicht mehr. Ruhrgebiet: Orte, Bauten, Szenen.* 264 Seiten, mit Fotografien von Barbara Klemm. Köln, Verlag der Buchhandlung Walther König, 2012, 14,80 Euro

Das vorliegende Buch widmet sich den grundlegenden Veränderungen in Deutschlands größtem Ballungszentrum, dem einst von Bergbau und Schwerindustrie geprägten Ruhrgebiet. Nach umfangreichen Zechen- und Werksschließungen musste sich die Region in den vergangenen Jahrzehnten neu erfinden.

Der Autor ist Feuilletonkorrespondent der *Frankfurter Allgemeinen Zeitung* in Nordrhein-Westfalen. In seinem Buch fasst er einen Teil seiner Texte über das Ruhrgebiet aus über 20 Jahren zusammen. Der Strukturwandel wird in 44 Beiträgen aus unterschiedlichen Blickwinkeln betrachtet, besonderes Augenmerk gilt dabei der Architektur und Landschaftspflege. Andreas Rossmann schildert das Verwandeln von Industriebrachen in Kulturtempel, das Entstehen von Parklandschaften sowie zahlreiche Begegnungen und Begebenheiten. Seine unterhaltsamen und stets hintersinnigen Reportagen zeichnen das Bild einer besonderen Region, deutlich spürbar ist auch die Sympathie des Autors für das Revier und seine Bewohner. Atmosphärisch dichte Schwarz-Weiß-Fotos von Barbara Klemm unterstreichen dieses Stimmungsbild.

Der Titel des Buches bezieht sich übrigens auf Joseph Roths Reisereportage über das Ruhrgebiet. Im Jahr 1926 beschrieb er hier eine Landschaft, in der die Städte durch Rauch verbunden waren. Heute sind die Schlote erloschen, den völlig veränderten Ballungsraum sollte man nun mit diesem etwas anderen Reiseführer erkunden. sts

Katrin Eberhard: *Maschinen zuhause: Die Technisierung des Wohnens in der Moderne.* 257 Seiten, Zürich, Gta Verlag, 2011, 48 Euro / Johannes Cramer, Anke Zalivako (Hg.): *Das Narkomfin-Kommunehaus in Moskau 1928–2012.* 208 Seiten, Petersberg, Michael Imhof Verlag 2013, 29 Euro

Von den drei Bedeutungen moderner ›Wohnmaschinen‹ steht die materielle, technische Maschinerie des Hauses im Zentrum der Studie von Katrin Eberhard. Die Haustechnik bestimmt in der Moder-

ne Grundrisse, Wohnformen und Nutzungsmuster, so die These. An großbürgerlichen Villen der Zwanzigerjahre von Le Corbusier, Neutra, Mallet-Stevens und Brinkmann/van der Vlugt wird überzeugend dargestellt, wie in den Feldern Komfort (Heizung, Beleuchtung, Unterhaltung), Gesundheit (Lüftung, Ernährung, Hygiene) und Kontrolle (Raum und Zeit) neue Technik und sachliche Ästhetik ineinandergreifen und so Architekturformen modernisiert werden. Gegenüber diesen handwerklichen Prototypen blieb die industrielle Serienproduktion von Wohnungen bloße Theorie, so Eberhard. Die Behauptungen von Corbusier bis Gropius, demnächst Häuser wie Automobile herstellen zu wollen, stellen den zweiten, ideologischen Kern der modernistischen Propaganda von ›Wohnmaschinen‹ dar. An ihn kommen allerdings Eberhards technikhistorische Methoden nicht heran, dazu bedarf es diskurs- und medientheoretischer Reflexionen. Trotzdem ein überzeugendes, technikhistorisches Buch, das auch die gegenwärtige Fantasie automatischer Smart-Home-Techniken als einen schon heute veralteten Irrweg erscheinen lässt, der keine substanziellen Probleme des Wohnens lösen wird.

Die dritte, metaphorische Bedeutung von ›Wohnmaschinen‹ macht sich an der fabrikähnlichen Form von sehr großen Gebäuden mit standardisierten Wohnungstypen für Hunderte von Bewohnern fest — wie etwa das lang gestreckte sechsstöckige *Narkomfin-Kommunehaus* in Moskau von 1930 (Ginzburg und Milinis) zur Erforschung und Erprobung neuer urbaner Wohnformen: 50 Maisonettewohnungen mit interessanten Raumplänen, zugunsten von Gemeinschaftsflächen reduzierten Individualräumen, unterschiedlichen Wohnungstypen und bunten Wandfarben aus dem Bauhaus von Scheper. Wie viele konstruktivistische Gebäude steht es leer und verfällt. Eine russisch-deutsche Expertengruppe will den Verfall aufhalten und hat dazu alle Sanierungsaspekte untersucht und dokumentiert. Auch das ein interessantes Buch mit wunderbaren historischen Fotos, das das avantgardistische *Kommunehaus* von 1930 auch heute noch als komplexere Alternative zu den in aller Welt wieder gebauten, schlichten Wohnhochhäusern zeigt. wp

Winfried Nerdinger (Hg.): *Der Architekt. Geschichte und Gegenwart eines Berufsstandes.* Zwei Bände im Schmuckschuber, 816 Seiten. München, Prestel Verlag, 2012. 98 Euro

Im modernen Antiquariat gibt es zahlreiche Überblicksbände, in denen die Baukünste von der Antike bis heute und auf allen Erdteilen dargestellt werden. Auch der zweibändige Katalog von Winfried Nerdinger aus dem Architekturmuseum der TU München würde schneller im Antiquariat landen, wenn mehrere der 45 Beiträge »die Moderne« ähnlich antiquiert dargestellt hätten wie der Architekturhistoriker Jörn Düwel mit seiner kruden Ideologiekritik an der deutschen Architekturmoderne des 20. Jahrhunderts. In Unkenntnis ideologietheoretischer Methoden macht er einfach die Reden von Vorsitzenden des Bundes Deutscher Architekten, die Texte von Walter Gropius und die kulturpolitischen Anweisungen von Walter Ulbricht für alles verantwortlich, was »die Moderne« zwischen 1914 und 1975 in Architektur und Stadt angerichtet hat. Erst die Lo-

sung »Rettet die Städte jetzt« von 1975 soll die deutsche Misere des Architekten als Sozialingenieur der Neuen Heimaten in West wie Ost mitsamt seiner zerstörerischen Vorstellung vom Neuen Menschen beendet haben. Über die widersprüchlichen Realitäten dieses Berufsbildes erfährt man nichts: Statt bloßer Ideengeschichten würde man eine Analyse der Berufsrealitäten von Architekten der Neuen Heimat nach 1945 erwarten und was sich seit der Tätigkeit von Ernst May im Neuen Frankfurt der Zwanzigerjahre daran verändert hat. Ebenso einen Beitrag über die architektonische Arbeit an der spekulativen Gründerzeitarchitektur um 1900, die heute die Städte wieder retten soll.

Ganz anders und exemplarisch Philipp Ursprungs intelligenter Beitrag »Von der Rezession zur Stararchitektur und zurück«. Hier werden Theorien und Ideologien in den Berufsbildern seit den Siebzigerjahren im Zusammenspiel mit den gleichzeitigen ökonomischen und gesellschaftskulturellen Konjunkturen untersucht. Erst solch komplexere Analysen von Design, Politik und Ökonomie können zeigen, wie weit sich die gegenwärtigen Beziehungen von Architekten, Bauherren und zunehmend partizipierenden Nutzern von der historischen Grundkonstellation der modernen Industriegesellschaft entfernt haben und welch neue Berufsrealitäten sie hervorgebracht haben.

Ansonsten bieten Nerdingers Bände einen breiten historischen und länderspezifischen Überblick sowie thematische Beiträge über Gott als Bauherr und die Werkzeuge der Welt oder aber über den Architekten als Erzieher, Theoretiker oder Widerständler. Solche Vielfalt ist anregend, auch wenn hier immer noch Ideen- statt Arbeitsgeschichten dominieren. Gegenstand ist eben nicht die Architektur, sondern der Berufsstand. Die ursprüngliche Absicht, die Auswahl der Themen in eine begründete lexikalische Systematik zu bringen, hätte den Anspruch dieses voluminösen Handbuches auf ein Standardwerk untermauert. wp

AndLilly Dubowitz: *In Search of the Forgotten Architect*. Mit Essays von Éva Forgács und Richard Anderson. 216 Seiten. englisch. London, AA Publications, 2012, 30 Pfund

Stefan Sebök war eine der Schlüsselfiguren der architektonischen Avantgarden der Moderne, allerdings eine weitgehend unbekannte bzw. vergessene. Der gebürtige Ungar gehörte — wie László Moholy-Nagy, Marcel Breuer, Farkas Molnár, Ernö Goldfinger und etliche andere junge Künstler, Gestalter und Architekten — zu einer ungarischen Diaspora von Modernisten, die sich in den Zwanzigerjahren in Deutschland gebildet hatte, um im Aufbruchsgeist der Weimarer Republik ihre Visionen weiterentwickeln zu können. Sebök, der als Dresdner Architekturstudent seine ungarischen Freunde am Bauhaus besucht hatte, arbeitete später im privaten Architekturbüro von Walter Gropius. Das Buch zeigt u.a. auf, dass Seböks Mitarbeit nie nur eine rein zeichen- und ingenieurtechnische gewesen ist, sondern auch eine ideengebende. Obwohl selbst kein Bauhausstudent, war Sebök so sehr mit den Machern des Bauhauses verbunden, dass er durchaus als ›Bauhäusler‹ bezeichnet werden kann: eine Künstler- und

Gestalterpersönlichkeit, in deren Leben sich in seltener Dichte die heroische und tragische Geschichte der modernen Avantgarden spiegelt. Seine Nichte Lilly Dubowitz hat nun einen akribisch recherchierten und umfassenden Überblick über das Werk und Leben des ungarischen Avantgardisten vorgelegt, der meist im Schatten und oft auch als Helfer seiner berühmten Kollegen wie Walter Gropius und László Moholy-Nagy agiert hatte. Es ist anzunehmen, dass diese Veröffentlichung, die zahlreiche Abbildungen nicht nur von Seböks Entwürfen, sondern auch seiner frühen expressionistischen Porträtstudien oder seiner während seines Architekturstudiums in Dresden entstandenen Zeichnungen enthält, bis auf längere Sicht das Standard-Werk zum vergessenen Architekten Stefan Sebök sein wird. tb

Andrea Benze: *Alltagsorte in der Stadtregion — Atlas experimenteller Kartographie*. 271 Seiten mit 141 Schwarz-Weiß-Abbildungen und drei Faltkarten. Berlin, Dietrich Reimer Verlag, 2012, 34,90 Euro

Das eigene Haus zu verlassen, um sich ungezielt einem sozialen Miteinander auszusetzen, entspringt der verdichteten Lebenserfahrung großer Städte. Sich in Bitterfeld-Wolfen ›einfach so‹ ins Café zu setzen oder auf den Markt zu gehen erschien den Befragten absurd: »Dann fahren wir lieber gleich nach Leipzig, Dessau oder Halle«, war sinngemäß eine häufige Antwort.

Um Auskunft gebeten hatte Andrea Benze für ihre interessante Dissertation zur experimentellen Kartografie des Vereinslebens in der Stadtregion Bitterfeld-Wolfen, einer stark schrumpfenden Region, in der Orte der Vergemeinschaftung umso wichtiger geworden sind. Für drei Räume (Peripherie, Planstadt, Kulturhaus) kartografiert sie die für öffentliche Augen unauffälligen Vereinstätigkeiten mit ihren unterschiedlichen Raumtaktiken in den geplanten/genutzten, alltäglichen/ereignishaften und strukturellen/bedeuteten Vereinsorten: Der Raum ist nicht leer, sondern voller Eigenschaften. Mit ihrer raumtheoretisch inspirierten Untersuchung der Vereine deckt Andrea Benze die alltäglichen Eigenschaften sozialer Orte auf, die der offiziellen Stadtplanung, die sich auf den sichtbaren Raum konzentriert, entgehen. Für die künftige Entwicklung gerade schrumpfender Regionen sind jedoch die alltäglichen Eigenschaften ihrer eigensinnigen Räume von eminenter Bedeutung: »Der Charakter dieser alltäglichen sozialen Orte in der Stadtregion kann ein Schlüssel für die Entwicklung der Stadtregion werden.« wp

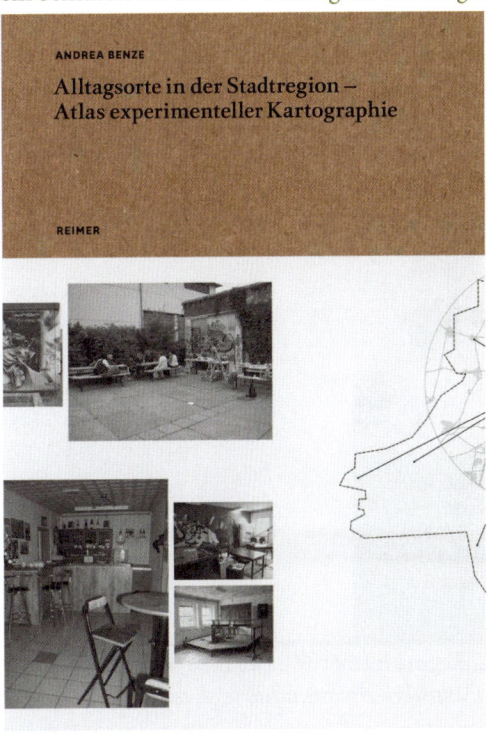

Robert von Lucius: *Verdichtet und steinreich. Streifzüge durch Sachsen-Anhalt.* 160 Seiten, zahlreiche Abbildungen. Halle (Saale), Mitteldeutscher Verlag, 2013, 9,95 Euro

Zwar ist Sachsen-Anhalt das einzige neue Bundesland ohne einheitliche Territorialgeschichte, doch gehört die Region zu den alten und traditionsreichen Geschichtslandschaften. Auf kleinem Raum bietet das Bindestrichland eine außergewöhnliche Dichte an Kulturgütern und Baudenkmälern von nationalem und internationalem Rang.

Autor des Buches ist der *Frankfurter Allgemeine Zeitung*-Korrespondent Robert von Lucius, der sich in einem der Texte auch dem Bauhaus Dessau widmet: »Vor gut achtzig Jahren wurde Dessau Wiege, Symbol und Mythos des modernen Bauens mit der Gründung des Bauhauses Dessau. Lange, in den Jahren des Nationalsozialismus wie auch der DDR, schlummerte das. Seit einigen Jahren entdeckt Dessau die einstige Farbigkeit der Gebäude wieder, plant trotz Widerständen und fehlendem Geld ein Besucherzentrum und eine Dauerausstellung …« Mit dem Neubau solle ermöglicht werden, »… dass die Bestände der Stiftung nicht nur wie bisher in New York, Tokio oder Berlin ausgestellt werden, sondern auch am Ort der Sammlung dauerhaft zu sehen sind.«

Lucius thematisiert an dieser Stelle auch die von der Stiftung Bauhaus Dessau maßgeblich geprägte *Internationale Bauausstellung 2010* als Reaktion auf den drastischen Bevölkerungsschwund in Sachsen-Anhalt.

So sind seine kompakten Reportagen nicht nur kulturhistorische Schwärmereien, sondern auch präzise Gegenwartsbefunde in einem reizvollen, komplizierten Land auf der Suche nach regionaler Identität. sts

Kathrin Rhomberg, Regina Bittner (Hg.): *Das Bauhaus in Kalkutta. Eine Begegnung kosmopolitischer Avantgarden.* 176 Seiten mit 119 Abbildungen. Ostfildern, Hatje Cantz, 2013, 35 Euro

Die Bauhaus-Ausstellung in Kalkutta 1922 war im internationalen Kunstbetrieb ein einmaliges Ereignis: Werke der Bauhauskünstler Paul Klee, Lyonel Feininger und Johannes Itten wurden zusammen mit Bildern indischer Künstler der Moderne wie Nandalal Bose, Abanindranath Tagore, Sunayani Devi und Gaganendranath Tagore in den Samavaya Mansions in Kalkutta präsentiert. Es war eine Begegnung künstlerischer und intellektueller Verwandtschaften: Hier trafen westliche Moderne — nach dem Ersten Weltkrieg auf der Suche nach geistiger und künstlerischer Erneuerung — und indische Künstler — in ihrem Streben nach kultureller Emanzipation im spätkolonialen Indien — zusammen. Der Katalog zur Ausstellung, die noch bis zum 30. Juni am Bauhaus Dessau zu sehen ist, vereint Texte von Sria Chatterjee, Boris Friedewald, Tapati Guha-Thakurta, Kris Manjapra, Kobena Mercer, Partha Mitter, Raman Shiva Kumar, Sanjukta Sunderason u. a. Es geht um gesellschaftliche Parallelen, kulturelle Verwandtschaften und gemeinsame Visionen der westlichen Nachkriegsmoderne und des postkolonialen Indiens. bhd

Bauhaus-Archiv Berlin/Museum für Gestaltung (Hg.): *Eigentlich wollte ich ja Architektin werden. Gertrud Arndt als Weberin und Photographin am Bauhaus 1923—31.* Ausstellungskatalog. 128 Seiten inkl. 184 Abbildungen. Broschur. Berlin, Bauhaus-Archiv, 2013, 14,90 Euro

Die völlige Gleichheit zwischen Mann und Frau war es, die Gertrud Arndt (1903 als Gertrud Hantschk geboren) sich so sehr wünschte, dass sie diese auch in ihren selbst angefertigten Ehevertrag mit dem Architekten Alfred Arndt hineinschrieb. Hätte es so etwas gegeben, wäre sie vielleicht selbst Architektin geworden, was schließlich ihr eigentlicher Wunsch gewesen war. Stattdessen ging sie den klassischen Bauhäuslerinnen-Weg und fand sich nach dem Vorkurs 1924 in der Weberei des Bauhauses wieder. Hier avancierte sie zur Teppich-Expertin, ihr berühmtestes Webwerk schmückte den Fußboden des Weimarer Direktorenzimmers. Trotzdem beschloss Arndt am Tag ihrer Gesellenprüfung im Frühjahr 1927, sich nie wieder an den Webstuhl zu setzen, heiratete Alfred, der später Bauhausmeister wurde, und übernahm die klassische Frauenrolle der Hausfrau und Mutter. Die ›Langeweile‹ brachte Arndt in dieser Zeit dann aber dazu, die heimliche Cindy Sherman des Bauhauses zu werden: mit ihren bis 1931 angefertigten Selbstporträts — den »Maskenphotos«, auf denen sie mittels Verkleidung, Mimik und Frisur in immer andere Frauenrollen schlüpft. Der Katalog zur Arndt-Ausstellung im Bauhaus-Archiv zeigt diese in einer eindrücklichen Serie — neben ihren Web-Entwürfen — und macht so Arndts leider nur kurz genutztes künstlerisches Potenzial sichtbar. (Die Fotografin selbst sah diese Aufnahmen bis ins hohe Alter eher als ›Knipserei‹, dementsprechend spät wurden sie entdeckt und ausgestellt.) In kurzen, klaren Texten kommentiert Christian Wolsdorff und gibt einen sehr informativen Abriss zu den verschiedenen Lebensstationen der Bauhäuslerin — illustriert durch die gut ausgewählten, reichhaltigen Bebilderungen. gb

Kerstin Faber, Philipp Oswalt [Hg.]: *Raumpioniere in ländlichen Regionen. Neue Wege der Daseinsvorsorge.* Edition Bauhaus, Band 35. Mit Texten von Tina Veihelmann, Projektbeiträgen von Atelier Van Lieshout und Fotos von Werner Mahler, Frank Schinski (OSTKREUZ). Stiftung Bauhaus Dessau / Spector Books, Leipzig, 2013. 216 Seiten, Broschur, 25 Euro

Der demografische Wandel hat sich in den letzten Jahrzehnten zu einem immer drängenderen Problem entwickelt. Betroffen sind auch ländliche Räume, in denen die drastisch sinkenden Einwohnerzahlen gravierende Folgen haben: Mit dem Verlust von Einwohnern gehen die Einnahmen der Gemeinden zurück und die Erhaltung der Infrastruktur ist immer schwerer zu gewährleisten. *Raumpioniere in ländlichen Regionen* sucht Lösungen für die akute Frage, wie Bürger und Politik mit der Schrumpfung in der Provinz umgehen können. Soll der Staat Landbewohner in die Eigenverantwortung entlassen? Während Politiker noch behaupten, ländliche Regionen nicht aufzugeben, sieht die Praxis in dünn besiedelten Räumen längst anders aus. Schulen werden geschlossen, Buslinien stillgelegt, es mangelt an ärztlicher Versorgung, die technische Infrastruktur wird zunehmend teurer und Kulturangebote fehlen. Aus der Not heraus beginnen die Bewohner, sich um Fragen der Lebensqualität selbst zu kümmern. »Raumpioniere« engagieren sich für Wasser-, Gas- und Stromversorgung, Verkehr, Gesundheit, Schulbildung, Freizeit und Kultur. Dabei entstehen neue Kooperationen zwischen Bürgergesellschaft und staatlichen Instanzen. Wo aber beides versagt, ist das demokratische Gemeinwesen in Gefahr. Das Buch analysiert den Status quo ländlicher Regionen, skizziert Konzepte einer neuen Raumpolitik, stellt ein Dutzend Projekte aus der Praxis vor und führt hierzu eine Debatte mit Raumpionieren, Politikern, Wissenschaftlern und Künstlern. Die vorgestellten Thesen und Zukunftsszenarien, die einerseits mehr Eigenverantwortlichkeit von den Bürgern und andererseits einen passenden rechtlichen Rahmen von der Politik erforderlich machen, haben bereits kurz nach Erscheinen eine lebendige Debatte ausgelöst. bhd

Stiftung Bauhaus Dessau [Hg.]: *Bauhausstadt Dessau. Labor der Moderne.* Mit Texten von Andreas Butter und Bildern von Daniel Niggemann. Ca. 190 Seiten inkl. 32 Seiten Bildteil. Spector Books, Leipzig, 2013, 9,90 Euro

Wieder erscheint ein Band aus der Reihe der Bauhaus-Taschenbücher, diesmal nicht zu internationalen Orten wie Israel oder Baťa-Städten, sondern zur Bauhausstadt selbst. Schließlich hat die emotionale und wechselvolle Beziehung zwischen Dessau und dem Bauhaus Generationen beeinflusst. Heutzutage soll die Idee der »Bauhausstadt« Dessau Selbstbewusstsein und Richtung geben — doch wie sah es damals eigentlich aus? Als der Bürgermeister Fritz Hesse 1925 die Hochschule aus Weimar in die aufstrebende Industriestadt holte, begeisterte ihr Wohnungsbaukonzept die Sozialreformer und verschreckte Konservative. Auf vielfältige Weise wirkte die Arbeit der Lehrer und Studenten auf die Geschicke der Bürgerschaft ein:

Neben Junkers kooperierten etwa 100 Firmen mit dem Institut. Kunstwelt und Institutionen machten sich auf den Weg in die Moderne, wobei das Gartenreich des aufgeklärten Fürsten Franz als Vorbild diente und viele Orte den Stempel der neuen Zeit erhielten. Dennoch siegte nach sieben Jahren, in denen sich die Konflikte politisiert hatten, das Ressentiment. Aber selbst SA und Staatsanwaltschaft konnten nicht das endgültige Aus bringen und so ist das Bauhaus berühmter denn je. Das Buch erzählt anhand verschiedener Bauhausorte in Dessau, wie eng die Geschichte der Stadt mit der Hochschule für Gestaltung verwoben ist. Den verborgenen Spuren dieser Verbindung nähert sich ein 32-seitiger Bildteil mit künstlerischen Fotos aus dem heutigen Dessau. bhd

▲ Eine Revolution für den DDR-Plat-
▲ tenbau: Rainer Weisbach beim Gro-
　pius-Seminar 1987

Vom jungenhaften Trieb, etwas bauen zu wollen

Zum Tod des Gestalters Rainer Weisbach

Sein Abschied in den Urlaub wurde zu einem Abschied für immer. Am 26. November 2012 verstarb der Leiter der Bauabteilung der Stiftung Bauhaus Dessau, Rainer Weisbach, in Rio de Janeiro. Über zwei Jahrzehnte lang hat er durch seine Kreativität, seine Leidenschaft und seine zupackende Art dem Dessauer Bauhaus seinen Stempel aufgedrückt. Als Mitgestalter des Industriellen Gartenreiches, bei der Projektentwicklung für die *Expo 2000* oder als Vorsitzender des Gestaltungsbeirates der Stadt Dessau-Roßlau hat Rainer Weisbach bleibende Spuren hinterlassen. Mit seinen Ideen, seinem Charme und seiner Menschlichkeit hat er viele Herzen begeistert. Die Stiftung Bauhaus Dessau verabschiedete sich am 18. Dezember mit einer Trauerfeier von Rainer Weisbach. Eine der Trauerreden hielt neben Omar Akbar und Philipp Oswalt auch der erste Direktor der Stiftung Bauhaus Dessau, Rolf Kuhn. Wir dokumentieren sie an dieser Stelle.

Vor 15 Jahren bin ich in die Lausitz gezogen und seither Rainer Weisbach natürlich viel seltener begegnet als in unserer gemeinsamen Bauhauszeit von 1987 bis 1997. Er war schon zwei Jahre früher als ich nach Dessau gegangen, hatte aber wie ich seinen Wechsel Bernd Grönwald zu verdanken, der zu DDR-Zeiten dafür gesorgt hatte, dass das Bauhaus nach Jahren staatlich verordneter Ignoranz national und international wieder ins Bewusstsein kam.
Wenn ich mich mit Rainer Weisbach in der Lausitz traf, erinnerten wir uns an die Jahre in Dessau, an Ideen und Schlachten, an Sternstunden und Vergebliches. Das letzte Mal sah ich ihn Anfang November 2012. Das Wetter war schlecht, meine Frau Tamara dolmetschte auf einer Konferenz in Berlin. Wir hatten die Wohnung für uns zu zweit, frühstückten jeweils zwei Stunden und waren abends drei Stunden in einer Kneipe zum Abendessen. Wir hatten uns zwar früher öfter gesehen, aber so lange und so intensiv noch nie miteinander gesprochen.
Natürlich ging es um unsere Zeit am Bauhaus, und es ist interessant, was einem dann wieder einfällt. Ganz gegenwärtig war uns plötzlich die Ausstellung »Bauhaus Dessau« von Januar bis März 1990 im DDR-Kulturzentrum in Paris. Wir lebten damals in der absurden Situation, dass wir seit Anfang 1989 eine Ausstellung in Paris unter DDR-Bedingungen mit all den Reisebehinderungen vorbereiteten, dann aber die Mauer fiel und wir uns schließlich in einem zwischenstaatlichen Vakuum wiederfanden: nicht mehr ganz DDR, aber auch noch nicht Bundesrepublik. Rainer Weisbach verwandelte das Gebäude am Boulevard Saint-Germain durch ein über alle Etagen reichendes Gerüst im Treppenhaus in ein Ausstellungshaus, das selbst die dortigen Angestellten sehr beeindruckte. Auf einem Monitor lief das aufmüpfige Bauhausbühnenstück *Example N° P* von Jo Fabian, was ein paar Monate vorher noch undenkbar gewesen wäre. Die Realität hatte das Stück eingeholt.
Selbstverständlich sprachen wir bei unserem Treffen in der Lausitz auch über *Ferropolis*, das wohl größte sichtbare Zeichen für das Wirken von Rainer Weisbach. Ein ganzes Jahrzehnt hat er an diesem Projekt gearbeitet und dabei erst den Praktikanten und später den Diplomanden Martin Brück betreut, der später mit ihm in der

Bauabteilung der Stiftung arbeiten sollte. Martin Brück sollte mit seiner Aussage vor Abgeordneten recht behalten, dass man bald nicht mehr *Ferropolis* bei Gräfenhainichen, sondern Gräfenhainichen bei *Ferropolis* sagen würde. Rainer Weisbachs Begeisterung für schwimmende Gärten, schwimmende Inseln, schwimmende Häuser und sonstige schwimmende Objekte, die er teilweise mit eigenen Händen für den ehemaligen Tagebau Golpa-Nord baute, war immer noch zu spüren. Und er freute sich, dass wir seine Idee und seine Initiative auf Bergbauseen in der Lausitz fortsetzten, weshalb unsere schwimmenden Ferienhäuser natürlich zu den Hauptpunkten seines Besuchsprogramms gehörten.
Auch an die beiden internationalen Walter-Gropius-Seminare 1987 und 1989 haben wir uns erinnert. Sehr gerne hätte Rainer Weisbach damals die Plattenbauweise der DDR nach dem Entwurf von niederländischen Architekten oder dem Vorschlag Hinrich Ballers mit dem Wohnungsbaukombinat Halle revolutioniert, doch das wurde vehement abgelehnt. Aber die Idee, dass — so wie das Bauhaus der Zwanzigerjahre die Industrialisierung kulturell-künstlerisch begleitete — das Bauhaus der Neunzigerjahre die Deindustrialisierung flankieren sollte, hat sich mit verschiedenen Projekten und gerade auch mit *Ferropolis* realisiert.
Ich war bei unseren langen Gesprächen Anfang November beeindruckt, wie treu sich Rainer Weisbach geblieben ist. Sein jungenhafter Trieb, aufbauend auf einer tragenden Idee, etwas bauen zu wollen, praktisch zu werden, das Ergebnis anfassen zu können, war noch genauso zu spüren wie vor 20 Jahren. Seine Haare waren seither etwas dünner und grauer geworden, aber er war noch so kantig wie früher und seine Unabhängigkeit für ihn ein hohes Gut. Er hat sich nie politisch, fachlich oder menschlich vereinnahmen lassen. Er wollte und musste seinen eigenen Weg gehen, und wenn es nicht anders ging, dann auch alleine.
Rainer Weisbach hat mir auch erzählt, wie sehr er sich auf seinen bevorstehenden Urlaub in Rio freute und dass er ihn braucht. Es war zu spüren, wie sehr er Brasilien und diese Stadt mit ihrem Strand, ihren Bars und ihrem Temperament liebte. Und er konnte sich nach seiner Tätigkeit für die Favelas Anfang der 2000er-Jahre in Rio vorstellen, wieder für eine längere Zeit dort zu arbeiten. Vielleicht ist es für uns, die wir Rainer Weisbach gerne weiter in unserer Nähe gehabt hätten, ein Trost, dass er noch einmal in diesem von ihm so sehr geliebten Ort gelandet und nun aber für immer dort geblieben ist.
Ich bin Rainer Weisbach für viele Jahre einer konstruktiven Zusammenarbeit, für Projekte und Erfolge, die ohne ihn nicht denkbar gewesen wären, dankbar. Und ich danke ihm und dem Zufall, dass ich Anfang November dieses schöne Wochenende mit ihm erleben durfte.

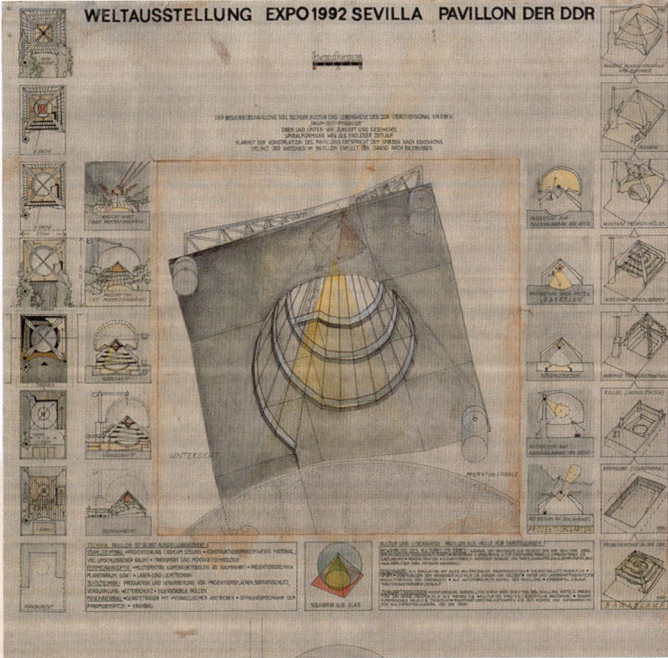

Leider wegen der Staatsauflösung nicht mehr realisiert:
Rainer Weisbachs DDR-Pavillon für die EXPO in Sevilla

Die letzten Tage

Im August vor 80 Jahren hörte das Bauhaus auf zu existieren — die Chronik einer angekündigten Schließung

Bedrängt, bespitzelt, durchsucht und schließlich beseitigt: Seit das Bauhaus 1919 gegründet wurde, war es den Nationalsozialisten ein Dorn im Auge. Zwischen Jahresbeginn 1932 und Sommer 1933 änderten sich die Machtkonstellationen kolossal und die Nazis waren nun auch praktisch in der Lage, das Bauhaus endgültig zu beseitigen. Viele Bauhäusler konnten zwar emigrieren, andere aber kamen in Konzentrationslagern um oder wurden mit Berufsverbot in die innere Emigration getrieben. Nur wenige arrangierten sich mit den neuen Machthabern.

Oktober 1930. Der Architekt und NSDAP-Politiker Paul Schultze-Naumburg initiiert gemeinsam mit dem Thüringer Staatsminister ▶ ▶

Typisches Bild einer Polizeirazzia

◀ Kehraus: Franz Rohwer und Hans Keßler vor dem Eingang des Berliner Bauhaus-Gebäudes

▲ Der Arm der Dessauer Staatsanwaltschaft reichte bis nach Berlin: Razzia im Bauhaus im April 1933

Flugblatt der NSDAP Dessau für die Gemeinderatswahlen am 25. Oktober 1931

Wilhelm Frick einen »Bildersturm« im Weimarer Schlossmuseum. Dort werden unter anderem die Bilder von Otto Dix entfernt und die Ausgestaltung des Weimarer Bauhauses von Oskar Schlemmer vernichtet.

21. Januar 1932. Bei der dritten öffentlichen Sitzung des Dessauer Gemeinderats werden einige folgenschwere Beschlüsse bekannt gegeben. Sämtliche Gelder, die für die Zwecke des Bauhauses bestimmt sind, inklusive Gehälter, werden ab 1. April 1932 gestrichen. Außerdem ist der Abbruch des Bauhauses in die Wege zu leiten.

24. April 1932. Bei der Wahl zum 6. Landtag des Freistaates Anhalt erringt die NSDAP 40,8 Prozent der Stimmen und wird damit stärkste Partei. Im Wahlkampf haben die Nazis immer wieder die Schließung des Dessauer Bauhauses und den Abriss des Gebäudes gefordert.

8. Juli 1932. Vertreter der neuen nationalsozialistisch beherrschten anhaltischen Regierung besichtigen das Bauhausgebäude. Mit dabei ist auch Paul Schultze-Naumburg, begleitet vom liberalen Oberbürgermeister Fritz Hesse.

19. Juli 1932. Die Nationalsozialisten beantragen bei einer Sitzung im Gemeinderat die Schließung des Bauhauses zum 1. Oktober 1932 sowie die Entlassung sämtlicher Lehrkräfte.

26. Juli 1932. Die Studierenden machen eine Eingabe an sämtliche Zeitungen als Protest gegen die sofortige Schließung des Bauhauses.

22. August 1932. Auf Beschluss des Dessauer Gemeinderates wird das Bauhaus aufgelöst. Direktor Ludwig Mies van der Rohe entscheidet sich, die Schule in Berlin als Privatinstitut weiterzuführen.

24. August 1932. Mies van der Rohe informiert die Studierenden in einem Brief über die Schließung des Bauhauses zum 30. September 1932. Er schreibt: »[…] ich werde versuchen, das haus an anderer stelle weiterzuführen; ob es gelingt, ist im augenblick noch nicht zu sagen. über den erfolg der bemühungen werde ich den studierenden bis gegen mitte september eine weitere nachricht zukommen lassen. auch die für die ferien vorgesehene arbeit in den werkstätten […] kann wegen der jetzt schon eingeleiteten auflösung nicht mehr stattfinden.«

7. September 1932. Bürgermeister Hofmann erteilt dem Bauhaus ein Kleinschrift-Verbot. Alle Magistratsstellen erhalten die Anweisung, keine Briefe des Bauhauses in Kleinschrift zu bearbeiten.

25. September 1932. Mies van der Rohe veröffentlicht erneut eine Mitteilung an die Studierenden. Darin heißt es: »das bauhaus wird als unabhängiges institut in berlin weitergeführt. die lage des gebäudes werde ich nach abschluss der verhandlungen in einigen tagen bekannt geben. der unterricht beginnt am 18. oktober.«

30. September 1932. Das Bauhaus Dessau wird offiziell geschlossen.

18. Oktober 1932. Beginn des Unterrichts am Bauhaus Berlin in einer ehemaligen Telefonfabrik in Steglitz.

18. Februar 1933. Das letzte Fest im Berliner Bauhaus ist das öffentliche Faschingsfest. Aufgrund der guten Einnahmen wird das Fest eine Woche später wiederholt. Es findet eine Tombola statt, bei der Werke prominenter Künstler (zum Beispiel Albers, Kandinsky, Feininger, Klee und Schlemmer) als Preise verlost werden.

23. Februar 1933. Bauhäusler Hans Keßler schreibt an seine Mutter: »das bauhausfest war fabelhaft. allgemeine begeisterung über die ausstattung der räume. hatten aber auch alles sehr sorgfältig und gediegen ausgeführt. kein hingepfeffertes geschmiere, keine billige witzelei. sehr gut gefiel unsere einheitliche kleidung. sah frisch und lustig aus. […] aus meinem zimmer habe ich einen kleinen kandinsky gemacht. aber ich freue mich wieder auf meine weißen wände.«

6. März 1933. Keßler scheibt ihr erneut: »[…]wenn die rechtsparteien wüßten, daß das bauhaus ein lehr- und forschungsinstitut ist, brauchten wir die schließung des hauses nicht zu befürchten. aber sie wollen diese tatsache ja gar nicht wissen.«

11. April 1933. Die Schutz- und Hilfspolizei umstellt und durchsucht bei einer Razzia das Bauhaus in Berlin-Steglitz. Die Durchsuchung wird von der Dessauer Staatsanwaltschaft veranlasst und findet statt, weil die Stadtverwaltung nach wie vor Gehälter zahlen muss und einen Aufhänger finden will, diesen Umstand zu beenden. Offiziell heißt es, es werde nach kommunistischem Propagandamaterial gefahndet.

12. April 1933. Mies van der Rohe erhält eine Unterredung mit Alfred Rosenberg, dem Vorsitzenden des »Kampfbundes für Deutsche Kultur«. Mies hebt das Programm des Bauhauses als geistige Bewältigung der durch die Technisierung aufgeworfenen Probleme hervor. Rosenberg bezeichnet das Bauhaus als Symbol für die Mächte, »die dem Nationalsozialismus den schärfsten Kampf liefern«.

Mai 1933. Die Studierenden senden eine Petition an Joseph Goebbels mit dem Ersuchen, die Wiedereröffnung des Bauhauses zu ermöglichen. Sie schreiben: »[…] Die Erkenntnis der Größe und der kulturellen Notwendigkeit der Idee des Bauhauses gibt uns die Kraft, heute mehr denn je um diesen Gedanken zu kämpfen.[…]« Dieser Appell bleibt unbeantwortet.

15. Juni 1933. Der Dessauer Magistrat erwirkt die Einstellung der Zahlungen an Mies van der Rohe und die Bauhaus-Meister.

20. Juni 1933. Auflösung des Mietvertrages zum 1. Juli 1933. Aufgrund der wirtschaftlichen Situation ist eine Wiedereröffnung nicht angedacht. Der Antrag auf Auflösung des Bauhauses von Mies van der Rohe wird einstimmig angenommen.

10. August 1933. In einem Rundschreiben wird den Studierenden mitgeteilt: »[…] Das Lehrerkollegium hat in seiner letzten Sitzung den Beschluß gefaßt, das Bauhaus aufzulösen. Für diesen Beschluß war die schwierige wirtschaftliche Situation des Hauses maßgebend.[…]« Die Stadt Dessau bittet um die Rückgabe des geliehenen Inventars.

Fünf Jahre nach der Schließung, 1938, dankt der Bauhäusler Hans Keßler in einem Brief am 26. Juni Mies van der Rohe für sein Engagement: »[…] Es ist schön, daß Sie Dokumente über die Arbeit am Bauhaus sammeln; denn das ist gewiß: früher oder später wird man sich einmal mit dem Bauhaus […] befassen müssen. Das Bauhaus ist tot, aber der Geist, der es erschuf, lebt und wird in irgendeiner Form wieder auferstehen.«

Neu ab Mai: Orion 38 grau. Grau wie der Himmel über Glashütte, grau wie die Finanzbuch-
haltung? Von wegen: Grau ist „leicht erregbar zu herrlichen Tönen", sagte einst der Maler
Johannes Itten. Grau ist glaubwürdig, die Farbe des Wissens. Ist eleganter als Weiß, lichter als
Schwarz. Und jetzt die Farbe einer neuen großen Uhr – aus Glashütter NOMOS-Manufaktur.

Orion-Modelle gibt es ab 1280 Euro etwa bei: Augsburg: Bauer & Bauer; Berlin: Brose, Christ KaDeWe, Leicht, Lorenz; Bielefeld: Böckelmann; Bonn: Kersting; Bremen:
Meyer; Darmstadt: Techel; Dortmund: Rüschenbeck; Dresden: Leicht; Düsseldorf: Blome; Erfurt: Jasper; Frankfurt am Main: Rüschenbeck; Hamburg: Becker, Bucherer;
Koblenz: Hofacker; Köln: Berghoff, Kaufhold; Ludwigsburg: Hunke; Lübeck: Mahlberg; München: Bucherer, Fridrich, Kiefer; Münster: Freisfeld, Oeding-Erdel; Nürnberg:
Bucherer; Stuttgart: Niessing; Ulm: Scheuble. Und überall bei Wempe. www.nomos-store.com und www.nomos-glashuette.com

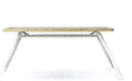

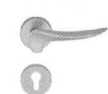

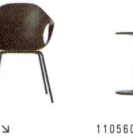

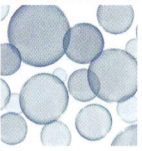

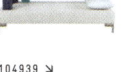

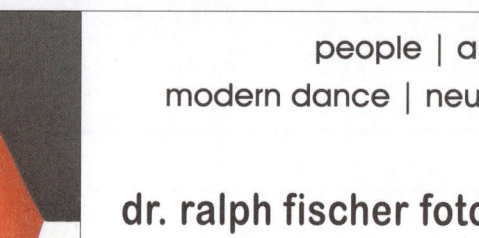

Camera Austria International 122

June 2013

with contributions by

Stephanie Kiwitt
Heinz Peter Knes
Wolfgang Tillmans
Shirana Shahbazi

Column
T. J. Demos
Spectro-Aesthetics 2/4

Forum
Exhibitions
Books
News

Wie viel Bauhaus steckt in Ihnen, Sissi Goetze?

Klassisch, minimalistisch, bauhausig. Zur richtigen Zeit am richtigen Ort. So wird die Designerin <u>Sissi Goetze</u> derzeit in der jungen Modestadt Berlin für ihre Herrenkollektionen gefeiert. Und tatsächlich steckt in ihren Jacketts (auch gern mal ohne Revers oder nur mit halber Armlänge) mehr als nur ein behaupteter Bauhausbezug. Sie studierte bei der legendären Modeprofessorin Louise Wilson am Central Saint Martins College of Art and Design in London und stellt nun von ihrem Atelier in der Kreuzberger Oranienstraße aus gnadenlose Fragen an die Konventionen in der Männermode. Höchste Zeit, sie mal selbst zu befragen.

Welche Idee des Bauhauses, welcher Gedanke hat Sie in Ihrer Arbeit am meisten beeinflusst?

Die Ideen des Bauhauses haben mir generell eine starke Grundlage für meinen eigenen Schaffensprozess gegeben. Die grafische Auffassung und meine teils dogmatische Herangehensweise an das Design ist davon inspiriert. Auch den Gedanken des Verzichts auf jegliches Ornament teile ich stark. Funktion, Konstruktion und Proportion spielen eine zentrale Rolle in meinem Gestaltungsprozess. Gute Männermode muss funktionieren und richtig sitzen, um ein gutes Produkt zu sein. Männer sind da konsequenter in der Auswahl ihrer Kleidung. Fühlt es sich nicht richtig an, wird es nicht gekauft.

Nicht der Konsens machte das Bauhaus stark, sondern der Widerspruch, die permanente, produktive Uneinigkeit, sagte Josef Albers einmal. Mit wem hätten Sie am Bauhaus gern gestritten?

Um sich gut streiten oder diskutieren zu können, muss man sich erst mal kennenlernen. Ich hätte eigentlich mit fast jedem Lehrer am Bauhaus gerne ein ausführliches Gespräch geführt, ihnen zugehört, etliche Fragen gestellt und mir alles zeigen lassen. Natürlich hätte ich mich auch gerne über meine eigene Arbeit mit ihnen ausgetauscht.

Besitzen Sie Bauhaus? Gibt es Dinge, die Sie gern hätten, oder andere, die Sie verabscheuen?

Ich hätte unglaublich gerne den *Rollenden Kleiderschrank für Junggesellen* von Josef Pohl.

In welchen Bauhausbau würden Sie gern einziehen? Würden Sie überhaupt?

Es würde mich am meisten reizen, in eines der Meisterhäuser einzuziehen.

Was heißt Bauhaus 2013? Was soll, was kann daraus werden? Gibt es einen Weg, das Bauhauserbe ohne bloßes Epigonentum fortzuschreiben?

Das Bauhaus wird sicher immer wieder neu Impulsgeber für zahlreiche Künstler, Designer und Architekten sein. Ich glaube aber nicht, dass man Gefahr läuft, das Bauhaus einfach nur nachzuahmen. Wir haben eine andere Zeit, damit andere Einflüsse, stellen die Dinge in einen neuen Kontext und daher wird es automatisch zu etwas anderem. Durch unsere subjektiv gemachten Erfahrungen entstehen neue, eigene Versionen der Idee. Gerade in der Mode hat es praktisch alles schon mal gegeben. Man wird das Rad nicht neu erfinden können, aber man kann seine eigene, für sich selbst richtige und wichtige Interpretation finden. Die Fragen stellten <u>Gesine Bahr</u> und <u>Ingolf Kern</u>

Das hätte den Bauhäuslern sicher gefallen: die Herbst-/Winter-Kollektion 2013/14

Bauhaus — Zeitschrift der Stiftung Bauhaus Dessau 1/2013, 3. Jahrgang (Ausgabe 5)
Redaktion: Stiftung Bauhaus Dessau [Bereich Kommunikation]
　　　　　Gropiusallee 38　　06846 Dessau-Roßlau　　Tel. +49—340—6508-250
　　　　　zeitschrift@bauhaus-dessau.de　　Fax +49—340—6508-226
　　　　　www.bauhaus-dessau.de

Herausgeber:　　　　Philipp Oswalt
Redaktionsleitung:　Ingolf Kern [ike],
　　　　　　　　　　Gesine Bahr [gb] (redaktion@bauhaus-dessau.de)
Mitarbeit:　　　　　Regina Bittner, Torsten Blume [tb], Walter Prigge [WP],
　　　　　　　　　　Steffen Schröter [sts], Stefanie Weiser, Maria Altnau [ma]
Gestaltung:　　　　cyan ^Berlin
Bildredaktion:　　　Yvonne Tenschert [Chefin vom Dienst] + cyan
Schlussredaktion:　Karola Handwerker
Bildrechte:　　　　Silvia Höll
Bildbearbeitung:　　hausstætter herstellung
Übersetzungen:　　Rebecca Williams, Herwig Engelmann
Anzeigen:　　　　Katja Klaus (klaus@bauhaus-dessau.de)
Management:　　　Jutta Stein
Verlag & Vertrieb:　Spector Books, Leipzig
　　　　　　　　　Harkortstraße 10　　04107 Leipzig (mail@spectorbooks.com)
Druck:　　　　　　Elbe Druckerei Wittenberg GmbH
　　　　　　　　　Breitscheidstraße 17　　06886 Lutherstadt Wittenberg

© 2013 Stiftung Bauhaus Dessau
ISBN 978—3—940064—68—4
ISSN 2191—5105

Service

Dauerausstellung Bauhaus Dessau — Werkstatt der Moderne Im Bauhausgebäudes zeigen ca. 200 ausgewählte Objekte und Dokumente aus der Sammlung der Stiftung Bauhaus Dessau die unterschiedlichen Entwicklungslinien der Hochschule für Gestaltung auf.　　　　　　　　　　　　　　　　Mo—So　　10—17 Uhr
Preis: Dauerausstellung inkl. Wechselausstellung: 6/4* Euro
　　　　in Umbauphasen nur Dauerausstellung:　　4/3* Euro

Führung durch das Bauhausgebäude Der Rundgang führt durch verschiedene, sonst nicht zugängliche historische Räume des 1926 entstandenen Schulgebäudes — darunter die Aula, das ehemalige Direktorenzimmer und ein früheres Studentenzimmer.
Mo—So　　11 + 14 Uhr　　　Preis: 5/4* Euro
Sa / So　　auch 12 + 16 Uhr

Führungen durch die Archivräume Die Stiftung Bauhaus Dessau bietet exklusive Führungen für Gruppen mit bis zu zehn Personen durch das neue Archiv in der Alten Brauerei (Brauereistraße 1 / 2, 06847 Dessau-Roßlau) an.
Auf Anfrage, Informationen unter 0340—6508—251 oder besuch@bauhaus-dessau.de

Führung durch die Meisterhäuser Nur wenige Gehminuten vom Bauhausgebäude entfernt stehen die von Walter Gropius zeitgleich entworfenen Wohnhäuser für die Bauhauslehrer. Ein Gang durch die Wohnräume von Paul Klee, Wassily Kandinsky oder Oskar Schlemmer vermittelt einen Eindruck von den unterschiedlichen Künstlerpersönlichkeiten und vom damaligen Ideal des modernen Wohnens.
Di—So　　12.30 + 15.30 Uhr　　　Preis: 12,50/9,50* Euro [inkl. Eintritt]
Sa / So　　auch 13.30　　Uhr

Dauerausstellung Bauhaus-Siedlung Dessau-Törten Die Ausstellung im historischen Konsumgebäude (Am Dreieck 1, 06849 Dessau-Törten), entworfen von Walter Gropius, gibt einen Überblick über die Geschichte der Siedlung und das Leben ihrer Bewohner.
　　　　　　　　　Di—So　　11—15.30 Uhr　　　Preis: 2,50* Euro

Architekturführung durch die Siedlung Dessau-Törten Die von 1926 bis 1928 von Walter Gropius gebaute Versuchssiedlung Törten im Dessauer Süden, die von Hannes Meyer geplanten Laubenganghäuser und das 1927 fertig gestellte Stahlhaus sind herausragende Beispiele des Neuen Bauens der Zwanzigerjahre. Der Rundgang beginnt im Konsumgebäude, führt an verschiedenen Haustypen vorbei und durch eine Musterwohnung in den Laubenganghäusern.　Di—So　　15.30 Uhr　　　Preis: 5/4* Euro

Tageskarte Bauhausbauten Die Tageskarte umfasst die Dauer- und Wechselausstellung im Bauhausgebäude, eine Führung durch das Bauhausgebäude, den Eintritt in die Meisterhäuser (inklusive Führung) sowie den Eintritt ins Konsumgebäude und die Teilnahme an einer öffentlichen Führung durch die Mustersiedlung Törten. Sonderveranstaltungen sind nicht enthalten.　　　　　　　Preis: 17/12* Euro

Gruppenführungen Das Bauhausgebäude, die Meisterhäuser, die Siedlung Törten, das Arbeitsamt, das Kornhaus und das 2005 eröffnete Umweltbundesamt können mit gebuchten Führungen besichtigt werden.
Auf Anfrage, Informationen unter 0340—6508—251 oder besuch@bauhaus-dessau.de
　　　　　　　　　　　　　　　　Preise auf Anfrage

Angebote für Familien, Kinder und Jugendliche Besondere Führungen, Workshops und Projekte — von der Familienführung bis zum Kindergeburtstag — vermitteln Familien und Kindern den Zugang zur Architektur der Bauhausbauten und zur Bauhausgeschichte.
Informationen unter 0340—6508—320 und museumspaedagogik@bauhaus-dessau.de

Übernachten Tagen und übernachten Sie im Bauhaus Dessau! Einzel- und Doppelzimmer bietet die Stiftung im historischen Ateliergebäude und in ihrem Wohnheim an.
Ateliergebäude im Bauhaus (Gropiusallee 38):
So—Do　　EZ 35 / DZ 55　Euro
Fr—Sa　　EZ 40/ DZ 60　Euro
Reservierung unter 0340—6508—318 und unterkunft@bauhaus-dessau.de

*ermäßigter Eintritt für Schüler, Studenten, Arbeitslose und Schwerbeschädigte; Kinder und Jugendliche bis 18 Jahre frei